C000083722

Achim Beißwenger [Hrsg.]

YouTube und seine Kinder

Wie Onlinevideo, Web TV und Social Media die Kommunikation von Marken, Medien und Menschen revolutionieren

2., durchgesehene Auflage

Die Deutsche Nationalbibliothek verzeichnet diese Publikation in der Deutschen Nationalbibliografie; detaillierte bibliografische Daten sind im Internet über http://dnb.d-nb.de abrufbar.

ISBN 978-3-8487-5130-3 (Print)
ISBN 978-3-8452-9331-8 (ePDF)

2., durchgesehene Auflage 2019

Inhalt, Zielsetzung und Aufbau der Publikation

Der Konvergenzprozess von Fernsehen und Internet ist ein zentrales Thema in der weltweiten Medienentwicklung. Der Bewegtbild-Konsum findet heute allerdings immer weniger vor dem Fernseher als vielmehr innerhalb von Social Communities statt. YouTube, MySpace, Facebook & Co. sind Plattformen, die sich – über alle Altersgruppen hinweg – wachsender Beliebtheit erfreuen. Viele Medienanbieter und insbesondere Verlage wollen an diesem aufstrebenden Markt partizipieren und tätigen dabei zum Teil beträchtliche Investitionen. Gleiches gilt für die in diesem Buch zu Wort kommenden Unternehmen wie BMW, Daimler, Microsoft und Deutsche Telekom, die nun mithilfe des Bewegtbild-Internets versuchen, den Dialog mit ihren Stakeholdern zu optimieren. Vorbei sind allerdings die Zeiten, in denen es ausreichte, ein Video online zu stellen, um die Zuseher zu begeistern. Über 20 Stunden neues Videomaterial wird pro Minute allein auf YouTube hochgeladen. Know-how, vor allem medienübergreifendes Know-how ist gefragt, um im derzeitigen Marktumfeld die richtigen Weichenstellungen für die Kommunikation und Unterhaltung mit Onlinevideo und Web TV vornehmen zu können. Doch welche Strategien, Geschäftsmodelle, Inhalte- und Vermarktungskonzepte bewähren sich? Und welche Erfolgsfaktoren können im Kontext des Web 2.0 benannt werden?

Die vorliegende Publikation hat sich zum Ziel gesetzt, einen praxisnahen Einblick in die Herausforderungen, die Einsatzgebiete und das Management der bewegten Bilder im Netz zu vermitteln. Die Initiative zu diesem Band ging aus der jährlich stattfindenden Expertenkonferenz Audiovisual Media Days (AMD) hervor, die den Anspruch hat, Innovatoren, Vordenkern und Benchmark-Projekten aus allen Bereichen des Bewegtbild-Marktes ein hochkarätiges Forum zu bieten.

Der erste Teil des Buches stellt Grundlagen, Fakten und Studien von Onlinevideo und Web TV dar. Achim Beißwenger zeigt die Entwicklung der letzten Jahre und insbesondere seit YouTube auf und beschreibt aus dem Blickwinkel der Kommunikationstheorie den Einfluss, den dieses Medium auf Unternehmen, Medien und Menschen ausübt. Joachim Graf konstatiert den Wandel von der Internetökonomie zu einer Aufmerksamkeitsökonomie und untersucht, welche Implikationen sich daraus für künftige Produzenten von Bewegtbild-Inhalten ergeben. Der Beitrag von Harald Eichsteller und Nina Wiech geht auf Studien zum Medienkonsum ein und präsentiert ausgewählte Ergebnisse eines wissenschaftlichen Forschungsprojektes zur Bekanntheit und Nutzung von Corporate Videoinhalten im Internet.

Der zweite Teil des Buches beinhaltet Einsatzgebiete und Case Studies von Onlinevideo und Web TV. Thomas de Buhr und Stefan Tweraser erklären den Umbruch der Medienlandschaft und gewähren einen Einblick in die Möglichkeiten, die die weltweit größte Videoplattform YouTube Medien und Unternehmen bietet. Thomas Mickeleit skizziert Entwicklungen und Perspektiven von Corporate Video und zeigt Kontextbedingungen auf, die es innerhalb der internen und externen Unternehmenskommunikation zu beachten gilt. Michael Huh schildert den Web 2.0-Trend Personal Branding: Sich als Person und Marke zu profilieren, avanciert zum zentralen Element der PR und der strategischen Kommunikation. Axel Schmiegelow und Marc Miel erläutern vor dem Hintergrund des Massenphänomens Social Media und dessen Auswirkungen auf die Markenführung die strategische und inhaltliche Ausrichtung von www.bmw.tv, der internationalen Video- und Contentplattform der BMW Group.

YOUTUBE UND SEINE KINDER

EINFÜHRUNG UND GRUNDLAGEN
Entwicklung, Marktzahlen, Einschätzungen und Studien

EINSATZGEBIETE UND CASE STUDIES
Unternehmen, Medien, Soziale Netzwerke, Video-Plattformen und Spiele

GESTALTUNGSMERKMALE UND TECHNOLOGIEN
Design, Usability, Musik und technische Anforderungen

RECHTSFRAGEN UND AUSBLICK
Rundfunkänderungsstaatsvertrag, Richtlinien, Video-Werbung und Trends

Abb.: Aufbau „YouTube und seine Kinder“

Frank Herold und Nicole Schulze zeigen, wie die Nutzung von Bewegtbild-Werbung in der Markenkommunikation aus Sicht des Vermarkters IP Deutschland effizient gestaltet werden kann und was nach der Werbeform Pre-Roll zu erwarten ist. Das Zusammenwachsen von Bewegtbild und Spielen ist das Thema von Gernold Frank. Die Anwendungsgebiete und der Markt für Serious Games werden im Umfeld der Unternehmenskommunikation stark an Bedeutung gewinnen. 3min ist das erste deutsche Portal für professionell produzierte Webserien im Internet. Robert Wagner erläutert die strategischen Vorüberlegungen, die Konzeption und die Ziele, die die Deutsche Telekom AG mit diesem Projekt verfolgt. Christoph Urban konkretisiert am Beispiel der Case Studies „Candygirls" und „Kavka vs. the Web", welche Finanzierungsmodelle das Social Media Network MySpace mit diesen Eigenproduktionen anstrebt, welche Reichweiten damit erzielt und welche Erkenntnisse daraus abgeleitet werden können.

Der dritte Teil des Buches setzt sich mit Gestaltungsmerkmalen wie Design und Sound Branding sowie Technologien für die Distribution und Wiedergabe von Bewegtbild auseinander. Wolfgang Henseler propagiert das Denken in neuen Dimensionen und erklärt, warum „Natural User Interface Design" so wichtig ist. Computer werden nicht mehr so aussehen wie heute, sondern Einzug halten in unsere Objekte des Alltags. Ralf Drotleff beschreibt die Grundlagen und Wirkungsmechanismen von Musik, welche Elemente und Potenziale ein ganzheitlicher Sound Branding-Ansatz bietet und was die entscheidenden Erfolgsfaktoren sind. Das Autorenteam Christian Borsi und Nicolas Westermann appelliert an das nötige technische (Grund-)Verständnis, um Videoprojekte erfolgreich initiieren und ausgestalten zu können. Anforderungen an Technologien wie Contentsteuerung, Distribution, Seeding, Skalierung und Erweiterung werden anhand von Beispielen dargestellt.

Der vierte und letzte Teil widmet sich den rechtlichen Rahmenbedingungen von Bewegtbild-Inhalten und skizziert Konfliktpotenziale und Herausforderungen, die primär aus Sicht der Werbewirtschaft zu erwarten sind. Alexandra Heyn untersucht, welche Regelungen es im 13. Rundfunkänderungsstaatsvertrag zu beachten und zu interpretieren gilt. Des Weiteren gibt der Beitrag Auskunft über Zulassungsvoraussetzungen, zuständige Stellen sowie Vorgaben und Kosten, die jeder Anbieter von audiovisuellen Inhalten im Internet kennen sollte. Der sechzehnte und letzte Beitrag von Leif Pellikan wagt einen Blick in die Zukunft und beleuchtet Trends und Schwierigkeiten auf dem Weg zu tragfähigen Erlös- und Werbemodellen für Onlinevideo und Web TV.

Der Herausgeber bedankt sich ganz herzlich bei allen Autorinnen und Autoren für die Beiträge zu diesem Band. Das Gros der Themen wurde anlässlich der Expertenkonferenz Audiovisual Media Days 2009 präsentiert und diskutiert, deren Motto „Benchmarks und neue Strategien für das Bewegtbild-Internet" lautete.

Mein Dank gilt zudem Pascal Cavatoni, Roland Emmerich, Tanja Faist und Ulrike Renner, die direkt oder indirekt an der Veröffentlichung und Unterstützung dieser Publikation mitgewirkt haben.

München, im Januar 2010 *Achim Beißwenger*

Inhalt

A EINFÜHRUNG UND GRUNDLAGEN

Audiovisuelle Kommunikation in der globalen Netzwerkgesellschaft

Achim Beißwenger, Audiovisual Media Days, München

1 YouTube und seine Kinder

Am 15. Februar 2005 wurde die Medien- und Kommunikationslandschaft gleichermaßen revolutioniert. Und wie die meisten nachhaltig wirksamen Revolutionen kam diese zunächst unbedeutend, leise und mit demokratischen Tugenden daher. Gut eineinhalb Jahre später, genauer gesagt am 9. Oktober 2006, folgte dann allerdings ein Knall, der auch den letzten Kommunikator auf diesem Globus aufhorchen ließ und die drei ehemaligen PayPal-Mitarbeiter Chad Hurley, Steve Chen und Jawed Karim auf einen Schlag um 1,65 Milliarden USD reicher machte. Google übernahm YouTube und läutete damit ein neues Zeitalter der medialen Machtverhältnisse ein. Welches Potenzial Google dem Geschäftsmodell online in Kombination mit Video beimaß, zeigte nicht zuletzt die Höhe der Investition.

Dabei hatte YouTube keine einzige Schlüsseltechnologie neu erfunden.[1] Vielmehr basierte der Erfolg auf einem altbekannten Prinzip, das die Amerikaner anscheinend besonders gut beherrschen: KISS – Keep it simple and stupid.[2] Um Erfolg zu haben, musst du nicht etwas Neues erfinden. Greife eine Sache auf, die sich bewährt hat, und setze sie in einen neuen Kontext, der sich vor allem dadurch auszeichnet, dass er sich besonders einfach und nutzenorientiert gestaltet. Wenn wir auf die Homepage von Google sehen, die seit ihrem Launch am 7. September 1998 so gut wie nicht geändert wurde, so ist darin ebenfalls diese Strategie zu erkennen. Vor Google gab es schon Internetsuchmaschinen, aber im Verhältnis dazu waren diese kompliziert und nutzerunfreundlich. Aber eine äußerst minimalistische und selbsterklärende Homepage ist nur *die* eine *erste* Seite eines Bestsellers, in dem man immer wieder gerne blättert. Gerade die *Folgeseiten* der inzwischen weltweit wertvollsten Marke[3] sind ein stetiger Quell der Freude. Können dort doch immer wieder große und kleine Innovationen entdeckt werden, die unser Leben planbarer, kommunikativer und im besten Fall erlebnisreicher werden lassen.

Ähnlich verhielt es sich mit der Videoplattform YouTube, die zunächst auf der simplen Idee basierte, Videos über das Internet allen so einfach wie möglich zugänglich zu machen. Das Anfangskonzept von YouTube sah keine definierte Zielgruppe, keine überladenen Grafiken und keine Erklärtexte vor, die vom Wesentlichen – dem Filmschauen – ablenkten. Insbesondere das unkomplizierte Hochladen unterschiedlicher Formate und das flüssige Ansehen von Videos war zu dieser Zeit noch die Ausnahme. YouTube löste das Problem, indem es die hochgeladenen Filme in das bis dato wenig genutzte Flash-Video-Format umwandelte, das praktisch mit jedem Webbrowser auf jedem Rechner weltweit störungsfrei angesehen werden konnte. Beinahe parallel entwickelte sich das Flash-Video-Format (Dateiendung .flv) ebenfalls zum Marktführer.[4] Erst auf der zweiten Ebene erschlossen sich dem Nutzer die Innovationen, die YouTube so beliebt werden ließen. Dazu gehörte die Einbindung (Embedding) in fremde Webseiten, das unkomplizierte Versenden der Videos in Form von Links (jedes Video hat eine eigene URL) und später die Bewertung der Videos in Form eines 5-Sterne-Ratings.

Das Bezeichnende an diesem Urknall war, dass er zunächst weder etwas mit den klassischen Medien noch mit denen der Unternehmenskommunikation zu tun hatte. Aus der Partizipation der breiten Masse entstand eine neue Ausdrucksform, die schnell ihren festen Platz im Kommunikationsuniversum der Menschen fand.

The medium is the message – treffender ist das Phänomen YouTube kaum auf den Punkt zu bringen. Die Aussage stammt von Marshall McLuhan[5], einem der bedeutendsten Medientheoretiker des 20. Jahrhunderts. In seinem Buch „Understanding Media" aus dem Jahr 1964 erklärt er, dass die Gesellschaft und die Art, wie wir miteinander kommunizieren, einer stetigen Veränderung unterworfen ist, die maßgeblich durch die Einführung neuer Technologien herbeigeführt wird. Dabei ist der gewählte Kommunikationskanal aufgrund seiner spezifischen Charaktereigenschaften selbst Botschaft, die er als „message", die einem Medium vorauseilt, beschreibt.[6]

Keine Frage: YouTube vereint Ausdruckform, Lebensgefühl und Selbstbewusstsein einer neuen Generation in sich. Die weltgrößte Videoplattform, die nach Expertenschätzungen rund 10 % des gesamten Datenvolumens im Internet ausmacht, gibt dem sogenannten globalen

Dorf[7] ein Fenster, durch das ein jedes Individuum hinein- und hinausschauen kann. Ein schönes Beispiel und großartiges Symbol für das globale Zusammenwachsen, für die Einfachheit und Vielfalt zugleich, sind die Filme von Matt Harding „Where the hell is Matt".[8] Durch den unverwechselbaren Tanzstil des immer gleichen Protagonisten werden eine große Anzahl an Orten wie das Kap der Guten Hoffnung, das Brandenburger Tor, New York City etc. miteinander verbunden und es entsteht der Eindruck, dass es keine Raumgrenzen, sondern nur Kulturgrenzen gibt. Allen, die sich für weitere Meilensteine von Videos im Internet interessieren, sei der Film „An anthropological introduction to YouTube"[9] empfohlen. Die 55-minütige Dokumentation des preisgekrönten amerikanischen Professors Michael Welsch und seiner Studenten von der Kansas State University zeigt fundiert und unterhaltsam zugleich, was die gesellschaftliche Faszination und den weltweiten Erfolg von YouTube begründet.

Mehr als ein halbes Jahrzehnt nach dem Launch von YouTube muss man kein Prophet sein, um die Relevanz und das weitere Wachstumspotenzial der bewegten Bilder im Netz erkennen zu können. In meinem einführenden Beitrag werde ich auf Grundlagen dieser Entwicklung eingehen und Bedeutungsdimensionen aufzeigen, die dieses Medium für Menschen, Unternehmen und Medien mit sich bringt.

Der Titel „YouTube und seine Kinder" ist ein Synonym für Onlinevideo und seine Ausprägungen im Netz. Davon handelt dieses Buch. Von dem, was YouTube in Gang gesetzt hat: von Veränderungen, Einsatzgebieten, Case Studies, Erfolgsfaktoren, Erkenntnissen, Perspektiven, aber auch von Schwierigkeiten und problematischen Businessmodellen sowie ganz persönlichen Einschätzungen von Branchenexperten, die mit einem der innovativsten Unterhaltungs-, Informations- und Kommunikationsinstrumente unserer Zeit – Onlinevideo und Web TV – verknüpft sind.

2 *Entwicklung, Kennzahlen und Perspektiven von Onlinevideo*

2.1 *Von der Braun'schen Röhre zum mobilen Touchscreen*

Von jeher übten bewegte Bilder eine besondere Faszination auf die Menschen aus – angefangen bei den animierten Fotos und Daumenkinos auf Jahrmärkten im 19. Jahrhundert über die ersten Kurzfilme der

Gebrüder Lumiere im Jahr 1895, dem Stumm-, Ton- und Farbfilm bis hin zum Fernsehen. Gerade Letzteres erlebte nach dem Zweiten Weltkrieg in den westlichen Industrienationen einen rasanten Aufstieg und avancierte zum weltweit prägenden Medium von Information und Unterhaltung. Im Hinblick auf die massenmediale Kommunikation und die globale Verbreitung von Meinungen und Wissen kann sogar von einer der einflussreichsten und ökonomisch erfolgreichsten Errungenschaften des 20. Jahrhunderts gesprochen werden. Der Siegeszug des Fernsehens und dessen erster globaler Höhepunkt werden oft mit dem Datum des 21. Juli 1969 in Verbindung gebracht, als die erste Mondlandung der US-Amerikaner weltweit live in die heimischen Wohnstuben übertragen wurde.

Heute, mehr als ein Jahrhundert nach der Erfindung der Braun'schen Röhre, verliert das traditionelle, beziehungsweise lineare Fernsehen mehr und mehr an Strahlkraft. Die technologische Weiterentwicklung des derzeitigen Leitmediums ist nicht stehen geblieben. Im Gegenteil: Noch nie waren die Vielfalt der Inhalte, Abspielgeräte und die Präsenz von Bewegtbild in unserem Alltag so groß. Ob als LCD-Display in der Kopfstütze im Taxi, als Werbetafel über dem Gepäckband am Flughafen, als Point of Sale TV in der Tankstelle, als Videowall im Flagshipstore eines Sportartikelherstellers oder als Branded-Entertainment-Angebot eines Parfumherstellers im Internet – der Fantasie zur Schaffung neuer Darreichungsformen von bewegten Bildern sind kaum Grenzen gesetzt.

Der seit vielen Jahren beschworene Trend zur mobilen Nutzung von Bewegtbild ist inzwischen im Alltag angekommen und beschränkt sich keinesfalls nur auf die sogenannten Digital Natives. Benchmark ist die von Apple entwickelte Plattform iTunes, die der Medienindustrie weltweit als Vorbild dient, wie digitale und nun auch audiovisuelle Inhalte monetarisiert werden können. Betrachtet man die deutsche mobile TV-Landschaft, so ist die Deutsche Telekom mit ihrer Tochter T-Mobile als einer der Wegbereiter und Markttreiber zu nennen. Eine Schlüsselrolle spielt dabei das in HD verfügbare LIGA total!-Paket, das T-Mobile-Kunden kostenlos viele Liveübertragungen der Fußball-Bundesligaspiele bietet.

Ein jeder, der ein modernes Mobiltelefon wie zum Beispiel das iPhone nutzt, kann sich ungefähr vorstellen, welches Potenzial und welche Relevanz Bewegtbild-Kommunikation noch erlangen kann. Das eigene Erstellen audiovisueller Inhalte wird in wenigen Jahren – bedingt durch immer kostengünstigere Daten-Flatrates – Normalität erlangen. Einfache Videoprogramme in Mobiltelefonen erlauben schon heute eine individuelle Konfektionierung von Videos, die Verknüpfung mit zusätzlichen Inhalten sowie die Distribution auf digitale Plattformen, wie z.B. Social Communities. Eines nicht allzu fernen Tages werden diejenigen, die eine Postkarte von ihrem Urlaubsort senden, zu einer raren Spezies gehören. Eine kurze Video MMS, die Hotel, Wetter und den Absender in seiner realen Urlaubssituation in Echtzeit zeigen, hat für die meisten modernen Menschen einen höheren, ehrlicheren und vor allem persönlicheren Informationsgehalt als jede vorgefertigte Postkarte, die meist noch teurer im Versand ist.

2.2 *Wachstumsprognosen und die Einschätzung eines Digital Natives*

Hält der derzeitige Trend an, wird das „All-in-one-Medium" Internet dem traditionellen Medium Fernsehen der Europäer bis Juni 2010 das Wasser abgegraben haben. 2,5 Tage Internetnutzung im Monat (das entspricht 14 Stunden pro Woche) stehen dann knapp zwei Tagen (also 11,5 Stunden pro Woche) monatlichem TV-Konsum gegenüber.[10]

Ein Antrieb für diese Entwicklung ist die seit Jahren zunehmende Beliebtheit von Onlinevideos. Dazu einige Zahlen des Internet-Zähldienstes comScore, London.

Der deutsche Onlinevideo-Markt in Zahlen

- 36 Millionen Deutsche haben im August 2009 mehr als sechs Milliarden Mal Videos online betrachtet, das ist ein Zuwachs von 38 Prozent im Vergleich zum Vorjahresmonat.**
- Der Marktanteil von YouTube beträgt 50,5 Prozent. Mit großem Abstand folgen die Videoangebote von ProSieben Sat1 (1,9 Prozent), der Universal Group (1,7 Prozent) und der RTL Group (1,0 Prozent). *
- Im August 2009 sahen 24 Millionen User rund 2,7 Milliarden Mal Videos auf YouTube, das entspricht 115 Videos pro Zuschauer.**
- Männer im Alter von 15 bis 24 Jahren nutzen Onlinevideos am intensivsten und verbrachten damit im August 2009 rund 24 Stunden Zeit.**
- Die durchschnittliche Dauer eines Videos beträgt 5,3 Minuten, was einer Steigerung um 23 % gegenüber August 2008 entspricht.**

* Quelle: comScore, Februar 2009 (Erhebungszeitraum: Dezember 2008)

** Quelle: comScore, Oktober 2009 (Erhebungszeitraum: August 2009)

Schenkt man den Marktforschungs-Instituten Glauben, so ist es auch um die Zukunft der Werbeform Onlinevideo gut bestellt. Forrester Research sieht den Video-Werbemarkt im Internet für das Jahr 2012 bei einem Volumen von 7,1 Milliarden USD, der eMarketer beziffert ihn gar auf 9,5 Milliarden USD. Für 2008 taxierte Nielsen Media Research das Geschäft mit der Videowerbung in Deutschland auf 12,3 Millionen Euro. Allerdings ist dieser Wert im Vergleich zur klassischen TV-Werbewirtschaft immer noch mehr als bescheiden, die mit 9,1 Milliarden Euro im Krisenjahr 2008 einen Zuwachs von 4,5 Prozent verbuchen konnte.[11]

Für die Internetbranche wird der lang ersehnte Shift der TV-Werbegelder in Onlinevideoformate langsam Realität – allerdings ist das noch immer sehr niedrige Ausgangsniveau zu berücksichtigen. Zweistellige Zuwachsraten bei den Abrufzahlen von Onlinevideos sind daher noch lange kein Indiz für erfolgreiche Geschäfts- und Werbemodelle, zumal ein Großteil dieses Anstiegs aus nutzergenerierten Videos (UGV) besteht. Und die Länge der durchschnittlich angebotenen Videos im Internet mit 5,3 Minuten besagt lediglich, dass es sich hierbei um einen Mittelwert handelt – gebildet aus nur wenige Sekunden dauernden Trailern bis hin zu Spielfilmen mit einer Dauer von 100 Minuten und mehr. Unternehmen wie Medienanbieter sind daher gut beraten, exakt zu analysieren, was diese Zahlen in ihrem spezifischen Marktumfeld bedeuten.

Was wir von einem 15-jährigen Teenager lernen können

Die sich dramatisch verändernde Mediennutzung ist in zahlreichen Studien und Forschungsberichten beschrieben und belegt worden. War einst der Fernseher das Bindeglied bzw. das „elektronische Lagerfeuer" der Familie, um das man sich am Abend versammelte, so findet heute der Konsum von (audiovisuellen) Medien mehr und mehr „anyplace, anywhere, anytime" statt.

Die Selbstbestimmtheit des Users steht im Mittelpunkt seines medialen Kommuni- zierens, die bei einem besonders hohen Involvement darin gipfelt, sich als Prosumer (Produzent und Konsument zugleich) zu engagieren. Lineares Fernsehen wird zu einem Relikt vergangener Tage – die Generation On Demand wird unaufhaltsam (er)wachsen.

Morgan Stanley Research Europe (United Kingdom) hat am 10. Juli 2009 eine außergewöhnliche Studie oder besser gesagt einen Aufsatz mit dem Titel „How Teenager consume Media"[12] veröffentlicht, in dem der 15-jährige Matthew Robson seinen Medienkonsum und den seiner Freunde beschreibt. Die Worte dieses Jungen sind einfach und klar und gewähren einen unverstellten Einblick in das Medien-Nutzungsverhalten der nächsten Generation. Über das Fernsehen sagt er (Auszug):

> „Most teenagers watch television, but usually there are points in the year where they watch more than average. This is due to programs coming on in seasons, so they will watch a particular show at a certain time for a number of weeks (as long as it lasts) but then they may watch no television for weeks after the program has ended." [...]
> „Teenagers are also watching less television because of services such as BBC iPlayer, which allows them to watch shows when they want. Whilst watching TV, adverts come on quite regularly (18 minutes of every hour) and teenagers do not want to watch these, so they switch to another channel, or do something else whilst the adverts run." [...]
> Auf die Frage „What is hot?" antwortete Matthew Robson an erster Stelle mit „Anything with a touch screen is desirable" und ein Kommentar zu „What is not?" lautete "Anything with wires".

2.3 *Warum die gesellschaftliche Relevanz von Onlinevideo zunehmen wird*

Anknüpfend an die Marktzahlen von Onlinevideo und die Aussagen von Matthew Robson werden in diesem Abschnitt drei menschliche Bedürfnisse benannt, die meiner Meinung nach ganz wesentlich zur weiteren Audiovisualisierung der Gesellschaft beitragen werden.

- Das Bedürfnis nach Orientierung und Sicherheit.
  Das Internet ist das Medium der unbegrenzten Möglichkeiten. Und genau das ist das Problem. Ein jeder sucht nach der einen Wahrheit, nach der Bestätigung seiner Annahme, und findet ein Übermaß an Informationen. Orientierung tut not. Ein Student sagte mir einmal, wenn er sich einem neuen Thema nähert, dann schaut er zuerst bei YouTube, ob es darüber einen Film gibt. Audiovisuelle Inhalte haben einen Vorteil im Meer des Überflusses: Eine multisensorische Darstellung und Ansprache suggeriert schnell Orientierung. Und

was der Mensch mit eigenen Augen gesehen hat, dem vertraut er bekanntermaßen, das gibt ihm Sicherheit bzw. Kaufsicherheit.

- Das Bedürfnis nach Anerkennung und Ruhm
  Spätestens seit dem Wahlkampf von Barack Obama ist bekannt, welches Aktivierungspotenzial Onlinevideo besitzen kann. Teilweise wird dieses Phänomen auch als Video Democracy bezeichnet. Menschen treten in soziale Netzwerke ein, um am Austausch mit Gleichgesinnten zu partizipieren sowie die eigene Arbeit und sich selbst einer breiten Öffentlichkeit darzustellen. Dabei genießt die Anerkennung aus diesem Umfeld einen besonders hohen Stellenwert. Der Umgang mit der multimedialen Welt ist längst zu einer Schlüsselkompetenz geworden, die über Erfolg oder Misserfolg im Beruflichen wie im Privaten entscheiden kann. Was haben Paul Potts, Horst Schlämmer und Katrin Bauerfeind gemeinsam? Ihren Durchbruch haben sie dem Medium Onlinevideo zu verdanken.
- Das Bedürfnis nach Verständnis und Gefühlen
  Lassen Sie sich auf ein kleines Experiment ein. Wenn Sie jetzt die Augen schließen, dann denken Sie bitte an Ihren Lieblingsfilm, den Sie im Kino oder Fernsehen gesehen haben.
  Im zweiten Schritt denken Sie bitte an eine Person, die Ihre Vorliebe für diesen Film oder einzelne Szenen teilt.
  Dieses kleine Experiment zeigt im besten Fall, wie sehr wir uns einem Menschen (bzw. Absender) verbunden fühlen, der filmische Inhalte ähnlich interpretiert wie wir selbst. Verlinke mich mit deiner Onlinevideothek, und ich sage dir, wer du bist. Der Mensch von morgen wird mehr denn je eine Identität besitzen, die untrennbar mit der Kreation, der Bewertung und dem Konsum von Bewegtbild-Inhalten verknüpft ist.

3 Die Bedeutung von Corporate Web TV für die Unternehmenskommunikation

3.1 Ein neues Instrument erobert den Medien-Mix

Onlinevideo und Web TV – wenn der Absender ein Unternehmen oder eine Institution ist, so sprechen wir von Corporate Web TV und Corporate Web Video – stellen Kommunikationsmanager zunächst einmal vor eine neue Herausforderung. Ebenso bietet dieses vergleichsweise junge Kommunikationsinstrument eine Vielzahl an Chancen und Möglichkeiten, den Dialog mit den Stakeholdern zu bereichern.

Neue Wege in der Marketingkommunikation beschritt in den Jahren 2001 und 2002 BMW North America mit dem legendären Filmprojekt „The Hire". Die mehrfach preisgekrönten Kurzfilme sorgten mit Hollywood-Darstellern wie Clive Owen, Mickey Rourke und Madonna weltweit für Furore und bescherten den Machern ein Millionenpublikum. Die Geschichten rund um den neuen Roadster BMW Z4 konnten ausschließlich über die Website BMWFilms.com und nach einem bestenfalls mehrminütigen Download eines Videoplayers angesehen werden. Aus heutiger Sicht hat BMW damit Internetgeschichte geschrieben und das Genre des Branded Entertainments im Netz begründet. Als ein weiterer Meilenstein in der Filmgeschichte im Web gilt „The Call", der im Frühjahr 2006 erschien und mit den Hauptdarstellern John Malkovich und Naomi Campbell glänzte. Zehn Minuten Actionkino à la Hollywood bot auch „Mission Zero" mit Uma Thurman in der Hauptrolle. Beide Branded-Entertainment- Produktionen wurden von dem Reifenhersteller Pirelli in Auftrag gegeben. Unter www.pirellifilm.com wird eine weitere Episode angekündigt.

Im Jahr 2007 fand der Durchbruch von Corporate Web TV statt: Im Januar wurde Bud.tv gelauncht und galt als Leuchtturmprojekt der Branche. Kein Wunder, Presseberichten zufolge soll die Marke der Brauerei Anheuser-Busch allein für die Contentproduktion ein Jahresbudget von 30 Mio. Dollar zur Verfügung gestellt haben.[13] Viele nationale und internationale Marken folgten, primär mit Investitionen im niedrigen einstelligen Millionenbereich. Allen voran sind die deutschen Automobilbauer Audi, BMW und Mercedes Benz zu nennen, die von März bis September 2007 ihre eigenen Web TV-Kanäle starteten.

3.2 Einordnung, Marktzahlen und Einsatzgebiete

Bevor wir uns den weiteren Ausprägungen und Einsatzgebieten von Bewegtbild zuwenden, erscheint es sinnvoll, diese im Kontext der Unternehmenskommunikation näher zu definieren.

Unter Corporate TV sind alle Bewegtbild-Maßnahmen eines Unternehmens oder einer Institution zu verstehen, die nicht unter die klassische TV-Werbung fallen. Folgt man dem Ansatz der integrierten Unternehmenskommunikation nach Bruhn, so gibt es Leitinstrumente, die am besten in der Lage sind, die kommunikative Leitidee zu transportieren und einen wesentlichen Beitrag zum Erreichen der zentralen Kommunikationsziele zu leisten.[14] Je nach Kommunikationsziel kann Corporate TV auf der Ebene der Leitinstrumente oder auf der Ebene der zusätzlichen Kommunikationsinstrumente angesiedelt sein. Corporate Web TV und Corporate Web Videos können demnach als Folge-Kommunikationsinstrumente bezeichnet werden, die eine Ausprägung des möglichen Leitinstruments Corporate TV darstellen.

Bruhn definiert zudem den Begriff des Kommunikationsmittels, welches das konkrete Medium zum Transport der Kommunikationsbotschaften darstellt (also etwa der TV- Spot, das Plakat, der Radiospot etc.). Im Fall von Corporate TV[15] ist das Corporate Video ein Kommunikationsmittel, das als Einzelmaßnahme (z.B. als Imagefilm) einem konkreten Kommunikationsziel dient.

Corporate TV durchdringt als fester Bestandteil im Kommunikationsmix immer mehr Geschäftsbereiche wie Marketing, Vertrieb, PR, Investor Relations, Training etc., Tabelle 1 zeigt wesentliche onlinebasierte Einsatzgebiete.

Stakeholder/ Zielgruppe	Beschreibung/ Einsatzgebiet	Plattform	Anwendungsbeispiel
Shareholder	Geschäfts- und Hintergrundberichte z. B. für Investor Relations	· Homepage · Extranet	http://www.audi.de (Geschäftsbericht 2008) http://www.bayer.de (Rubrik Nachhaltigkeit)
Öffentlichkeit	Live-Übertragungen von Pressekonferenzen; Branded Entertainment	· Homepage · Intranet · Fremdsites	www.dp-dhl.de www.pirellifilm.de
Kunden	Verkauf Produktentertainment	· Homepage · Fremdsites	www.tvino.de www.bmw.tv, ist auch bei www.autobild.de integriert
Partner	Schulung, Training	· Extranet	Audi iTV
Mitarbeiter	Interne Kommunikation	· Intranet	Intraview o2, V!A HypoVereinsbank

Tab. 1: Wesentliche Einsatzgebiete von Corporate Web TV und Corporate Web Video in der Unternehmenskommunikation

ZAHLEN UND FAKTEN ZU CORPORATE TV IN DEUTSCHLAND

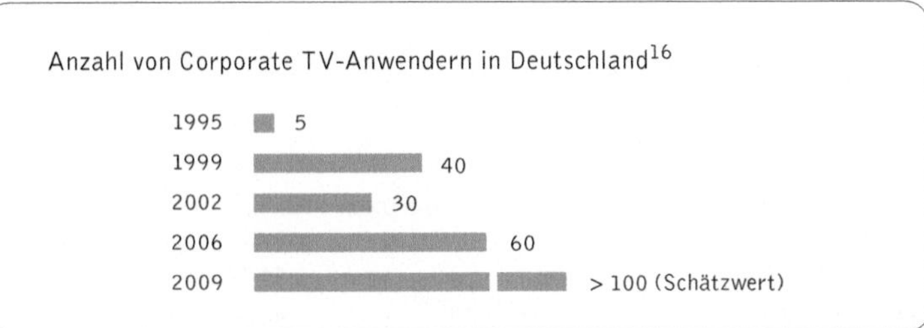

Mitglieder der Corporate TV Association Deutschland[17]

2003: 9

2009 (Stand Oktober): 54

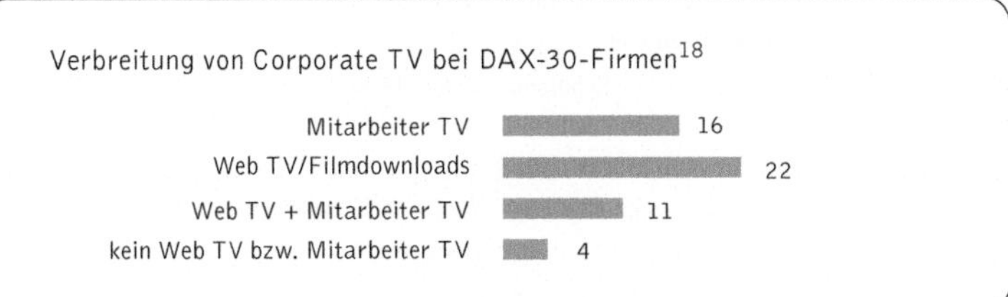

Produzierte Sendeminuten in CTVA-Mitgliedsunternehmen[19]

Wenigste Sendeminuten	20 min pro Jahr (= 1,66 min pro Monat)
Meiste Sendeminuten	42.000 min pro Jahr (= 58,3 h pro Monat)

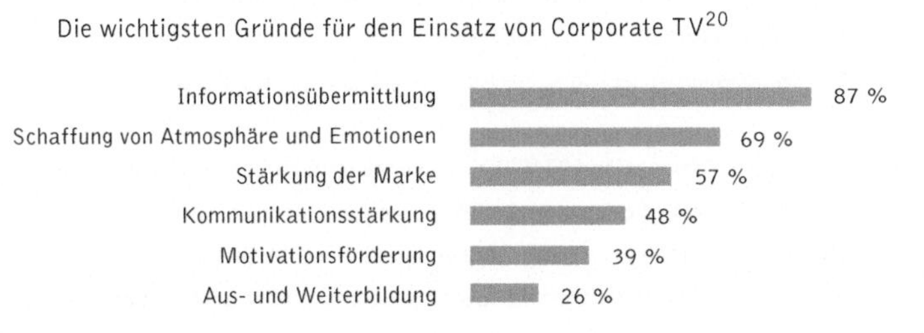

Aktualisierungszeiträume von Corporate TV-Inhalten[21]

Bei Bedarf	60 %
Wöchentlich	20 %
Monatlich	15 %
Täglich	5 %

Produzenten der Corporate TV-Inhalte für die Unternehmen[22]

Externe Dienstleister	44 %
Interne CTV Redaktion	41 %
Variabel	15 %

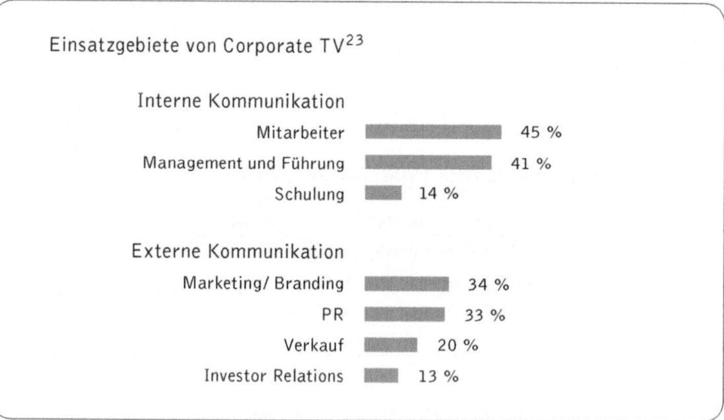

Bewegtbildstudie.de[24]

- Jeder dritte Journalist schaut täglich Online-Videos.
- Neun von zehn Journalisten bzw. PR-Profis prognostizieren einen Bedeutungszuwachs von Bewegtbild im Netz.
- 60 % der Journalisten und 40 % der PR-Experten arbeiten mit Bewegtbild.

Die Corporate TV Association (CTVA) e. V. wurde im Oktober 2003 von Kommunikationsfachleuten großer deutscher Unternehmen und dem heutigen Vorsitzenden des Verbands, Dr. Nikolai A. Behr, gegründet. Sie ist Interessenvertretung und Fachverband für Kommunikatoren im Bereich Bewegtbild. Darüber hinaus ist die CTVA auf den Gebieten Normierung, Evaluierung und Lehre von Bewegtbildkommunikation tätig: www.ctva.de.

3.3 Das Web 2.0 erfordert eine (audiovisuelle) Unternehmenskommunikation 2.0

Die Entwicklung des Web 2.0 hat die Rahmenbedingungen der Kommunikation grundlegend verändert. Dieser hauptsächlich technologiegetriebene Fortschritt eröffnet neue Bewertungsdimensionen für Informationen und die Möglichkeit, dass die Stimme eines Einzelnen viel bewirken kann. Aus der Partizipation einer breiteren Öffentlichkeit entstehen wiederum Netzwerke und Communitys, die eine wichtige Rolle im heutigen Meinungsbildungsprozess spielen.[25] Dies alles geschieht nach dem Prinzip: Einer für alle, alle für einen.

Ein Antrieb für diese Entwicklung wird in diesem Zusammenhang aber oft vernachlässigt: das Bewegtbild. Gerade Videoplattformen wie YouTube trugen zu der viel zitierten Demokratisierung, der Transparenz und dem Gemeinschaftserlebnis im Internet bei. Moderne Unternehmenskommunikation muss sich an den Regeln und Möglichkeiten des Web 2.0 orientieren. Im Wesentlichen können daraus vier Faktoren abgeleitet werden, die professionelle Kommunikatoren in Unternehmen und Institutionen herausfordern und Anpassungen in Kommunikationsstrategie und -instrumenten – insbesondere im Hinblick auf die Integration von Bewegtbild – verlangen.

Faktor 1: Substanz

Substanz bedeutet nach dem lateinischen Wort substantia „das, woraus etwas besteht". In der Philosophie meint Substanz das selbstständige oder wesentliche Seiende. Die Stakeholder der Unternehmenskommunikation sind selbstbewusster und anspruchsvoller geworden, bietet ihnen das Web doch alle Möglichkeiten, die Aussagen von Unternehmen auf Authentizität, Glaubwürdigkeit und Nachhaltigkeit zu überprüfen. Je nach Marke und Positionierung können Widersprüche einen beträchtlichen Schaden verursachen. Kommunikationsmanager sind daher gut beraten, sich an dem Wesentlichen, dem Wahrhaftigen zu orientieren. An der Frage nach der Darstellung der Substanz einer Marke kommen moderne Markenlenker nicht mehr vorbei. Das Kommunikationsinstrument Corporate TV kann hierbei eine Schlüsselrolle einnehmen.

Faktor 2: Kontext

Kontext meint viel mehr als nur „Zusammenhang". Eine jegliche Situation besteht aus unterschiedlichen Anknüpfungspunkten, die es zu verweben gilt. Zeitgemäße Unternehmenskommunikation sollte Anknüpfungspunkte initiieren, die zum Dialog animieren und die situative Identität und Individualität des Gegenübers berücksichtigen. Und so wie die Dialogpartner – und im Übrigen auch das Unternehmen selbst – nicht nur eine Identität besitzen, so sollten Kommunikations- bzw. Filmstile variieren.

Nichts ist langweiliger, als immer die gleiche Kost bzw. die gleiche Machart vorgesetzt zu bekommen. One size fits all? Sicher nicht, denn so unterschiedlich die Geschmäcker der Generationen sind, so abwechslungsreich, individuell und interaktiv sollte auch deren audiovisuelle Ansprache sein.

Faktor 3: Aktualität

Neuigkeiten über Unternehmen verbreiten sich im Netz – nicht zuletzt dank Micro- blogging-Diensten wie Twitter – in rasender Geschwindigkeit. Aktualität ist ein Rohstoff der Wirtschaft und somit Pflicht jeder Unternehmenskommunikation. Ältere Imagefilme oder Nachrichten aus den vergangenen Jahren interessieren daher maximal im Archiv. Kommunikatoren müssen sicherstellen, dass unternehmensrelevante Informationen möglichst rasch analysiert, kommentiert und verarbeitet werden. Ein permanentes Monitoring ist dabei unabdingbar. Dazu gehören Schlüsselbegriffe wie der Markenname, die regelmäßig via Internetsuchmaschinen gescannt und evaluiert werden müssen. Wenn ein Unternehmen nicht zügig auf eine kritische Außendarstellung reagiert, kann es rasch in die Defensive geraten. In akuten (Krisen-)Situationen ist eine schnelle und klare Stellungnahme in Form eines Videostatements des TopManagements ein wirksames Mittel, um eine weitere Eskalation zu vermeiden.

Faktor 4: Personifizierung

Die beste Art der Verständigung ist die Face-to-Face-Kommunikation. Das Gegenüber von Sender und Empfänger erlaubt, auch außerhalb der Sachebene kommunizierte Aspekte mit einzubeziehen. Diese Idealvoraussetzung ist in der Unternehmenskommunikation jedoch selten gegeben. Das Web 2.0 wirkt diesem Mangel in Verbindung mit Bewegtbild zumindest ein Stück weit entgegen. Der Trend zur Personifizierung, also einem Produkt und/oder Menschen (vgl. Beitrag Personal Brands) einen unverwechselbaren Charakter zu geben, ist klar erkennbar.

Zusammenfassend kann konstatiert werden: Unternehmen müssen künftig noch aktueller, wahrhaftiger, kontextbezogener und vor allem personifizierter – d. h., den Mustern des privaten Dialogs und denen von Social Communities folgend – kommunizieren.

Richtet man den Blick auf die in Kapitel 3.2 beschriebenen, an Branded Entertainment orientierten Web TV-Angebote wie AudiTV & Co, so mussten viele Anbieter inzwischen erkennen, dass der Reichweitenaufbau im Netz mit dem im klassischen Fernsehen nicht vergleichbar ist. Hat der Konsument zu Hause in der Regel die Auswahl zwischen rund 30 Fernsehkanälen, so kann er laut www.global-itv.com allein in Deutschland auf rund 900 und weltweit auf mehr als 10.000 Web TV-Sender zugreifen.

Es genügt also nicht, die eigene Homepage oder die von Tochterunternehmen mit VideoAngeboten zu bestücken. Die Inhalteanbieter von Corporate Web Videos sollten Verbreitungswege und Kooperationen anstreben, die ihnen eine ganz wesentliche Währung in der Kommunikationsbranche bietet: Reichweite.

Große Social-Media-Anbieter wie MySpace, sevenload und StudiVZ und klassische Onlineportale wie Spiegel.de, Bild.de, T-Online.de etc. verfügen über diese Reichweiten. Mithilfe von Multi-Channel-Strategien lassen sich einmal produzierte Bewegtbildinhalte mehrfach verwerten und das Kosten-Nutzen-Verhältnis optimieren.

4 Einfluss und Auswirkungen von Onlinevideo und Web TV auf die Medien

Der globale Einfluss von Hollywood ist eine der imposantesten kommerziellen Suc- cess Stories des Zwanzigsten Jahrhunderts. Die gesamte Wertschöpfungskette von Film und Fernsehen war bis vor wenigen Jahren – spätestens bis zum Siegeszug von YouTube & Co – ein Hoheitsgebiet der Medienunternehmen, Reichen und Stars, die von diesem geschlossenen System profitierten.

Heute stellt der souveräne und profitable Umgang mit Onlinevideo für die meisten traditionellen Massenmedien noch große Probleme dar. Dazu gehört die Ausbreitung von kostenlosem User Generated Content (UGC) im Allgemeinen und von User Generated Videos (UGV) im Besonderen. Dabei ist die Machart und Qualität einzelner User Generated Videos längst mit der professioneller Produktionen vergleichbar. Die klassischen Massenmedien werden in ihrer Gatekeeping- und Agenda-Setting-Rolle weiter geschwächt. Soziale Netzwerke wie Facebook, XING und unzählige Arten von Blogs und Microblogging-Diensten wie Twitter sorgen dafür, dass sich Nachrichten in Windeseile und millionenfach verbreiten. Aktualität und Authentizität waren auch die Merkmale eines der am häufigsten abgerufenen Videos bei Focus Online im Jahr 2009:[26] die Notwasserung des Airbus A320 im Hudson River am 15. 01. 2009, aufgenommen von einer Überwachungskamera der New Yorker Küstenwache. Die mangelhafte Videoqualität spielte dabei keine Rolle.

Die folgende Untersuchung zeigt, wie die 100 größten deutschen Onlinemedien Bewegtbild einsetzen.[27] Das Ranking der Medien basiert auf den Zahlen der AGOF e.V./Internet facts 2009 – I.[28]

Innerhalb der Top 20 bieten 75 % der Websites Videoinhalte an. Immerhin 40 % erlauben das Hochladen von User Generated Videos, bei den Top 100 sind es noch 18 %. Bei den 100 größten deutschen Onlinemedien können 43 % mit einem Web TV-Angebot bzw. Videoarchiv werben.

Bewegtbild ist ein fester Bestandteil der Onlinemedienlandschaft in Deutschland. 59 % der Top 100 Onlinemedien in Deutschland haben Onlinevideo auf ihrer Website integriert. Bei den Top 10 sind es sogar 100 %. Wer sich einmal für den Einsatz von Bewegtbild entschieden hat, der versucht meist das ganze Spektrum der Ausprägungen und Refinanzierungsmöglichkeiten zu nutzen.

Rang	Angebot	Unique User in Mio.	Video (PV)	Video Ads	Web TV	UGV
1	T-Online	16,16	1	1	1	0
2	WEB.DE	12,98	1	1	1	1
3	MSN.de	10,89	1	1	1	1
4	Yahoo! Germany	10,62	1	1	1	1
5	GMX	9,08	1	1	1	1
6	wer-kennt-wen.de	6,21	1	0	0	0
7	CHIP Online	6,02	1	1	1	0
8	ProSieben.de	6,01	1	1	1	0
9	MyVideo	5,78	1	1	1	1
10	SPIEGEL ONLINE	5,77	1	1	1	0
11	Ciao.de	5,59	0	0	0	1
12	RTL.de	5,57	1	1	1	0
13	BILD.de	5,52	1	1	1	0
14	StayFriends	5,46	0	0	0	0
15	studiVZ	5,38	1	0	1	0
16	MeineStadt.de	5,08	0	0	0	0
17	vodafone.de	4,94	1	0	1	1
18	MySpace.de	4,94	1	1	1	1
19	DasTelefonbuch.de	4,84	0	0	0	0
20	DasÖrtliche	4,71	0	0	0	0
1 bis 20	Ergebnis innerhalb Top 20 in %		75	60	70	40
1 bis 100	Ergebnis Top 100 in %		59	41	43	18

Tab. 2: Formen von Bewegtbild innerhalb der 100 größten Online-Medien Deutschlands PV = Professional Video; UGV = User Generated Video

UGV findet außerhalb der Top 20 fast ausschließlich im Rahmen von Videoplattformen oder Communitys statt. Nachfolgend sollen weitere Beobachtungen und Trends angeführt werden:

Die Spiegel-Gruppe stellt eines der umfangreichsten kostenpflichtigen Web TV-Pro- gramme im deutschsprachigen Netz bereit. Dazu gehören die Spiegel-TV-Reporta- gen ebenso wie die in die eigene Website integrierten Serien und VoD-Angebote des Partners Arcor. Gleichzeitig haben User die Möglichkeit, kostenlos Videos auf Spiegel Online und dem Spiegel-YouTube-Kanal zu betrachten. AOL bietet vorselektierte UGV,u.a. von YouTube, an. Ein eigenes Hochladen von Videos ist nicht möglich. Bild.de hat das Online-Format Clip Show kreiert, das witzige und ausgewählte Clips aus dem Internet zeigt. Die Refinanzierung erfolgt über Pre-Roll-Werbespots. GelbeSeiten.de erlaubt Unternehmen eine Darstellung in der Rubrik Firmenvideo in der Top-Navigation. Quoka.de, eine Website für Kleinanzeigen, ermöglicht Interessenten, selbst produzierte Produkt- und Dienstleitungsvideos zu veröffentlichen. Vodafone betreibt unter dem Namen „cmyc - Check my Clip" eine eigene Videoplattform für UGV.

Professionell integrierte Videoangebote sind fast ausschließlich auf Websites zu finden, an denen große Verlage oder Medienhäuser beteiligt sind. Neben den marktbeherrschenden Printmedien sind es vor allem die großen und etablierten Fernsehsender, die es sich erlauben können, auf Premiuminhalte und Paid Content zu setzen. Für Nischenanbieter und für die meisten der rein für das Internet produzierten Web TV-Programme wird die Monetarisierung jedoch weiterhin problematisch bleiben.

5 Das 2+6 Strategie- und Integrationsmodell für Bewegtbild

Der erfolgreiche Einsatz von Onlinevideo ist mit einer Vielzahl an Herausforderungen verbunden. Das 2+6 Strategie- und Integrationsmodell soll Unternehmen wie Medien helfen, wesentliche Elemente der Planung, Durchführung und Kontrolle der Bewegtbild-Kommunikation zu berücksichtigen. Die Zusammenstellung der Autorenbeiträge in diesem Buch erfolgte weitestgehend im Hinblick auf diese Anforderungen.

Geschäftsmodell/Kommunikationsziel

Medien nutzen die vielfältigen Ausprägungen von Bewegtbild meist als Produktkomponente ihres Geschäftsmodells. Im Gegensatz dazu dient es Unternehmen, Kommunikationsziele zu erreichen. Grundsätzlich ist vorab zu klären, in welcher Form und in welchem Verbund dieses Medium seine beste Wirksamkeit erzielen kann. Demgegenüber stehen

Konsumenten oder Stakeholder, die mit der Annahme dieses Angebots ein spezifisches Bedürfnis befriedigen wollen.

Nutzen/Konzeption

Die Nutzenbetrachtung sollte Ausgangsbasis aller Überlegungen sein. Eine langfristig erfolgreiche Strategie stiftet Nutzen für alle Beteiligten. Eine klare und am besten schriftlich ausformulierte Konzeption hilft, die spezifischen Ziele, die damit angestrebte Positionierung und die Ausgestaltung der Bewegtbild-Inhalte präzise zu verdeutlichen. Hierin werden alle Planungs-, Durchführungs- und Kontrollelemente zu einer synergetisch ausgerichteten Gesamtstrategie vereint.

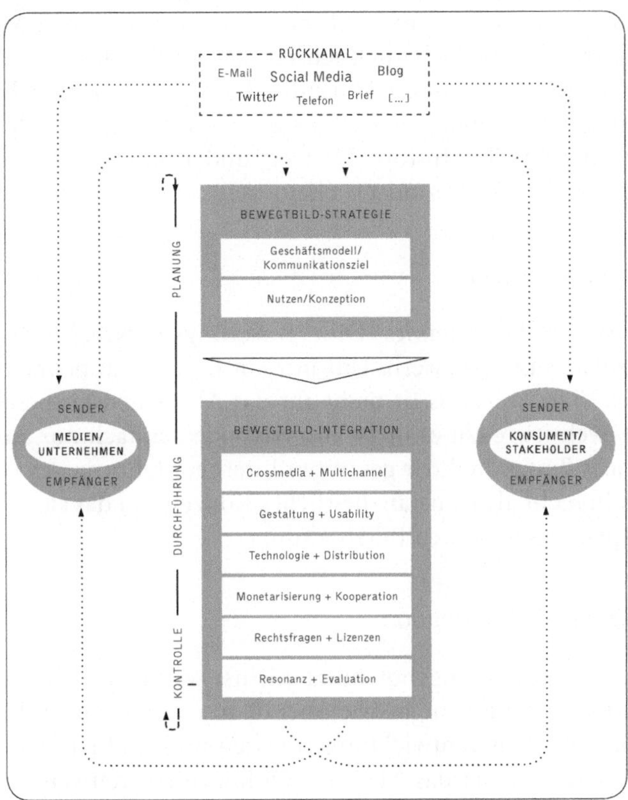

Abb. 1: Das 2+6 Strategie- und Integrationsmodell für Bewegtbild

Die Konzeption im Rahmen der Bewegtbild-Strategie legt fest, ob und welche Faktoren in welcher Ausprägung bei der Bewegtbild-Integration Anwendung finden. Wie das 2+6 Strategie- und Integrationsmodell für Bewegtbild verdeutlicht, haben Konsumenten oder Stakeholder die Möglichkeit, Resonanz über Ratings, E-Mail, Telefon, Einträge in soziale Netzwerke etc. zu geben. Für die Zukunft ist zu erwarten, dass selbst erstellte Videobotschaften als Rückkanal bzw. als Dialoginstrument an Bedeutung gewinnen werden.

Crossmedia und Multichannel

Crossmedia Marketing[29] ist keine Kür, sondern Pflicht: Erfolgreiche Bewegtbildangebote im Internet basieren häufig auf einer intelligenten Verzahnung von Online und Offline. Wer die klassischen Medien in seiner Konzeption nicht berücksichtigt, der wird es um ein Vielfaches schwerer haben, eine zügige Marktdurchdringung zu erreichen. Multichannel ist der Ansatz, den Konsumenten auf verschiedenen Vertriebswegen (POS TV, Instore TV etc.) und Kommunikationskanälen (Web TV, Mobile TV etc.) zu erreichen.

Gestaltung und Usability

Design ist ein bedeutendes Differenzierungsmerkmal im heutigen Kommunikationswettbewerb. Um nur ein Beispiel zu nennen: Das Erlebnis des Videokonsums ist nicht auf das Abspielfenster beschränkt – bei einer Website reicht es nicht aus, das Video einfach nur auszustrahlen, es muss Bestandteil der gesamten Interneterfahrung des Users werden.[30] Es braucht also ein ganzheitliches Konzept, in das sich das Video als Teilaspekt des gesamten Bildes einfügt.

Technologien und Distribution

Das beste Bewegtbildangebot nützt nichts, wenn es nicht unkompliziert, störungsfrei und so gut wie überall zu empfangen ist. Innovative technologische Weiterentwicklungen waren und sind nach wie vor die treibenden Kräfte, die das Medium Onlinevideo weltweit immer beliebter werden lassen.

Monetarisierung und Kooperationen

Originär für das Internet produzierte Filme und Serien lassen sich bis dato nur schwer refinanzieren. Die Frage nach der Monetarisierung ist insbesondere für BewegtbildAnbieter im Premium-Segment entscheidend. Strategische Kooperationen können dabei helfen, Märkte und Themengebiete effektiv und kostengünstig zu besetzen.

Rechtsfragen und Lizenzen

Die Kenntnisse der rechtlichen Rahmenbedingungen und Lizenzmodelle im Umfeld von Onlinevideo und Web TV sind oft unzureichend, kein Medienanbieter bzw. Unternehmen kann es sich aber leisten, darauf zu verzichten.

Resonanz und Evaluation

Kommunikations-Controlling ist ein wichtiger Aspekt, der häufig ungenügend Berücksichtigung findet. Regelmäßig eingefordertes Feedback und eine systematische Evaluation helfen, den sich verändernden Bedarf und Nutzen zu erkennen. Damit wird eine notwendige Strategieanpassung veranlasst, die letztendlich zur Sicherstellung des Geschäftsmodells oder zum Erreichen des Kommunikationsziels dient.

6 *Zusammenfassung und Ausblick*

Die Entwicklung und Metamorphose von Bewegtbild ist noch längst nicht abgeschlossen. Die zunehmende Verschmelzung von Realbild mit 3D-Animation, gepaart mit den interaktiven Möglichkeiten des Echtzeit-Webs werden nie da gewesene Erzählstrukturen erlauben und ein völlig neuartiges Bewegtbild-Erlebnis schaffen. Eines der größten Probleme stellt aber nach wie vor das Suchen und Finden der Milliarden von Onlinevideos sowie die derzeit mangelnde Zahlungsbereitschaft der Konsumenten dar. Sind diese Hürden überwunden, dürfte sich eine Vielzahl an tragfähigen Businessmodellen herausbilden. Für die Medien bedeutet dies zunächst einmal eine Verschärfung des Wettbewerbs, dem die Fernsehsender und etablierten Verlage mit bezahlpflichtigen Premium-Inhalten und Online-Kooperationen gegenübertreten. Für die öffentlich-rechtlichen TV-Sender ist abzusehen, dass sie ihre dominante Marktstellung und das umfangreiche Programmangebot nicht aufrechterhalten können und mittelfristig eine Restrukturierung nicht gekannten Ausmaßes erleben werden.

Corporate Web Video und Corporate Web TV bieten Unternehmen hingegen neue Möglichkeiten, ihre Produkte, Protagonisten und Markenwerte in einer Art zu inszenieren, die bislang den klassischen Medien vorbehalten war. Viele der heute printbasierten Informationsangebote wie Produktbeschreibungen, Betriebsanleitungen etc. werden in das (mobile) Internet abwandern und dort als Information Entertainment um die Gunst der Nutzer werben.

Wo alte Konstrukte zusammenbrechen und neue entstehen, werden vermutlich diejenigen sich einen Vorsprung erarbeiten können, die beide Interessenwelten – die der Unternehmen und die der Medien, Online und wie Offline – zu vereinen wissen. Der große Paradigmenwechsel beim Einsatz der audiovisuellen Medien bzw. von Bewegtbild ist aber darin zu sehen, dass die Entwicklung eines der einflussreichsten Unterhaltungs-, Kommunikations- und Informationswerkzeuge nun auch von den Konsumenten selbst vorangetrieben wird.

7 *Autorenfragen*

An welcher Stelle würden Sie gerne Ihren Lieblingsfilm stoppen und interaktiv eingreifen wollen?

The Big Blue: den frisch lackierten, knallroten Fiat 500 hätte ich Enzo gerne abgekauft.

Welches Bewegtbildangebot empfehlen Sie gerne weiter und warum?

Mobile TV in Verbindung mit LIGA total!: Wer es einmal nutzt, der mag nicht mehr darauf verzichten.

Welche Vision verbinden Sie persönlich mit Bewegtbild?

Das Leben und Arbeiten künftiger Generationen wird eine enge Symbiose mit den audiovisuellen Darstellungsmöglichkeiten eingehen. Selbst die Kleidung der Menschen wird ein Bestandteil dieser Entwicklung sein und uns eines Tages als multimediale Projektions- und Kommunikationsfläche dienen.

8 Quellenverzeichnis

1 Vgl. Wegner, D.: Onlinevideo, Heidelberg 2008, S. 195 f. In der Publikation skizziert er u.a. die Geschichte und Faktoren, die zum Erfolg von YouTube beigetragen haben. Das Buch wendet sich vor allem an praxisorientierte Journalisten, die Videos selbst erstellen oder produzieren lassen. Die Rules of YouTube werden mit „Sei witzig! Überrasche! Sei minimalistisch! Zitiere Pop Culture! Sei artistisch! Sei harmlos und hübsch! Sei musikalisch! Entspann Dich! beschrieben.

2 Was mit „Halte es einfach und leicht verständlich" übersetzt werden könnte.

3 Vgl. Millward Brown Optimor, Brandz – Top 100 Brand Report 2008. Im Ranking von 2008 belegte die Marke Google mit 86,057 Milliarden USD den 1. Platz: http://www.millwardbrown.com/Sites /Optimor/Media/Pdfs/ en/BrandZ/BrandZ-2008-Report.pdf. In der gleichnamigen iPhone-Applikation Brandz 100 wird der Markenwert von Google im Oktober 2009 bereits mit 100,039 Milliarden USD angegeben, (letzter Abruf 06. 10. 2009).

4 Laut comScore, August 2008, sind rund 80 % aller verfügbaren Filme im Internet mit dieser Technologie, dem VFL-Media Player, abrufbar.

5 Herbert Marshall McLuhan (geboren 1911 und t 1980) war ein kanadischer Philosoph, Geisteswissenschaftler, Professor für englische Literatur und Kommunikationstheoretiker. McLuhans Werk gilt als ein Grundstein der Medientheorie. Eine seiner zentralen These ist: Das Medium ist die Botschaft.

6 Vgl. McLuhan, M.: Understanding Media, New York 1964, S. 7.

7 Der Begriff „Globales Dorf" stammt ebenfalls von McLuhan, der ihn 1962 in seinem Buch The Gutenberg Galaxy prägte und in seinem vorletzten Buch War and Peace of the Global Village (1968) ausformulierte. Er bezieht sich damit auf die moderne Welt, die durch elektronische Vernetzungen zu einem Dorf zusammenwächst. Heute wird der Begriff oft als Metapher für das Internet und die digitale Globalisierung gebraucht.

8 Im Jahr 2003 begann die Erfolgsgeschichte von Matt und seinen Filmen, nachzulesen unter http://www.wherethehellismatt.com, (letzter Abruf 28. 08. 2009).
9 Vortrag im Stil einer Video-Dokumentation über die Entwicklung von YouTube (hochgeladen 26. 07. 2008): http://www.youtube.com/watch?v=TPAO-lZ4_hU, abgerufen am 25. 06. 2009.
10 Vgl. Pressemitteilung vom 25. 05. 2009, Microsoft Studie Europe Logs on: http://advertising.microsoft.com/deutschland/Europe-Logs-On, (letzter Abruf 01. 09. 2009).
11 Vgl. WerbemarktReport SevenOne Media, Februar 2009.
12 Vgl. http://media.ft.com/cms/c3852b2e-6f9a-11de-bfc5-00144feabdc0.pdf (letzter Abruf 30. 07. 2009).
13 Bud.tv hat den Sendebetrieb in 2009 wieder eingestellt.
14 Vgl. Bruhn, M.: Integrierte Unternehmens- und Markenkommunikation. Strategische Planung und operative Umsetzung, Stuttgart 2006, S. 200 f.
15 Das „TV" in Corporate TV beschreibt lediglich das Spektrum der audiovisuellen Darstellungsformen (Interview, Produktclip, Schulungsfilm etc.) innerhalb der Unternehmenskommunikation, so wie das klassische Fernsehen (TV) auch aus einer Vielzahl an Ausprägungen wie Live-Sendungen, Talkshows, Dokumentationen etc. besteht.
16 CTVA Mitgliederbefragung 2008.
17 Angaben basieren auf Auskunft der CTVA vom Oktober 2009.
18 CTVA Mitgliederbefragung, Mai und Juni 2009.
19 ebd.
20 ebd.
21 ebd.
22 ebd.
23 Beißwenger, A.; Frank, G.: Ergebnisse einer Corporate TV Umfrage in Zusammenarbeit mit cpwissen, vorgestellt am 03. 07. 2009 auf der AMD09.
24 Vgl. Zerfaß, A.; Mahnke, M.; Rau, H.; Boltze, A.: Bewegtbildkommunikation im Internet – Herausforderungen für Journalismus und PR, Ergebnisbericht der Bewegtbildstudie, Universität Leipzig 2008 http://www.bewegtbildstudie.de, (letzter Abruf 02. 08. 2009).
25 Vgl. Meckel, M.: Reputationsevangelisten und Reputationsterroristen – Unternehmenskommunikation 2.0; in: Meckel, M.; Stanoevs-

ka-Slabeva, K. (Hrsg.): Web 2.0 – Die nächste Generation Internet, St. Gallen 2008, S. 114 f.

26 Die Angaben sind dem Vortrag „Bewegte Bilder bei FOCUS Online: Videos im Informationsalltag eines Nachrichtenportals" von Christian Schmidt, Ressortleiter Video, Focus Online im Rahmen der Expertenkonferenz Audiovisual Media Days am 04. 07. 2009 entnommen.

27 Eigene Erhebung und Auswertung, Juli 2009.

28 Basis: 103.249 ungewichtete Fälle (Internetnutzer letzte 3 Monate); Angaben in Mio. Unique User und Prozent für einen durchschnittlichen Monat im Untersuchungszeitraum Januar bis März 2009.

29 In Anlehnung an die SevenOne Media Studie „Vernetzte Kommunikation – Werbewirkung crossmedialer Kampagnen" München 2003, S. 5. Demnach bezeichnet Crossmedia Marketing die (1) Analyse, Planung, Organisation und Umsetzung von Marketingmaßnahmen mit einer durchgängigen Leitidee (2) in unterschiedlichen Mediengattungen, die (3) unter Berücksichtigung ihrer spezifischen Nutzungsmöglichkeiten und Darstellungsformen (4) inhaltlich, formal und zeitlich miteinander verknüpft sind. (5) Die Verknüpfung kann redaktionell und/oder werblich sein und (6) dient einer Involvement abhängigen Rezipientenführung mit dem Ziel, (7) den Nutzern und dem Marketing (8) einen signifikanten Mehrwert zu bieten.

30 Vgl. Saito, J.; in Wiedemann, E. J. (Hrsg.): Web Design: Video Sites, Köln 2008, S. 26.

Weiterführende Literatur

ARD/ZDF-Onlinestudien 2008 und 2009: http://www.ard-zdf-onlinestudie.de, (letzter Abruf 04. 08. 2009).

Beißwenger, A.: Am Anfang war das Bild: Einführung, Einsatz und Trends von Corporate TV; in: Mickeleit, T.; Ziesche, B. (Hrsg.): Corporate TV – Die Zukunft des Unternehmensfernsehens, Berlin 2007, S. 99–116.

Beißwenger, A.; Frank, G.: Corporate TV - Excellence in Emotion; in: Marketing Review St. Gallen - I/2008, S. 26–30.

Englert, M.; de Posch, G.: Zukunft Fernsehen - Content ist King Kong, in: Kaumanns, R.; Siegenheim, V.; Sjurts, I. (Hrsg.), Hamburg 2009.

Hickethier, K.: Einführung in die Medienwissenschaft, Stuttgart 2003.

Hirst, M.; Harrison, J.: Communication and new media: from broadcast to narrowcast, South Melbourne 2007.

Jarvis, J.: What Would Google Do? New York 2009.

McLuhan, M.: Understanding Media, The Extensions of Man, New York 1964.

Meckel, M.; Stanoevska-Slabeva, K. (Hrsg.): Web 2.0 - Die nächste Generation Internet, St. Gallen 2008.

Wegner, D.: Onlinevideo – So gestalten Sie Video-Podcasts und Online-Filme technisch und journalistisch, Heidelberg 2008.

Weinberger, D.: Everything Is Miscellaneous – The Power of the New Digital Disorder, New York 2007.

Aufmerksamkeitsökonomie und Bewegtbild

Joachim Graf, HighText Verlag, München

1 *Ein kleiner Blick zurück nach vorn*

Die Propheten des Bewegtbildes machen in ihrer Freude über den Video-Siegeszug im Netz einen verhängnisvollen Fehler. Und der kann entscheidend sein über Sieg oder Untergang der Businessmodelle in diesem Segment.

Wenn man vor Vertretern des etablierten TV-Business redet, um ihnen die Vorteile des „Gott sei bei uns“ – also des Internets im Allgemeinen und von nutzergenerierten Inhalten auf Videoportalen und Plattformen im Besonderen – zu schildern, dann bietet es sich an, als Vergleichbild den Verkehrsmarkt der Zwanziger- und Dreißigerjahre des letzten Jahrhunderts zu nehmen. Dies hat nicht zuletzt den unschätzbaren Vorteil, dass die Schlachten von damals heute längst geschlagen sind und es emotional kaum noch Evangelisten für die eine oder andere Seite gibt – von einigen Dampflok-Romantikern einmal abgesehen, die man aber ohne Probleme vernachlässigen kann.

Ähnlich wie TV und Internet heute standen sich in der Zeit zwischen dem Ersten und Zweiten Weltkrieg überall in der Welt zwei antagonistische Konzepte der Verkehrsführung gegenüber. Auf der einen Seite stand die Eisenbahn. Sie zeichnete alles aus, was bezeichnend ist für eine marktbeherrschende Technik. Alle Trümpfe waren auf der Seite der Eisenbahn:

- Sie war Treiber des gesamten Wirtschaftslebens. In Deutschland war die Eisenbahn sogar ein knappes Jahrhundert früher der Treiber der politischen Einheit der Nation gewesen.
- Die Mega-Technologie „Eisenbahn" wurde gestützt von Politik und Industrie.
- Die Technik wurde ständig weiterentwickelt.
- Das bestimmende Schienennetz befand sich krisensicher in Staatshand, es war flächendeckend verfügbar.

- Aufgrund der hohen Investitionen zum Markteintritt existierten nur große, dominierende Anbieter.
- Trotz hoher Renditen war kein Herausforderer in Sicht.

Auf der anderen Seite etablierte sich in den Zwanzigerjahren zuerst in den USA, dann auch in Europa eine neue Industrie: die Automobilbauer, und dies mit allen Nachteilen einer neuen Technologie:

- Es bildete sich ein fragmentierter Markt, bestehend aus vielen kleinen Produktionsstätten, die mangels wirklicher Massenverbreitung kaum Chancen hatten, ausreichend Gewinne zu erzielen.
- Es existierte zwar ein privater Markt, aber aufgrund der hohen Preise und eines nicht ausreichend ausgebauten Straßennetzes war das Automobil als Distributionsmittel für den Warentransport eher ungeeignet.
- Durch seinen hohen Preis war das Auto auch im Massenmarkt keine Alternative zum individuellen Personentransport.

Der einzige wirkliche Vorteil des Autos gegenüber der Eisenbahn war, dass es die Nutzung des Transportmittels individualisierbar anbot: Man war nicht mehr auf Abfahrtzeiten angewiesen – und auch nicht auf das Vorhandensein von Schienen am Start- und am Zielort.

Wie der Sieger dieses ungleichen Wettbewerbs heute aussieht, enthüllt ein Blick auf einen beliebigen Stau – oder auf die LKW-Spur einer normalen Autobahn.

Ersetzt man „Schienennetz" durch „Frequenz" und „Verkehrsführung" durch „Mediennutzung", dann lässt sich der Eisenbahn-/Auto-Antagonismus problemlos auf die Konkurrenz TV/Internet übertragen.

Ähnlich wie damals stehen sich auch heute mit dem Fernsehen und dem Internet zwei Techniken gegenüber, deren Ausgangsvoraussetzungen unterschiedlicher kaum sein könnten:

- Wie die Eisenbahn zu ihrer Zeit ist auch das Fernsehen heute unangefochtenes Leitmedium.
- Der Großteil der Werbegelder fließt in den Kanal Fernsehen.
- Die Verbreitung und auch die Nutzungsdauer des Fernsehens sind in der Mehrheit der Bevölkerung ungeschlagen.
- Was die Qualität des Produkts angeht, so ist das Fernsehen ungeschlagen gegenüber allem, was im Internet angeboten wird – von den nutzergenerierten Videoinhalten ganz zu schweigen.

Auch hier ist der einzige wirkliche Vorteil, den die Technik „Internet" gegenüber der Technik „Fernsehen" hat, ihre Dezentralität: Das Internet bricht als Medium sowohl die Hegemonie der Programmplaner als auch die der Produzenten. Statt darauf angewiesen zu sein, was die Programmplaner für ihn vorgesehen haben, kann sich der Bewegtbild-Rezepient der Zukunft sein TV-Programm via Internet selbst zusammenstellen. Dabei ist er nicht einmal auf das Material, das professionelle Bewegtbild-Produzenten gedreht haben, angewiesen. Er kann – auch das ist eine Revolution im Bewegtbild-Markt – für überschaubares Geld selbst Filme drehen und sie auf Mausklick einem weltweiten Publikum zur Verfügung stellen.

Diese Demokratisierung der Bewegtbild-Medienproduktion wird den gleichen Effekt haben, den die Demokratisierung des Verkehrs bei dem Antagonismus Eisenbahn/Auto hatte: Die demokratischere und damit flexiblere Technik wird sich durchsetzen.

Sicherlich, die neue Technik wird die alte nicht verdrängen. Schließlich fahren auch heute noch Züge, manche sogar pünktlich. Aber die Dominanz der Technik Eisenbahn ist gebrochen, die Eisenbahn spielt gegenüber dem Individualverkehr nur noch eine Nischenrolle – weil sie sich eben als unflexibler und damit als aufwendiger und unbequemer erwiesen hat.

Auch das klassische Fernsehen und die professionelle Bewegtbild-Produktion linearer Art wird es in Zukunft geben. Aber wie alle Broadcast-Medien werden sie im Internetzeitalter an Bedeutung verlieren. Als Menetekel dieser Entwicklung ist das Nutzungsverhalten von Kindern und Jugendlichen zu beobachten, die heute schon sehr viel länger YouTube-Videos schauen als das Fernsehprogramm betrachten.

In der Demokratisierung liegt der prinzipielle Paradigmenwechsel im BewegtbildMarkt – und nicht in der Digitalisierung. Wer hofft, mit digitalen Angeboten seinen Bedeutungsverlust aufzuhalten – wie das viele Fernsehmacher tun –, der vergisst, dass die Umstellung von Dampflokomotiven auf Diesel- und Elektroloks am Siegeszug des Autos überhaupt nichts geändert hat.

Nirgendwo lügt man sich so viel in die eigene Tasche wie in der Liebe, im Krieg und in der Werbe-/Medienforschung. Deswegen müssen diejenigen, die die Entscheidungen im Bewegtbild-Geschäft treffen, strategisch ins Kalkül ziehen, dass sich auch beim Bewegtbild ein Hoheitsverlust vollziehen wird – weg vom Produzenten, hin zum Nutzer. Die Nutzer emanzipieren sich von den Regisseuren. Die „Clipisierung" der Medien ist die Folge, alle werden Video machen, und die Linearität der Formate wird sich auflösen.

Viele der veröffentlichten Marktuntersuchungen sind das Geld nicht wert, das sie kosten, weil sie Fragen beantworten, die nicht relevant sind. Die Frage nach der technischen Ausstattung von Nutzerhaushalten (PC? Kabelanschluss? Settopbox?) beantwortet nicht die Frage nach dem Medienangebot. Und die Frage nach der Mediennutzungsdauer beantwortet nicht die Frage nach der Nutzungsintensivität.

Wie schon das Radio vor ihm läuft auch das Fernsehen Gefahr, zu einem Begleitmedium mit niedrigem Nutzungsinteresse zu degenerieren. Zusätzlich zu dem Klangteppich, den die Radiosender in Küchen und Vorzimmern verbreiten, gibt es den BewegtbildKlangteppich: Das Fernsehgerät läuft zwar, ist aber nur Begleitmedium – beispielsweise während der Internetutzung.

Die Nutzer-Aufmerksamkeit sinkt generell im Internet, weil aufgrund der Flut des Content-Angebots der Nutzer immer stärker dazu übergeht, zu scannen statt zu lesen, beim Video den Vorlauf-Button zu drücken, um direkt zu der interessierenden Szene zu gelangen oder sich schlicht an Empfehlungen von Freunden zu orientieren. „Panta rhei" ist das Nutzungs-Mantra der Zukunft: Der Strom der Nachrichten und Informationshäppchen fließt rund um die Uhr, 24 Stunden und an sieben Tagen die Woche. Was relevant ist, so die Nutzerhaltung der Zukunft, kommt schon noch einmal vorbei, um dann vielleicht angeklickt zu werden.

Immer stärker entwickelt sich die Internetökonomie zu einer Aufmerksamkeitsökonomie. Nicht der Content ist die rare Ware, für die bezahlt wird. Es ist die Aufmerksamkeit des Verbrauchers, die wirklich rar ist – und für die bezahlt werden wird. Die klassische (Bewegtbild-) Werbung wird infolgedessen ebenso dramatisch an Bedeutung verlieren. Neue Formen wie Sponsoring, Viralvideos und Branded Entertainment werden an ihre Stelle treten.

Umlernen müssen Video- und TV-Produzenten auch bei der Art der produzierten Clips. Das Internet führt zu einem wachsenden Konsum von „Häppchen-Medien". Die Laufzeit relevanter Clips wird immer geringer, gleichzeitig führt die steigende Beliebigkeit im Internet zum Sinken des durchschnittlichen medialen Qualitätsanspruchs. Wichtig wird nicht in erster Linie sein, was qualitativ gut ist, sondern was für das eigene Netzwerk neu, cool, hip ist. Authentizität ist alles – und das gilt für Produzenten genauso wie für Geschichten und Sender. Nur von einer authentischen Quelle wird der Internetnutzer der Zukunft Geschichten akzeptieren, für die er seine rare und wertvolle Aufmerksamkeit aufbringt.

2 *Das Taurus-Modell der Aufmerksamkeitsökonomie*

Wenn man von neun Ebenen ausgeht, in denen die Nutzer in Zukunft ihre rare Aufmerksamkeit verteilen, dann werden es die Extreme sein, die besonders viel Aufmerksamkeit abbekommen. Die Mitte wird schrumpfen. Gewinnen werden auf der einen Seite die Medienarten einfahren, die sehr persönlich wahrgenommen werden: Alles was aus dem persönlichen Umfeld kommt. Alles, was aus der eigenen Community kommt, aber auch Mobiltelefon, Instant Messenger und Tools wie Twitter. Auf der anderen Seite wird dort viel Aufmerksamkeit investiert, wo der Eventcharakter eines Mediums sehr hoch ist: der Kinobesuch beispielsweise, aber auch das Konzert. Klassische Medien – eher in der Mitte dieser Skala von Nähe und Sich-Einlassen-Intensivität angesiedelt, verlieren.

Der Wind des Wandels wird neue Formate erschaffen, neue Plattformen, neue Interaktionen und neue Kommunikationsstrategien. Das Internet wird das Bewegtbild integrieren – aber nur als ein Medium neben anderen. Der Wandel zum „Auch"-Medium, der Wandel zum Interaktiv-Medium und der Wandel zum Virtualitätsmedium sind die Herausforderungen, denen sich die Bewegtbild-Produzenten in den kommenden Jahren stellen müssen.

3 *Autorenfragen*

An welcher Stelle würden Sie gerne Ihren Lieblingsfilm stoppen und interaktiv eingreifen wollen?

Immer.

Welches Bewegtbildangebot im Netz empfehlen Sie gerne weiter und warum?

YouTube natürlich. Da finden sich viele schräge Sachen, die es sonst nirgends zu finden gibt.

Welche Vision verbinden Sie persönlich mit OnlineVideo?

In Zukunft werden Bewegtbild und 3D-Animation nicht mehr zu trennen sein. Das „Video" als die lineare Aufzeichnung von Bildern wird maximal nur eine Sorte des Bewegtbilds sein. Wenn der Bewegtbild-Player aber in Zukunft weiß, was er da zeigt, dann wird die interaktive Steuerung der Inhalte auch kein Problem mehr sein.

Untersuchung zur Bekanntheit und Nutzung von Corporate Videoinhalten im Internet

Harald Eichsteller, Hochschule der Medien (HdM), Stuttgart
Nina Wiech, Freie Producerin, München

1 Einführung

Die Digitalisierung von Rundfunk und Telekommunikation war zunächst eine technische Neuerung, die Endkunden erst bemerkten, als sie zusätzliche Geräte wie Digitalreceiver für die Nutzung der gewohnten Inhalte und Dienste benötigten. Attraktive Bewegtbilder, die nicht über Rundfunk verbreitet wurden, benötigten Anfang dieses neuen Jahrtausends noch viele Minuten für den Weg auf unsere Rechner – bmwfilms.com war 2001 als (Ab-) Sender von Kurzfilmen in vielerlei Hinsicht ein Pionier, der mehrere Millionen Menschen über seine Download-Plattform erreichte. Erstmalig hatte ein Unternehmen den innovativen Weg gewählt, weit mehr für die Produktion seiner Werbefilme als für deren Verbreitung über buchbare Medien wie TV und Kino auszugeben und hatte damit die Kategorie des Branded Entertainment begründet.

In den Folgejahren sind vor allem Bandbreiten und neue Geräte an den Grenzen zwischen Rundfunk und Telekommunikation – drahtgebunden oder wireless – hinzugekommen. Die Telekommunikationssteckdose im Haus kann die Aufgaben des Antennen-/Satelliten- oder Kabelanschlusses übernehmen und umgekehrt. Das digitale TV-Gerät kann mit IPTV die einstige Monopolstellung von Pay-TV-Angeboten knacken und stellt gleichzeitig einen Internetzugang zur Verfügung. Das Wohnzimmer wird zukünftig nicht nur in Haushalten mit Spielekonsolen zum (Ab-) Spielplatz vieler digitaler Angebote.[1]

Wie werden sich die Unternehmen darauf einstellen, und wie ist es um die Nutzer dieser Inhalte und Dienste bestellt?

Die Ergebnisse des Forschungsprojektes der HdM Stuttgart „Unternehmen als Sender im Internet. Eine Untersuchung zur Bekanntheit und Nutzung von Corporate VideoAngeboten" werden im Hauptteil dieses Artikels dargestellt. Eine beachtliche Anzahl von Unternehmen hat mit der professionellen Produktion von Bewegtbildern begonnen und diese zunächst auf ihren Internetportalen zugänglich gemacht. In den letzten beiden Jahren ist verstärkt der Trend zu beobachten, dass sich diese Bewegtbild-Portale mehr und mehr in Anmutung und Qualität zu TV-Kanälen im Web entwickeln – hier sind die Automobilhersteller wie Mercedes, BMW und Audi sowie Textilhändler wie Neckermann und Breuninger preisgekrönte Beispiele.

Sobald diese Inhalte, die heute noch fast ausschließlich auf Rechnern, Laptops und Smart Phones laufen, den Weg auf das TV-Gerät finden, wird das Unternehmen endgültig zum Sender – die TV-Gerätehersteller arbeiten mit Hochdruck daran, entsprechende Möglichkeiten in die Flachbildschirme der neuesten Generation zu integrieren.

Zur derzeitigen „Stimmungslage" der Nutzer möchten wir vor der Darstellung der Befragung einige interessante Erkenntnisse und Ergebnisse von anderen Studien beleuchten.

Fernsehen und Internet bieten gleichermaßen mehr und mehr dem User die Möglichkeit, sich zu entspannen und Langeweile zu vertreiben. Im Lean-Back-Modus schalten 54 % der deutschen Bevölkerung den Fernseher ein, wenn sie am Abend entspannen möchten. Für 45% der Deutschen ist es ein alltäglicher Reflex geworden, sich bei Langeweile von vorproduzierten Bilderwelten in vorgegeben linearer Reihenfolge berieseln zu lassen. Dagegen ist es schon knapp ein Viertel der Bevölkerung, die lieber das Internet nutzt, um sich die Zeit zu vertreiben (vgl. Abb. 1). Allerdings wird es immer üblicher, Fernsehen, Internet oder Zeitschriften parallel zu nutzen.[2]

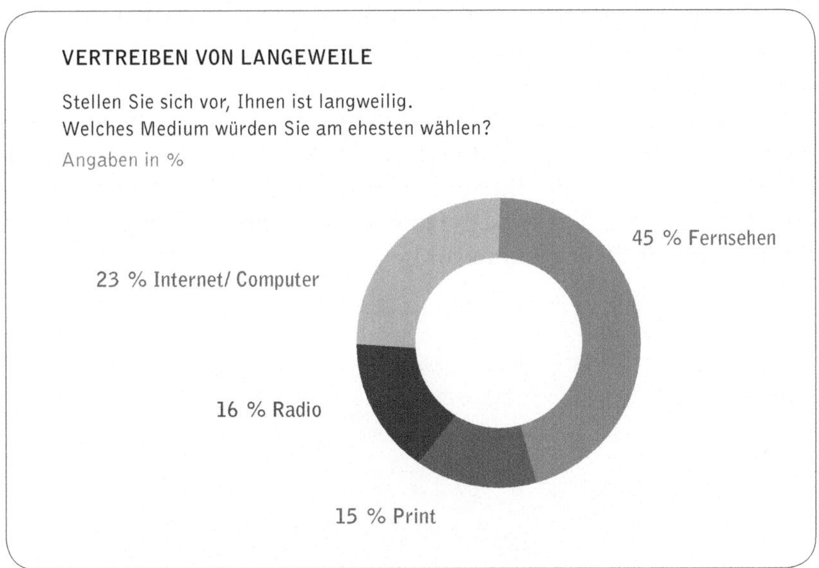

Abb. 1: Vertreiben von Langeweile (Quelle: SevenOneMedia, 2007)

Vor allem junge Leute sträuben sich mehr und mehr gegen die Nutzung linear vorgegebener Programme; bei den 14- bis 29-Jährigen ist der größte Rückgang der durchschnittlichen Fernsehdauer von 140 auf 133 Minuten pro Tag zu verzeichnen.[3] Die European Interactive Advertising Association (EIAA) belegt in ihren Studien zusätzlich die Wichtigkeit und den täglichen Einsatz des Internets für junge Leute. Die drei wichtigsten Entwicklungen, die die zukünftige Nutzung der jungen und zunehmend auch älterer Zielgruppen prägen, sind Digital Video Recording (DVR = digitale Festplatten und Videorekorder), Time Shift (= zeitversetztes Fernsehen mit Stop-,

Vorspul- und Rückspulfunktion des linearen TV-Programms) und Video-on-Demand (VoD = Abruf von Videos und Spielfilmen). Abbildung 2 zeigt die unterschiedlichen Benutzer-Modi, die in Abhängigkeit von Zeitbudget und Nachfragequalität entstehen.[4]

Seit nunmehr über zwei Jahren sind diese Features beispielsweise im deutschen Pay-TV-Angebot bei Nutzung eines entsprechenden digitalen Receivers mit eingebauter Festplatte im Einsatz und haben den Praxistest bestanden. Unseres Erachtens hat sich dabei Time Shift zur Killer-Applikation entwickelt, die die Nutzer bereits nach wenigen Tagen nicht mehr missen wollen. Die gezielte Aufnahme von Folgesendungen ist sowohl durch die Programmgestaltung der TV-Anbieter als auch die einfache Bedienung ebenso ein viel genutzter Service geworden.

Im Video-on-Demand haben sich Pay-TV-Angebote wie Premiere Direkt bzw. Sky Select zwar etabliert, in der Masse wandern aber vor allem junge Leute auf die Internet-Plattformen der TV-Anbieter wie rtlnow.de und ziehen den zeitversetzten Konsum ihrer Lieblingsserie dem aktuell linearen TV-Programm vor.

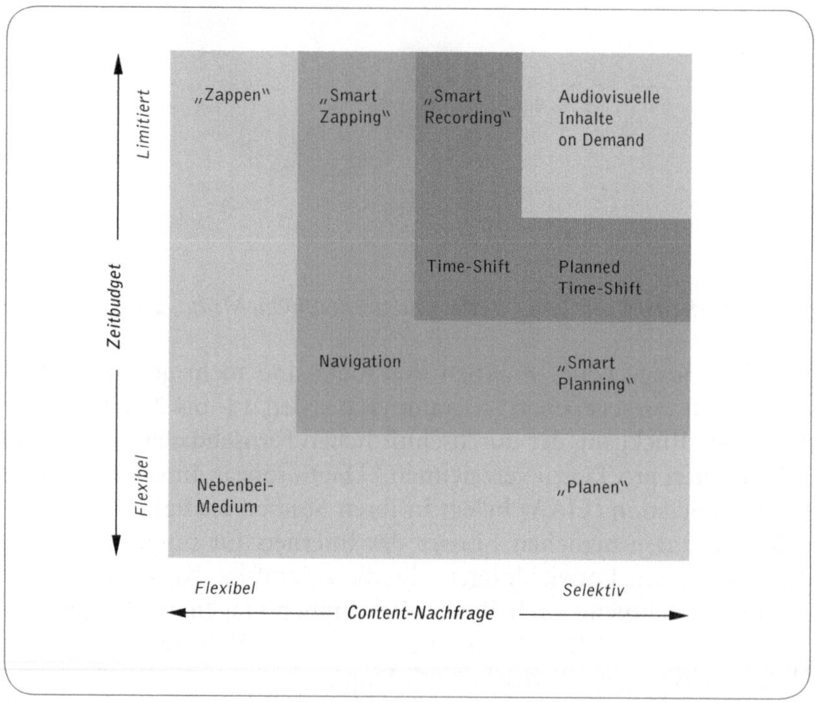

Abb. 2: Modell zum Medienkonsum (Quelle: IBM, 2007)

2 Gegenstand der Untersuchung

Im Dezember 2008 wurden Internetnutzer mittels eines Onlinefragebogen befragt, wie bekannt die Onlinevideoangebote von Unternehmen tatsächlich sind, wie und wie häufig sie von den Internetusern genutzt werden und wie die Akzeptanz gegenüber diesen Corporate Internet-TV-Angeboten ist. Zudem sollte herausgefunden werden, warum die User die Videoportale besuchen und welche Erwartungen an die Videoangebote von Unternehmen gestellt werden. Die Befragung im Rahmen des wissenschaftlichen Forschungsprojektes umfasst insgesamt 15 Fragen, im folgenden Kapitel werden die wichtigsten Ergebnisse dargestellt.

Bei der Auswahl der Befragten wurde die soziodemografische Struktur der Internetnutzer berücksichtigt, sodass Merkmale wie Geschlecht und Alter weitestgehend der Verteilung in der Grundgesamtheit aller Internetnutzer entsprechen. Insgesamt wurden 300 Personen angeschrieben, davon haben 238 die Umfrage-Website besucht, und 160 Personen nahmen an der Befragung Teil, was einer relativ hohen Rücklaufquote von 53 % entspricht. Die Umfrage kann zwar keinen Anspruch auf Repräsentativität erheben, die Resultate haben aber durchaus Trendcharakter.

Die Stichprobe spiegelt in etwa die Struktur der Nutzer von Onlinevideos wider. Von den insgesamt 160 Befragten sind 59 % (n=94) männlich und 41, % (n = 66) weiblich, deren Altersverteilung zeigt Abbildung 3.

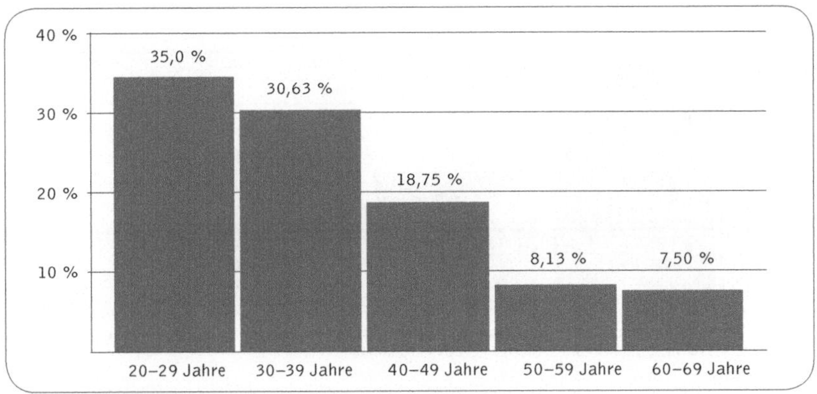

Abb.3: Altersverteilung innerhalb der Stichprobe

Bei Umfrageergebnissen, die anhand des Mittelwertes dargestellt werden, sind die Ergebnisse mit einem höheren Wert als 3 als eher nicht wichtig oder eher nicht zutreffend zu beurteilen, da dieser Wert die Mitte auf einer Skala von 1 bis 5 darstellt.

3 Ergebnisse der Befragung

3.1 Allgemeine Nutzung verschiedener Arten von Videoportalen

Fast alle der 160 Umfrageteilnehmer haben mindestens einmal ein Video im Internet abgerufen bzw. heruntergeladen (99 %, n=158).

Dazu werden insgesamt Videoportale wie YouTube und Clipfish am häufigsten genutzt (vgl. Abb. 4). 90 % aller Befragten (n=144) haben mindestens einmal ein Videoportal besucht, um ein Video zu konsumieren. Dieses Ergebnis verwundert kaum und bestätigt bisherige Studien zum Thema Onlinevideonutzung sowie die Popularität von YouTube, Clipfish und Co., wobei YouTube der Marktführer der Videoportale in Deutschland mit einem Marktanteil von 52 % ist.[5]

Immerhin 63 % aller Befragten (n=100) besuchten bereits ein Corporate Videoportal, also ein Internet-TV-Angebot eines Unternehmens, was unserer Meinung nach ein großer Anteil ist – allerdings lässt sich an dieser Stelle noch keine Aussage darüber treffen, wie oft und welche Videoportale von Unternehmen besucht wurden.

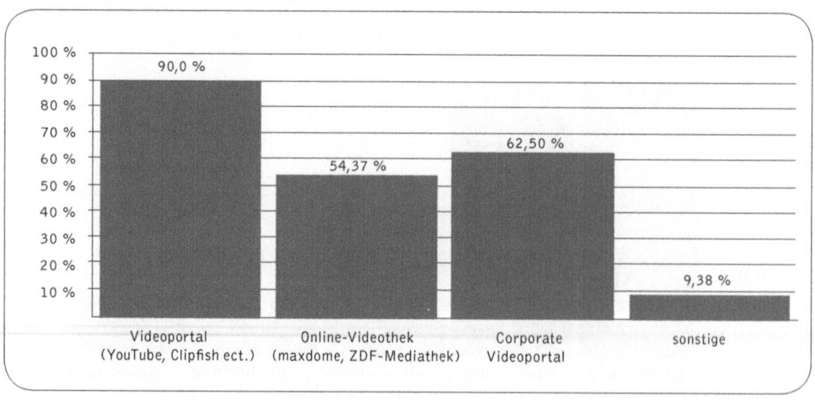

Abb. 4: Alle Befragten, Nutzung verschiedener Arten von Videoportalen

Darauf folgen Onlinevideotheken bzw. Mediatheken (maxdome, ARD- und ZDF-Mediatheken, RTL NOW etc.), die von über der Hälfte (54,37%, n = 87) der Befragten schon einmal genutzt wurden.

15 Teilnehmer ergänzen ihre Auswahl mit der Antwort „Sonstige". Die Befragten nennen Peer-to-Peer-Plattformen wie Torrents und Napster, Onlinevideoangebote von Sportvereinen und Unternehmen, auf

deren Websites sie einzelne Videos angesehen haben, und eine Person erwähnt öffentliche Einrichtungen wie die Bundeswehr.

Etwas anders sieht das Ergebnis aus, wenn man nur die 20- bis 29-Jährigen betrachtet. Alle Befragten dieser Altersgruppe (100 %, n = 56) besuchen wie erwartet YouTube und Co., Corporate Internet-TV-Angebote hingegen hat lediglich die Hälfte (n=28) von ihnen bisher genutzt (vgl. Abb. 5).

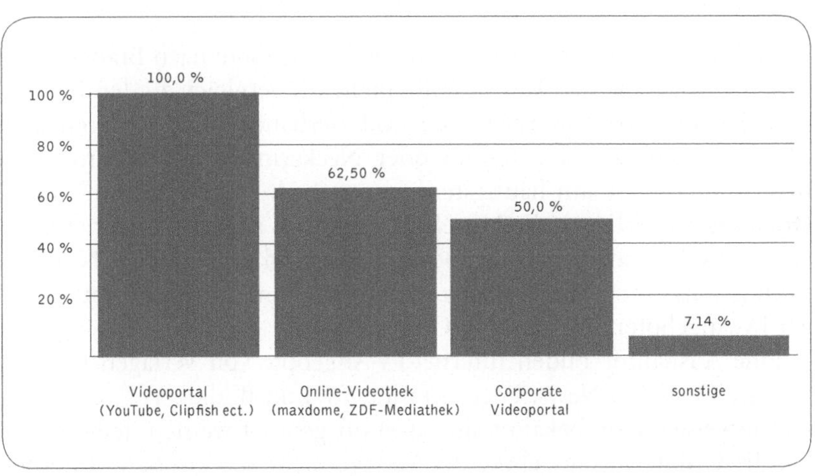

Abb. 5: 20- bis 29-Jährige, Nutzung verschiedener Arten von Videoportalen

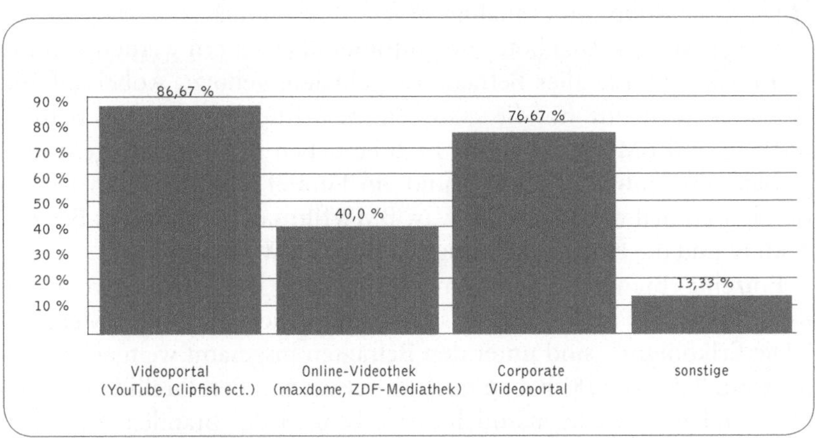

Abb. 6: 40- bis 49-Jährige, Nutzung verschiedener Arten von Videoportalen

Unter den 40- bis 49-Jährigen geben fast 77 % an, ein oder mehrere Videos bei einem Corporate Internet-TV-Portal abgerufen zu haben (vgl. Abb. 6); somit sind zumindest die einmalige Nutzung und das Interesse daran bei dieser Altersgruppe am stärksten ausgeprägt.

3.2 *Bekanntheit von Corporate Internet-TV-Angeboten verschiedener Branchen*

Betrachtet man die Corporate Onlinevideoangebote nach Branchen, so sind die Angebote der Automobilbranche im Vergleich zu den Bewegtbildangeboten von Sportvereinen und -verbänden und anderen Web TV-Angeboten wie von Tchibo oder Neckermann am bekanntesten bzw. werden diese am häufigsten genutzt (vgl. Mittelwerte in Tab. 1). Doch sogar hier liegen die Mittelwerte deutlich unter 3 (bei einer Skala von 1 bis 5), sodass sich die Bekanntheit und regelmäßige Nutzung (mindestens einmal in den letzten vier Wochen) von Corporate Internet-TV-Angeboten insgesamt in Grenzen hält.

Eine Ausnahme bilden Internet-TV-Angebote von Verlagen wie z.B. Spiegel TV Video News, Focus Online TV und Bild.de Video, die vergleichsweise relativ bekannt sind und oft genutzt werden. Jedoch zählen die Onlinevideoangebote der Verlage nicht zu Corporate Internet-TV, da Verlage ja ohnehin bereits Inhalte veröffentlichen und die Zeitschriften an sich Medien sind – im Gegensatz zu Unternehmen, die erstmals die Rolle eines Inhalte-Anbieters einnehmen.

Einige Web TV-Angebote von Automobilherstellern werden von immerhin knapp 4 % aller Befragten regelmäßig genutzt, wobei auffällt, dass dies auch nur für die „Großen" wie Audi.tv, Mercedes-Benz.tv, BMW.tv und BMW-web.tv gilt. 10 % besuchen BMW. tv gelegentlich[4], gefolgt von Audi.tv mit 8 %. Rund ein Fünftel aller Befragten hat zumindest einmal die Seiten BMW.tv, BMWfilms.com, Mercedes-Benz.tv, Audi.tv und die Horst-Schlämmer-Clips von VW gesehen.

Einzelne Branded-Entertainment-Angebote wie beispielsweise die Kurzfilme von Pirelli („The mission" und „The Call") oder Mercedes („Die Erlkönigin") sind unter den Befragten insgesamt weitgehend unbekannt, 74% (n=118) haben noch nie etwas von den Pirelli-Filmen gehört, und noch mehr, nämlich 84 %, kennen das Branded Entertainment-Angebot von Mercedes nicht. Die eingangs erwähnte Kurzfilmreihe von BMWfilms.com ist 58 % (n=92) der Befragten unbekannt.

Die Horst-Schlämmer-Kampagne von Volkswagen dagegen erlangte mehr Aufmerksamkeit, fast ein Viertel der Befragten (24 %, n=38) haben zumindest schon einmal davon gehört, 19 % haben mindestens einen Clip abgerufen bzw. die entsprechende Website besucht, und – im Vergleich mit den oben genannten Branded-Entertainment- Angeboten – ist lediglich 53 % (n = 85) diese Kampagne unbekannt.

Angebote aus dem Sportsektor, wie z.B. DFB TV oder Bundesliga TV, finden sich im Mittelfeld, wobei deutlich wird, dass hier hauptsächlich die Angebote zum Breitensport Fußball genutzt werden.

Alle Befragten (n=160)

Rang	Bekanntheit von Corporate Internet TV- bzw. Video-Angeboten	Mittelwert
1	Spiegel TV Video News	3,38
2	Focus Online TV	3,71
3	BMW TV	3,90
4	Audi.tv	4,03
5	Mercedes Benz TV	4,05
6	Bild.de Video	4,09
7	BMW-web.tv	4,20
8	Bahn TV	4,25
9	VW, Horst Schlämmer	4,26
10	BMWfilms.com	4,26
11	Bundesliga TV	4,32
12	SAP TV	4,44
13	ADAC TV	4,48
14	FC Bayern TV	4,49
15	Pirelli, „The Call" oder „Mission Zero"	4,53
16	Tchibo TV	4,54
17	DFB TV	4,62
18	VfB TV	4,63
19	Neckermann TV	4,71
20	MAC TV	4,72
21	FDP TV (YouTube-Kanal)	4,72
22	4 Seasons TV	4,74
23	Freundin TV	4,74
24	Floaded Die Erlkönigin (Mercedes Benz)	4,75
25	Budweiser TV	4,75
26	CDU TV (YouTube-Kanal)	4,75
27	Calli TV	4,83
28	BBL TV	4,87
29	99ers TV	4,87

1 = „Nutze ich regelmäßig" bis 5 = „Weder gehört noch die Website besucht"

Tab. 1: Alle Befragten, Bekanntheit von Corporate Video-Angeboten

Die Unterschiede zwischen einzelnen Altersgruppen sind bei dieser Fragestellung zur Bekanntheit nur minimal, die Verteilung auf die Branchen bleibt weitgehend unverändert, außer bei den 20- bis 29-Jährigen bei Bild.de Video und Bundesliga.tv. Diese liegen auf Rang 3 und 6 (im Vergleich zu allen Befragten Rang 6 und 11).

Insgesamt bestätigt sich auch hier, dass Marken über Videoportale wie YouTube – natürlich nur in Verbindung mit inhaltlich und konzeptionell guten Branded-En- tertainment-Angeboten bzw. Viralspots – eine immense Aufmerksamkeit erzielen können. VW hat unserer Meinung nach mit dem richtigen Inhalt auf den richtigen Kommunikationskanal gesetzt. Vor allem Unternehmen, die mit ihren Onlinevideoangeboten eher jüngere Zielgruppen ansprechen möchten, sollten diese unbedingt auf YouTube und anderen Videoportalen platzieren und entsprechend verknüpfen, sodass die Videos für die User leicht auffindbar sind.

3.3 Generierung von Aufmerksamkeit für die Corporate Videoportale

Insgesamt stoßen die User mit Abstand am häufigsten (72 %, n=115) über Empfehlungen von Freunden, Bekannten, Kollegen usw. auf die Corporate Videoportale (vgl. Abb. 7). Am zweithäufigsten (48 %, n=76) gelangen die Internetnutzer über einzelne Videos, die sie auf Videoportalen wie YouTube ansehen, zu den Corporate Videoportalen, dicht gefolgt von Suchmaschinen.

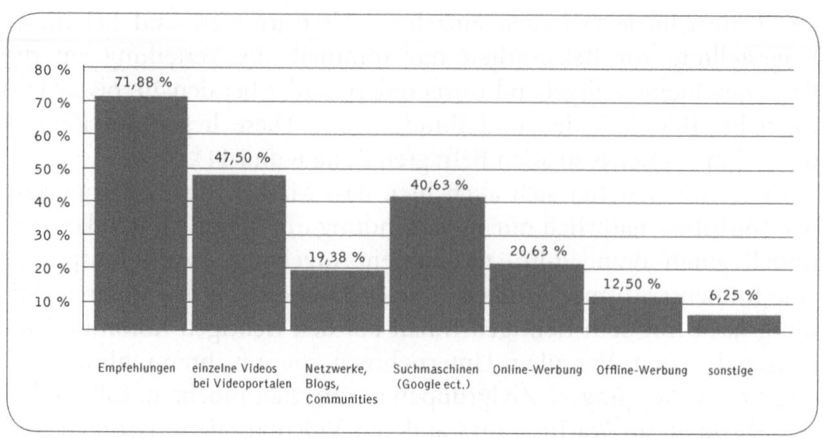

Abb. 7: Alle Befragten, Aufmerksamkeit auf Corporate Videoportale

Bei den 20- bis 29-Jährigen (n = 56) liegen die Empfehlungen (66 %, n=37) und einzelne Videos auf Videoportalen (61 %, n=34) bereits viel dichter zusammen, was nicht verwundert, denn, wie bereits erwähnt, nutzt diese Altersgruppe ohnehin regelmäßig Videoportale. Zudem können die Empfehlungen für ein Corporate Web TV-Portal teilweise auch online erfolgen, z.B. in Form eines weitergeleiteten Links zu einem Spot, der sich auch auf einem Videoportal befindet, über das man wiederum auf das Corporate Web TV-Angebot stößt.

Dies spricht in dieser Altersgruppe für das Seeding der Unternehmensvideos auf Videoportalen bzw. für die Überlegung, ob es zunächst anstelle des Aufbaus eines eigenen Corporate Videoportals sinnvoller wäre, einen Brand Channel bei YouTube zu buchen, um die dort bereits bestehende Community zu nutzen, was der Auswertung der Bekanntheit von Portalen zuvor entspricht.

Bei den Silversurfern (n=25), darunter versteht man alle Internetnutzer ab 50 Jahren, sieht es dagegen anders aus. Der Großteil von ihnen (72 %, n=18) gelangt über Empfehlungen zu den Corporate Videoportalen, 32 % (n = 8) von ihnen finden die Bewegtbildangebote über Suchmaschinen.

Über Netzwerke, Online- und Offlinewerbung gelangen jeweils rund 10 % zu den Unternehmensangeboten (vgl. Abb. 8).

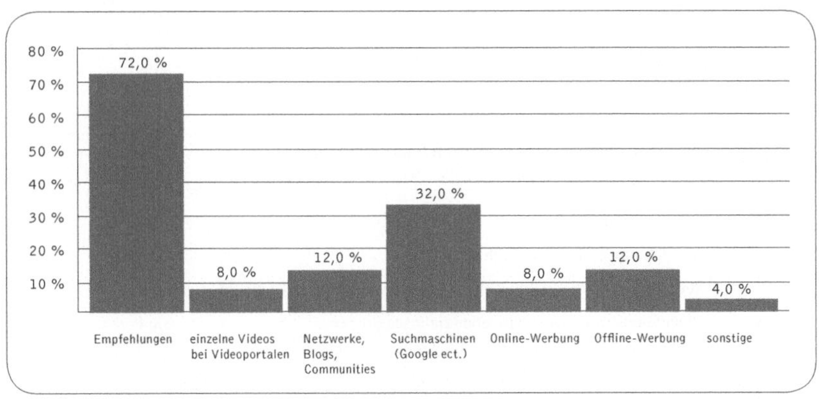

Abb. 8: Silversurfer, Aufmerksamkeit auf Corporate Videoportale

Daraus ergibt sich das Problem, dass Unternehmen die Silversurfer nur schwer online direkt, z.B. über Videoportale, erreichen können und daher über alternative Maßnahmen nachgedacht werden muss. Hier könnte Offlinewerbung eine wichtige Rolle spielen, die unserer Meinung nach viel zu wenig zum Einsatz kommt.

3.4 Motive für die Nutzung von Corporate Internet-TV-Portalen

Für die Anbieter eines Corporate Internet-TV-Portals ist es auch von Bedeutung zu wissen, warum die User das Portal besuchen, also ob sie überwiegend gezielt auf der Suche nach Information sind oder sich einfach unterhalten lassen wollen.

Insgesamt sind jeweils spezielles Interesse und Information die beiden Hauptmotive, die Mittelwerte liegen dabei sehr dicht beieinander (vgl. Tabelle 2). Für 39 % der Befragten (n = 62) trifft das Motiv Spezielles Interesse aufgrund von Hobby bzw. Beruf voll zu, für 45 % (n=72) trifft dieses Motiv eher zu. Information als Motiv für den Besuch eines Corporate Web TV-Portals trifft für 28 % (n = 44) voll zu, für 57 % (n=91) trifft es eher zu.

Aufgrund der hier abzulesenden Hauptmotive „Spezielles Interesse aufgrund von Hobby oder Beruf" sowie „Information" werden die Corporate Videoportale unserer Einschätzung nach von allen Altersgruppen eher als Nischenprodukt gesehen und auch so genutzt.

Rang	Alle Befragten (n=160) Motive für die Nutzung	Mittelwert
1	Spezielles Interesse aufgrund von Hobby oder Beruf	1,92
2	Information	2,01
3	Unterhaltung	2,44
4	Weil ich Fan einer Marke bin	2,54
5	Neugier und Interesse, was hinter einer jeweiligen Marke steckt	2,62
6	allgemein zum Zeitvertreib, eher zielloses Surfen	3,64

1 = „trifft voll zu" bis 5 = „trifft überhaupt nicht zu"

Tab. 2: Alle Befragten, Motive für die Nutzng

Die Rangfolge der Motive fällt in den unterschiedlichen Altersgruppen ähnlich aus, bei den Frauen steht die Information ganz knapp an erster Stelle, bei den Silversurfern hebt sich die Information als Hauptmotiv noch deutlicher ab (Mittelwert 1,84) und trifft für 44 % (n=11) voll zu (vgl. Tab. 3). Außerdem hat hier das Motiv Neugier und Interesse, was hinter einer Marke steckt, den Rang mit Fan einer Marke getauscht und liegt auf Rang vier.

Silversurfer (n=25)		
Rang	Motive für die Nutzung	Mittelwert
1	Information	1,84
2	Spezielles Interesse aufgrund von Hobby oder Beruf	2,72
3	Unterhaltung	2,84
4	Neugier und Interesse, was hinter einer jeweiligen Marke steckt	3,00
5	Weil ich Fan einer Marke bin	3,28
6	allgemein zum Zeitvertreib, eher zielloses Surfen	4,12

1 = „trifft voll zu" bis 5 = „trifft überhaupt nicht zu"

Tab. 3: Silversurfer, Motive für die Nutzung

Daher sollten für über 50-Jährige unbedingt weiterführende Informationen angeboten werden, was grundsätzlich ohnehin zu empfehlen ist, speziell aber bei einem Web TV- Angebot eines Unternehmens, das ältere Zielgruppen ab 50 Jahren ansprechen möchte, noch stärker beachtet werden sollte, um deren Informationsbedürfnis zu erfüllen.

Unter Sonstige wurde zusätzlich noch von unterschiedlichen Altersklassen eine „Kaufabsicht" erwähnt, d.h., der User möchte sich in diesem Fall gezielt über Produkte informieren. Deshalb ist es vor allem bei Produktfilmen bzw. Produkt bezogenen Inhalten essenziell, den Weg für den User vom Film über den Warenkorb bis hin zur Kaufabwicklung so einfach wie möglich zu gestalten, d.h. direkt von der Seite des Produktfilmes entsprechende Verlinkungen auf beispielsweise Filme von vergleichbaren Produkten oder weiterführende Informationen zum Produkt und dessen Erwerb anzubieten.

3.5 Bevorzugte Branchen bei Corporate Internet-TV-Angeboten

Auf die Frage, von Unternehmen welcher Branche die User ein Internet-TV-Angebot nutzen würden, nennen die meisten User Angebote aus der Automobilbranche, gefolgt von Tourismusangeboten und solchen aus der Sportswear- und allgemeinen Modebranche (vgl. Tab. 4). Auffällig sind hier insgesamt die durchweg hohen Mittelwerte. Dies ist nach unserer Auffassung darauf zurückzuführen, dass insgesamt noch wenige Corporate Internet-TV-Angebote verschiedener Branchen genutzt werden.

Alle Befragten (n=160)

Rang	Branchen	Mittelwert
1	Automobilbranche	2,54
2	Tourismusbranche	2,79
3	Sportswear	2,85
4	Modebranche, Fashion und Beauty	2,92
5	IT/Software/Computer	3,09
6	Forschung und Technik	3,22
7	Foodbereich	3,41
8	Einzelhandel	3,43
9	Finanzwesen	3,76
10	Gesundheitswesen	3,79
11	Versicherungen	4,04
12	Logistik/ Transport	4,12

1 = „trifft voll zu" bis 5 = „trifft überhaupt nicht zu"

Tab. 4: Bevorzugte Branchen aller Befragten

Die Geschlechter unterscheiden sich hierbei sehr stark. Für Frauen sind eher Angebote zu den Branchen Mode, Tourismus und Sportswear wichtig, bei den befragten Männern stehen eher die Automobilbranche und die IT-/Software-/Computerbranche im Fokus.

Die unterschiedlichen Altersgruppen bevorzugen ähnliche Branchen, unter den ersten vier Nennungen finden sich meistens die Automobil- und die Tourismusbranche sowie Sportswear. Bei den unter 40-Jährigen sind noch die IT-Branche und die Modebranche mit vertreten, bei den Silversurfern dagegen landet die IT-Branche nur auf Rang elf. Dafür befindet sich unter den ersten vier Nennungen bei dieser Altersgruppe auch die Mode- und Beautybranche sowie – im Gegensatz zu allen anderen Altersgruppen – der Einzelhandel.

Es lässt sich ableiten, dass es generell Branchen gibt, deren Onlineangebote sich für eine breite Masse eignen, wie z.B. die Tourismusbranche, welche alters- und geschlechterübergreifend vordere Plätze belegt. Unternehmen dieser häufig genannten Branchen sollten die Vorteile eines breiten Publikumsinteresses nutzen, indem sie ein weit gefächertes Angebot von Inhalten für die breite Masse bereitstellen. Im Gegensatz beispielsweise zur IT-/Computerbranche, die ihr Videoangebot inhaltlich und von der Aufmachung her auf die männliche und jüngere Zielgruppe ausrichten sollte.

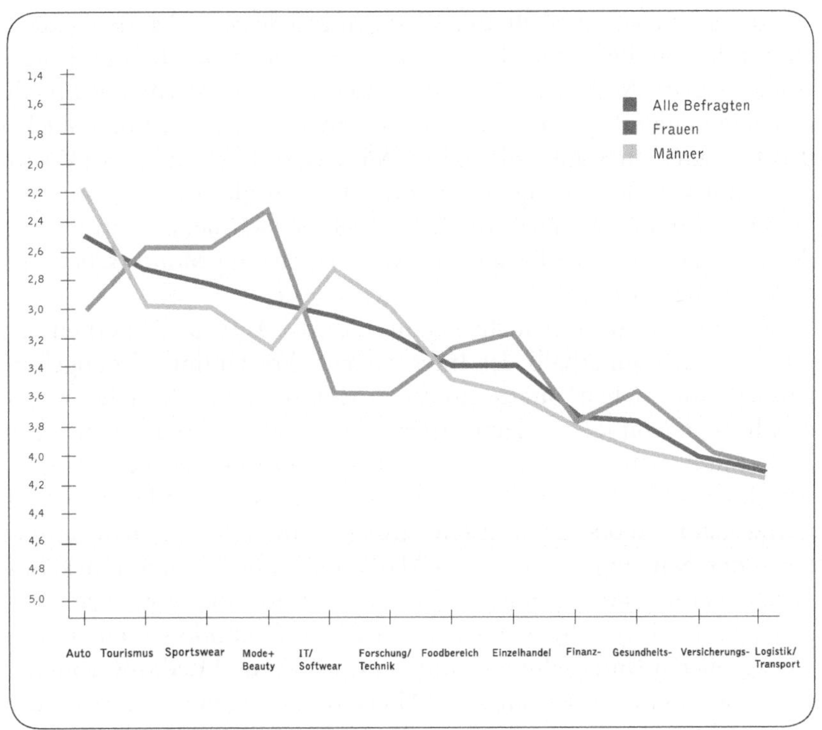

Abb. 9: Bevorzugte Branchen von Frauen, Männern und allen Befragten

3.6 Einschätzungen zu Internet-TV

Internet-TV und Fernsehen werden nach der Meinung der Befragten auf lange Sicht ergänzend genutzt werden; diese Aussage traf bei den Befragten auf die größte Zustimmung (Mittelwert 2,06; vgl. Tab. 7).

Die Befragten sind außerdem der Meinung, dass Unternehmen auch außerhalb des Internets auf ihre Onlinevideoangebote aufmerksam machen sollten (Mittelwert 2,1). Ebenso können sie sich gut vorstellen, in der Zukunft ein alle Anwendungen abdeckendes Multimedia-Center zu besitzen (Mittelwert 2,41) und zusätzlich zur allabendlichen Unterhaltung anstelle des herkömmlichen TV-Programms auch Filme übers Internet abzurufen (Mittelwert 2,47). Sie stimmen zu, dass Unternehmen durchaus in der Lage sind, attraktive Videoinhalte anzubieten und diese sich neben den klassischen Sendern als zusätzliche Sender im Internet behaupten werden (Mittelwert 2,51).

Die Bereitschaft zur Nutzung dieser Angebote ist vorhanden, jedoch empfinden die Befragten diese noch als zu unübersichtlich und nicht voll ausgereift (Mittelwert 2,79). Die Aussage, dass Internet-TV im Allgemeinen zukünftig normales TV vollständig ersetzen wird, stößt bei den Befragten eher auf Ablehnung (Mittelwert 3,61). Internet-TV wird insgesamt von den Befragten heute noch nicht gleichwertig zum herkömmlichen TV genutzt (Mittelwert 3,88), jedoch sieht kaum jemand der Befragten Internet-TV als eine vorübergehende Modeerscheinung an (Mittelwert 4,22).

Bei den Silversurfern sticht heraus, dass die Aussage „Unternehmen müssten auch außerhalb des Internets auf ihre Onlinevideoangebote aufmerksam machen" auf die größte Zustimmung traf (Mittelwert 1,8); dies hebt sie von den anderen Altersgruppen ab und scheint in dieser Zielgruppe auch ein sehr wichtiger Faktor zu sein, da diese Aussage von ihnen wesentlich mehr Zuspruch erhält als alle anderen (Mittelwertabstand von 0,8 zur nächsten Aussage, ohne Tabelle). Dem kann in Form der Nutzung von diversen Marketingmaßnahmen zur Bekanntheitssteigerung von Corporate Videoportalen Rechnung getragen werden, z.B. durch gezielte Kunden anschreiben, Promotionaktionen oder – bei größeren Unternehmen – durch Print-, TV- und Radio-Werbung.

Im Gegensatz zu den anderen Altersgruppen können sie sich auch eher nicht vorstellen, zukünftig ein Multimedia-Center zu besitzen (Mittelwert liegt hier deutlich unter 3), was darauf zurückzuführen ist, dass sich das Mediennutzungsverhalten dieser Altersgruppe dem Prozess der Konvergenz von Internet und Fernsehen nicht so schnell wie bei jüngeren Benutzern oder gar nicht anpasst; hinzu kommt sicher noch eine fehlende Technik-Affinität im Allgemeinen im Gegensatz zu jüngeren Benutzergruppen.

Zusammenfassend lässt sich zu dieser wichtigen Frage zur Einschätzung der Befragten über Internet-TV sagen, dass der Großteil der Befragten Internet-TV nicht als einen vorübergehenden Trend betrachtet, sondern dies auf lange Sicht ergänzend zum herkömmlichen Fernsehen nutzen wird und dass auch bereits eine grundsätzliche Bereitschaft zur Nutzung der Onlinevideoangebote von Unternehmen vorhanden ist. Diesen wird durchaus die Funktion eines Senders, welcher audiovisuelle Inhalte im Internet anbietet, zugetraut, allerdings ist vielen Befragten das bestehende Angebot noch zu unübersichtlich, und es ist für sie noch nicht vollständig ausgereift. Hier sollten Unternehmen beispielsweise mehr Wert auf Einträge bei Seiten wie Web TV-Verzeichnissen legen (z.B. auf tvmovie.de), die einen guten Überblick über die Gesamtbreite des Onlinevideoangebots bieten und dem User dadurch einen leichteren Zugang zum für ihn passenden Angebot ermöglichen.

Alle Befragten (n=160)

Rang	Aussagen	Mittelwert
1	Internet-TV und Fernsehen werden langfristig ergänzend genutzt.	2,06
2	Die Unternehmen müssten auch außerhalb des Internets auf ihre Online-Video-Angebote aufmerksam machen.	2,10
3	Ich kann mir gut vorstellen, zukünftig ein Multimedia-Center im Wohnzimmer zu haben, das alle Internet-Anwendungen, Video und TV abdeckt.	2,41
4	Ich kann mir durchaus vorstellen, zukünftig abends zusätzlich zur Programmzeitschrift auch Webverzeichnisse durchzuschauen und ggf. einen Film übers Internet abzurufen.	2,47
5	Unternehmen bieten durchaus attraktive Video-Inhalte an und behaupten sich neben den klassischen Sendern als zusätzliche Sender im Internet.	2,51
6	Ich würde gerne öfters Internet-TV von Unternehmen nutzen, aber bisher war das Angebot zu unübersichtlich bzw. ist noch nicht genügend ausgereift.	2,79
7	Internet-TV im Allg. wird zukünftig normales TV vollständig ersetzen.	3,61
8	Internet-TV im Allg. nutze ich heute bereits gleichwertig zu normalem TV.	3,88
9	Internet-TV allgemein und von Unternehmen ist lediglich eine vorübergehende Modeerscheinung und wird bald wieder verschwinden.	4,22

1 = „trifft voll zu" bis 5 = „trifft überhaupt nicht zu"

Tab. 7: Alle Befragten, Zustimmung bzw. Ablehnung zu genannten Aussagen

4 Fazit und Ausblick

Die steigende Internetnutzung zieht sich durch alle Altersklassen. Auch bei älteren Usern sind hohe Zuwachsraten zu verzeichnen, und vor allem bei jüngeren Zielgruppen verliert das Altmedium Fernsehen bereits zunehmend an Relevanz; besonders für die unter 30-Jährigen wird das Internet mehr und mehr zum All-in-one-Medium. Gleichzeitig steigt die Nutzung von Onlinevideos. Die technischen Voraussetzungen hierfür sind heutzutage flächendeckend geschaffen, denn 70 % aller Internetuser verfügen bereits über eine schnelle Breitbandverbindung, und in fast jedem Haushalt findet sich ein multimediafähiger PC, sodass die Tendenz der Onlinevideonutzung und somit die Nutzung von Video-on-Demand-Angeboten weiterhin nach oben weist. Demnach wird es zunehmend zur Gewohnheit der User und bald als Selbstverständlichkeit vorausgesetzt, Bewegtbilder zu jeder gewünschten Zeit abrufen zu können.

Dies sind gute Voraussetzungen für die steigende Nutzung von Bewegtbildangeboten von Unternehmen im Internet. Corporate Web TV-Angebote hatten im Jahr 2007 ihren endgültigen Durchbruch, und bereits zahlreiche Unternehmen setzen Videoportale oder zumindest Onlinevideos als Instrument der Markenkommunikation ein.

Wirklich große Reichweiten erreichen bisher allerdings meist nur die Web TV-Ange- bote großer Automobilhersteller. Insgesamt hängt die Bekanntheit und Nutzung von Videoportalen zumindest momentan noch stark von der Attraktivität der jeweiligen Marke ab.

Wie die Ergebnisse dieser Studie zeigen, besteht auch bei älteren Nutzern Interesse an Corporate Videoangeboten, jedoch ist diesen das bestehende Angebot noch zu unübersichtlich, sodass sie es, wie auch alle anderen Nutzer, begrüßen würden, verstärkt über Offlinemedien darauf aufmerksam gemacht zu werden. Die Unternehmen sollten sich diese Chance der Zielgruppenerweiterung für die Videoportale nicht entgehen lassen.

Neben der teuren Variante der Mediawerbung (weswegen sich diese Maßnahme nur für große Unternehmen eignet, die ohnehin über große Werbebudgets verfügen und in bereits bestehende Spots nur den Hinweis auf das Onlinevideoangebote einfügen müssten) gibt es weitere Möglichkeiten wie Newsletter per E-Mail oder Anschreiben per Post sowie Schulungen für Mitarbeiter, die im direkten Kundenkontakt stehen, sodass diese entsprechend über die Web TV-Angebote informiert sind und darauf hinweisen können. Grundsätzlich kann ohne großen Mehraufwand bei sämtlichen Marketing- und Werbemaßnahmen zusätzlich auf das Videoportal hingewiesen werden; die Unternehmen sollten diese Bewegtbildangebote noch stärker in den Kommunikationsmix bzw. die Unternehmenskommunikation integrieren und diese damit bei der Zielgruppe ins Gespräch bringen, wodurch für mehr Aufmerksamkeit gesorgt würde.

Die Web TV-Angebote aller Unternehmen sollten immer an den Hauptmotiven zum Besuch eines Corporate Videoportals orientieren. Spezielles Interesse ist immer vorhanden, und dem Bedürfnis nach Information wird man am besten gerecht, indem Videoinhalte informativ gestaltet und zusätzlich ausreichende weiterführende Verlinkungen und Informationen zu speziellen Themen und Produkten angeboten werden.

Besucher von Corporate Videoportalen gehen häufig mit gezielter Kaufabsicht ins Web. Dies sollte entsprechend vertrieblich berücksichtigt und genutzt werden, indem verstärkt für intelligente Verlinkungen direkt von den entsprechenden Videoseiten auf ähnliche Produkte sowie auf Zusatzinformationen und natürlich auch – wenn ein Onlineshop vorhanden ist – direkt auf den Warenkorb gesorgt wird.

Internet-TV als relativ junges Medium wird momentan noch hauptsächlich von Jüngeren genutzt, stößt aber auch heute schon bei den Silversurfern auf breites Interesse. Dabei werden Internet-TV und Fernsehen ergänzend konsumiert, solange die Konvergenz in Form von IPTV noch nicht vollendet ist.

Der neue Anlauf der Telekom AG mit „LIGA total!" zur Bundesligasaison 2009/10 ist ein weiterer Schritt zum Durchbruch von IPTV. IPTV wird in den Wohnzimmern ankommen, und somit werden auch multimediafähige Set-Top-Boxen bzw. Multimediacenter zum Einsatz kommen, sodass der User zukünftig alle gewünschten Inhalte, ob lineares Fernsehprogramm oder Bewegtbild-Inhalte, aus dem Internet vom Sofa aus abrufen kann. Dieser Meinung ist auch ZDF-Intendant Markus Schächter: „Ich sehe ein Gegeneinander von TV und Web immer weniger. Internet und Fernsehen sind längst keine konkurrierenden Medien mehr. Das Beste aus beiden Welten schafft ein neues Meta-Medium."[6]

Unternehmen sollten sich die Entwicklung zunutze machen, die neuen Chancen ergreifen und Onlinevideoangebote als ein effizientes Instrument der Unternehmens- bzw. Markenkommunikation zur direkten Zielgruppenansprache ausbauen. Die Mehrheit der Konsumenten – darauf deuten die Ergebnisse der Studie hin – traut den Unternehmen bereits heute eine Kompetenz als Sender im Internet zu, sodass eine Bereitschaft für die weitere Nutzung vorhanden ist.

Auch wenn sich heutzutage die regelmäßige Nutzung der Corporate Videoportale noch in Grenzen hält, wird bei größeren Unternehmen ein professionelles Onlinevideoangebot von Interessenten und Kunden erwartet. Wenn ein Unternehmen aus Budgetgründen kein eigenes Web TV-Portal betreiben kann bzw. möchte, so sollten Bewegtbilder in den bestehenden Webauftritt integriert werden. Aber auch kleinere und mittelständische Unternehmen zeigen erfolgreich, wie sie ihr Onlineangebot relativ kostengünstig um Bewegtbilder erweitern.

Mit zunehmender Onlinevideonutzung steigt die Nachfrage nach Corporate Olinevideoangeboten stetig, sodass diese langfristig unverzichtbar sein werden. Ziele wie Imagesteigerung, Kundenbindung und Umsatzsteigerung werden Unternehmen in Zukunft nur dann in vollem Umfang erreichen können, wenn sie sich die digitale Entwicklung zunutze machen und Onlinevideoangebote bzw. Internet-TV als zusätzliches Instrument in ihren Kommunikationsmix integrieren.

In diesem Artikel sind lediglich Auszüge aus der Untersuchung „Unternehmen als Sender im Internet. Eine Untersuchung zur Bekanntheit und Nutzung von Corporate Videoangeboten." dargestellt.

5 Autorenfragen

An welcher Stelle würden Sie gerne Ihren Lieblingsfilm stoppen und interaktiv eingreifen wollen?

Eichsteller: Top Gun, I Robot, Matrix, James Bond, Ocean 11/12/13 – für mein cine- astisch schlichtes Gemüt Hauptsache Action pur und Ende offen für eine nächste Folge!
Wiech: Einer meiner Lieblingsfilme ist Pulp Fiction – nicht zuletzt aufgrund der Musik. Ich hätte mir gewünscht, den Film stoppen und direkt aus dem Film heraus den Soundtrack bestellen zu können.

Welches Bewegtbildangebot im Netz empfehlen Sie gerne weiter und warum?

Eichsteller: bmwfilms.com als unübertroffener Pionier des Branded Entertainment.
Wiech: Ich habe schon des Öfteren die ZDF-Mediathek weiterempfohlen und nutze dieses Bewegtbildangebot selbst regelmäßig. Zudem werden zu einzelnen Sendungen und Themen zusätzliche Informationen angeboten, die sehr umfangreich aufbereitet und interaktiv eingebunden sind.

Welche Vision verbinden Sie persönlich mit Bewegtbild im Internet?

Eichsteller. Kunden werden nicht mehr mit Bewegtbild-Werbung belästigt, sondern abonnieren Werbung bei Absendern, die bewiesen haben, dass sie ansprechende, coole, witzige, außergewöhnliche, informative oder unterhaltsame Spots liefern.
Wiech: In ein paar Jahren wird keine Rolle mehr spielen wird, ob Video nun über das Internet oder über das Fernsehen konsumiert wird. Wenn IPTV endgültig den Durchbruch geschafft hat, zählt für den Zuschauer bzw. User oder besser gesagt den sog. Prosumer doch nur, dass er unkompliziert sein gewünschtes Programm genießen kann – wann, wo und wie er möchte.

6 *Quellenverzeichnis*

1 Eichsteller, H.: Der konvergente Medien- und Telekommunikationsmarkt. Standortbestimmung der Akteure in den TIME-Märkten; in: R. Kaumanns; V. Siegenheim; I. Sjurts (Hrsg.): Auslaufmodell Fernsehen? - Perspektiven des TV in der digitalen Medienwelt, 2008.
2 SevenOne Media: Erlebnis Fernsehen - Alltagsmedien im Vergleich, 2007. Vgl. http://appz.sevenonemedia.de/download/publikationen/Erlebnis_Fernsehen.pdf, (letzter Abruf 10. 05. 2008).
3 Media Control: Ich glotz weniger TV, 2008. Vgl. http://www.media-control.de/presssemitteilungen/ich-glotz-weniger-tv.html, (letzter Abruf 22. 12. 08).
4 IBM Global Business Services, Strategy and Change: Konvergenz und Divergenz? – Erwartungen und Präferenzen der Konsumenten an die Telekommunikations- und Medienangebote von morgen, 2006. Vgl. http://www-935.ibm.com/services/de/bcs/pdf/200 6/konvergenz_divergenz_062 006.pdf, (letzter Abruf 03. 09. 08).
5 Comscore: German Online Video Viewers watched nearly 100 YouTube Videos per person in August 2008. Vgl. http://www.comscore.com/Press_Events/Press_Releases/2008/10/German_YouTubeViewers, (letzter Abruf 23. 11. 08).
6 Lückerath, T.: Dokus sind ein Kerngenre – auch bei ZDFneoDWDL.de - Interview mit Markus Schächter, Vgl. http://www.dwdl.de/story/22255/schchter_dokus_sind_ein_kerngenre__auch_bei_zdfneo/page_1.html, (letzter Abruf 22. 08. 09).

B EINSATZGEBIETE UND CASE STUDIES

My Time is Prime Time

Thomas de Buhr, Google Deutschland, Düsseldorf
Stefan Tweraser, Google Deutschland, Hamburg

1 YouTube - Das drittgrösste Land der Welt

Der Legende nach stellten Chad Hurley, Steve Chen und Jawed Karim die entscheidenden Weichen zur Gründung von YouTube nach einer Dinner Party in Chens Apartment in San Francisco. Das erste kleine Büro lag oberhalb einer Pizzeria und eines japanischen Restaurants in San Mateo, Kalifornien. Als das Unternehmen wuchs, bezog das Team das ehemalige GAP Headquarter in San Bruno. Am Tag des Einzugs wurde der Kauf durch Google verkündet. Einen Monat später war der Deal Realität – Unternehmensentwicklung in Internetgeschwindigkeit.

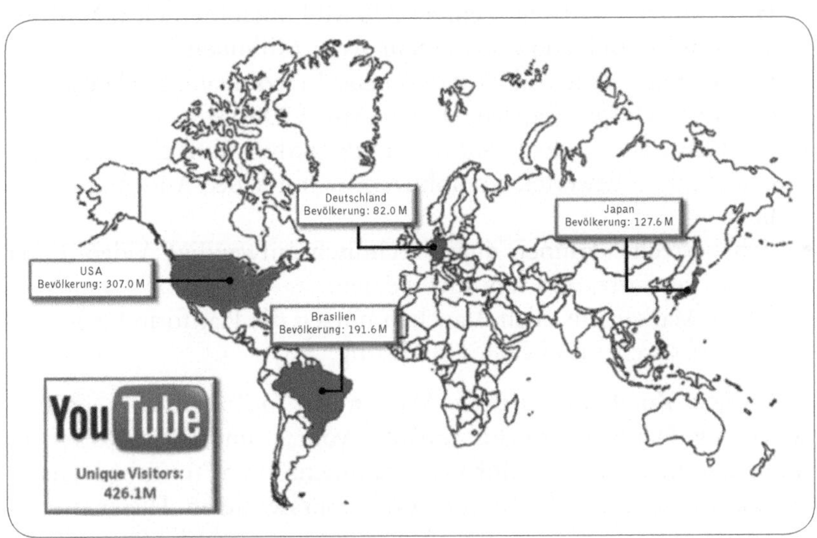

Abb. 1: YouTube – das drittgrößte Land der Welt

2 *Video und Community: Die YouTube-Erfolgsformel*

„Now we have more time and resources to provide even more features for our community", sagt ein ernst blickender Chad Hurley in die Kamera – und muss dann doch grinsen. Wie es sich für echte YouTuber gehört, haben Chad Hurley und Steve Chen die Nutzer der Plattform per Video darüber informiert, dass Google das kleine, kaum zwei Jahre alte Unternehmen soeben für 1,65 Milliarden US-Dollar gekauft hat. Neben der verständlichen und offenen Freude über die eigenen Errungenschaften werden in diesem kleinen Satz zwei wesentliche strategische Säulen des Erfolgs der Video-Plattform YouTube zum Ausdruck gebracht: Features und Community.

Der nahezu kompromisslose Fokus der YouTube-Gründer auf innovative Features – Produkteigenschaften, die den Nutzern Vorteile bringen – sowie auf die Anforderungen und Erwartungen der Community (der Gemeinschaft aller Anwender) haben YouTube in kurzer Zeit zum Synonym für bewegte Bilder im Internet gemacht. Kein schlechtes Ergebnis für eine Dinner Party:

- Heute nutzen weltweit mehr als 320 Millionen Menschen YouTube, allein in Deutschland sind es mehr als 15 Millionen.
- Pro Minute werden 20 Stunden neue Videoinhalte hochgeladen – das entspricht pro Tag dem Umfang von 1.200 TV-Sendern.
- Die Hälfte aller Videos wird in der sehr aktiven YouTube-Community diskutiert, bewertet, empfohlen oder mit Video-Antworten versehen.
- Urheberrechte können durch technisch aufwendige Video-ID-Verfahren geschützt und verwaltet werden.
- Große Marken aus allen Branchen nutzen die Plattform für innovatives, klassisches und virales Marketing.

Es war kein Zufall, dass die erste Version von YouTube eher einer Internet-Dating- Plattform ähnelte. YouTube wollte – und will – Nutzer mit ähnlichen Interessen über Inhalte zusammenführen. YouTube bietet ihnen die Chance, sich darzustellen und zu präsentieren. Dieser strategische Kern rund um Video und Community ist auch die Basis für den Slogan des Unternehmens: „Broadcast Yourself" – die Nutzer und deren Inhalte sind und machen das Programm.

2.1 Breitband, Speicher, Kameras: Die Treiber der YouTube-Entwicklung

YouTube als Unternehmen besitzt also keine eigenen Inhalte und kann daher nicht durch den Zukauf von Programmen neue Nutzer anlocken oder bestehende an sich binden. Die Plattform muss durch die Aktivitäten der Community wachsen. Es muss so attraktiv und einfach sein, Videos auf YouTube hochzuladen, dass es möglichst viele Nutzer auch tatsächlich tun. Dadurch wächst der Umfang der Inhalte, was wiederum mehr passive Nutzer anzieht. Das vergrößerte Publikum ist wieder Anreiz für die Produzenten von Videos, ihre Inhalte auf die Plattform zu stellen – und der sich selbst verstärkende Kreislauf beginnt von Neuem. So wächst YouTube weltweit kontinuierlich aus sich selbst heraus – so stark, dass YouTube eine der größten und am schnellsten wachsenden Seiten des Internets geworden ist. Mehr noch: YouTube ist zu einem Medium geworden, das aus dem Alltag vieler Nutzer nicht mehr wegzudenken ist. Mehr als ein Drittel aller „Online-Europäer" nutzt regelmäßig Videoplattformen im Internet, und die Zielgruppe der 14- bis 19-Jährigen ist in Deutschland zwei Stunden pro Woche auf YouTube – Tendenz steigend.

Ein wesentlicher Treiber für diese unglaublich rasche Entwicklung ist die massive Zunahme von Breitbandanschlüssen in den letzten Jahren. Intensiver Wettbewerb, staatliches Interesse und damit günstige Angebote sorgen für eine explosionsartige Verbreitung schneller Verbindungen in Unternehmen, vor allem aber auch in den Haushalten.

Und obwohl Deutschland noch nicht im europäischen Spitzenfeld liegt, sind heute etwa 50 Prozent aller Haushalte über schnelle Breitbandverbindungen an das Internet angeschlossen. Damit ist Bewegtbild im Internet in guter Qualität kein Problem mehr und so zu einer wichtigen und häufig genutzten Ergänzung zum Fernsehen geworden.

Ein zweiter wichtiger Treiber für die Entwicklung von Onlinevideo sind die stark fallenden Preise für Speichermedien. In den ersten PCs waren Speicherchips noch ein knappes und teures Gut; die Kapazität der Festplatten war im Vergleich zu heute winzig. Inhalte mit großem Volumen zu speichern war daher teuer. In den letzen zehn Jahren sind die Preise für Computerspeicher allerdings um mehr als 35.000 Prozent gefallen, weshalb heute auch sehr große Datenmengen zu sehr geringen Kosten gespeichert werden können. Für Anbieter wie YouTube bedeutet diese Entwicklung, dass eine attraktive Plattform mit hohem und schnellem Speichervolumen auf einer niedrigen Kostenbasis betrieben und für den Nutzer gratis zur Verfügung gestellt werden kann.

Der dritte wesentliche Grund für die rasante Entwicklung von Videoportalen ist die hohe und ebenfalls wachsende Verbreitung von digitalen Kameras. Noch vor knapp zehn Jahren waren analoge Videokameras der Standard. Digitale Geräte waren teurer Luxus, zudem recht groß und schwer. Die Bearbeitung von Videos war weitgehend Experten vorbehalten. Heimvideos hatten daher oft geringe Qualität. Heute können sogar schon mit Mobiltelefonen Videos gedreht werden, Videoschnittprogramme sind kostengünstig und einfach in der Handhabung. Mit diesen neuen Produktionsmitteln kann jeder Nutzer zum Produzenten werden und hochwertige Inhalte selbst erstellen. Und auch die klassischen Medien haben sich dem Trend angepasst: Auf nahezu allen Webseiten von traditionellen Printmedien finden sich ebenfalls professionelle Videoinhalte.

Abb. 2: Die drei Treiber von Videoplattformen

Diese drei Treiber der Verbreitung von Onlinevideo manifestieren einen weiteren wichtigen Schritt in der Digitalisierung unserer Lebenswelt. Zahlreiche Aktivitäten des täglichen Lebens sind lange nicht mehr „analog", sondern „digital". Die Mehrheit fotografiert digital (und verwendet keine klassischen Filme mehr), schreibt E-Mails (und versendet deutlich weniger auf Papier geschriebene Briefe), benutzt Navigationsgeräte (statt gefalteter Karten), hört Musik von der CD oder einem MP3-Player (nur Enthusiasten nutzen noch die schwarze Langspielplatte und analoge Plattenspieler) und führt Banküberweisungen online aus (statt in Filialen in der Schlange zu stehen).

Ähnliche Entwicklungen sehen wir seit einiger Zeit im Online-Entertainment. Mit der steigenden Anzahl von Breitbandanschlüssen wächst auch die Nutzung von Bewegtbild im Internet. Mit der steigenden Nutzung seitens der Verbraucher geht auch eine immer höhere Bedeutung dieses Mediums für die Werbewirtschaft einher. Wo die potenziellen Konsumenten ihre Zeit verbringen, sind – wenn das Umfeld passend ist – auch Werbetreibende aktiv.

2.2 YouTube: Das Entertainment-Portal im Internet

Schnelle Leitungen, billiger Speicher und digitale Produktionsmittel stehen allen Plattformen zur Verfügung. Aber warum hat gerade YouTube eine so rasante Entwicklung gemacht, so genau den Nerv getroffen und sich gegen zahllose Wettbewerber bei den Menschen fest als „the world's entertainment site" etabliert? Wie ist YouTube zum Synonym für Video im Internet geworden? Online-Entertainment definiert die Internetlandschaft neu.

Videoplattformen haben – gemeinsam mit neuen Kategorien wie Browser-Games und ähnlichen Websites – Entertainment im Netz groß gemacht. Angebote im Internet können – unabhängig vom Geschäftsmodell – in vier Kategorien eingeteilt werden:

- Information
  Suchmaschinen wie Google oder Nachschlagewerke wie Wikipedia helfen Anwendern, sich im Internet zurechtzufinden und auf Informationen aller Art rasch und zielgerichtet zugreifen zu können.
- Kommunikation
  E-Mail-Dienste, Chatrooms und soziale Netzwerke wie Facebook oder Twitter erleichtern die Kommunikation. Anwender besuchen diese Seiten, um gezielt mit Geschäftspartnern, Freunden oder Bekannten in Kontakt zu treten und Informationen auszutauschen.
- Transaktion
  Onlinebanking, Versteigerungsportale wie eBay oder Onlinekaufhäuser wie Amazon sind Beispiele für Transaktionsseiten im Netz. Hier erledigen Anwender gezielt Geschäfte im Internet – oder tätigen Impulskäufe.

- Entertainment
  Durch das Internet – und die dahinterliegenden Technologien und Protokolle – wurde eine neue, interaktive Form von Unterhaltung Realität. Aus der rein fremdgesteuerten, passiven Unterhaltung, die wir vom Fernsehen kennen, wurde durch Portale wie YouTube eine aktive, selbst gesteuerte Unterhaltung. Heute sind die Konsumenten nicht nur Zuschauer, sondern auch Programmdirektoren, Kritiker, Editoren und Produzenten.

Das Angebot im Internet in allen vier Kategorien ist unüberschaubar. Der durchschnittliche Nutzer beschränkt seine Auswahl – und damit seine aktive Nutzung – auf vergleichsweise wenige Seiten. Wir kennen dieses Phänomen aus der Fernsehnutzung, in der ein durchschnittlicher Zuschauer, unabhängig von der Leistungsfähigkeit seines Receivers und vom tatsächlichen Programmangebot, nur etwa fünf Programme in sein „Relevant Set" aufnimmt.

Auch im Internet kann man davon ausgehen, dass sich Nutzer pro Kategorie auf wenige für sie relevante Seiten konzentrieren werden. Diese Seiten werden zu den echten Portalen des Internets. YouTube ist eine solche Destination für Onlineunterhaltung geworden. Dies kommt nicht nur dadurch zum Ausdruck, dass auf YouTube Unmengen von professionellen und von Nutzern erstellte Inhalten angeboten werden – YouTube ist mittlerweile die zweitgrößte Suchmaschine der Welt geworden, um diese Inhalte auch zu finden.

2.3 YouTube als Plattform für Marketing im Web

Aus Psychologie, Pädagogik und Medienforschung wissen wir, dass die Aufnahmebereitschaft für Informationen vom Grad der Aktivierung abhängt. Der emotionale Zustand, in dem ein Mensch sich befindet, entscheidet ganz wesentlich darüber, ob Informationen wahrgenommen oder ignoriert werden. Dabei spielt der Begriff der Fokussierung eine Rolle: Je konzentrierter man sich einer bestimmten Aufgabe widmet, desto unempfänglicher wird man für Themen, die inhaltlich außerhalb des Aufmerksamkeitsfokus angesiedelt sind. Aus diesem Grund wird beispielsweise Fernsehwerbung (die im Rahmen einer entspannten und zugleich auf das Medienerlebnis ausgerichteten Situation erfolgt) eine größere Wirksamkeit zugeschrieben als Radiowerbung, die – durch die Rolle des Radios als Begleitmedium bedingt – häufig in einer Situation erfolgt, in der die Aufmerksamkeit des Rezipienten auf andere Aspekte (Autofahren, Gespräche, Essenszubereitung, Arbeiten etc.) gerichtet ist.

Denkt man nun zurück an die vier Hauptfunktionen von Webseiten (Information, Transaktion, Entertainment und Kommunikation), zeigt sich, dass nicht alle diese Kategorien gleichermaßen gut für Werbung nutzbar sind. Teilweise wurden daher speziell maßgeschneiderte Werbeformen eingeführt (wie beispielsweise Anzeigen in Suchmaschinen), andere Bereiche (wie beispielsweise Onlinebanking) werden dagegen erst gar nicht mit Werbebotschaften in Verbindung gebracht. Die große Masse der Angebote muss sich jedoch die Frage gefallen lassen, ob eine werbliche Ansprache die Nutzer in einer mentalen Verfassung antrifft, in der ihre Aufnahmebereitschaft für Werbebotschaften eher hoch oder eher gering sein wird.

Generell betrachtet dürften Entertainment-Plattformen optimale Wirkungsbedingungen für werbliche Botschaften aufweisen. Sie treffen den Nutzer in einem entspannten, aber sehr wachen, interessierten Zustand an. Zudem ist er in einer aktiven Position und trifft Entscheidungen sehr bewusst und aufmerksam.

3 Wir haben mehr Medien als Zeit

In diesem neuen, interaktiven Umfeld – dem Web 2.0 – ergeben sich zahlreiche Chancen für neue Marketingansätze. Dadurch entstehen natürlich auch neue Gefahren und Herausforderungen, denn viele Ideen und Geschäftsmodelle wirken zwar auf den ersten Blick innovativ und interessant, bieten aber kein gutes Umfeld für professionelles Marketing. Die Kernfrage für jeden Marketing- oder Markenverantwortlichen lautet damit: Wie kann ich das Web 2.0 möglichst effizient und effektiv für meine Marke und meine Marketingziele nutzen?

3.1 20 Stunden neue Inhalte pro Minute – Und neue Zielgruppen

1948 wurde das TV-Netzwerk ABC gegründet – also vor gut 60 Jahren. Damals gab es insgesamt drei TV-Netzwerke in den USA. Hätten alle drei Netzwerke seither durchgehend gesendet, entspräche dies Inhalten im Umfang von etwa 1,5 Millionen Stunden – ohne Wiederholungen wohlgemerkt. Das ist in etwa so viel, wie in den letzten 60 Tagen auf YouTube hochgeladen wurde. Pro Minute entstehen weltweit 20 Stunden neuer Content auf YouTube – das entspricht etwa zehn Hollywood-Filmen. Jede Minute!

Dabei handelt es sich sowohl um professionelle wie auch um von Nutzern erstellte Inhalte (User Generated Content oder kurz UGC). Die Zahl professioneller Inhalte ist stark gestiegen, wird auch in Zukunft wachsen und erfreut sich bei den YouTube-Nutzern großer Beliebtheit.

Beispiele für professionelle Inhalte auf sogenannten YouTube Partner-Channels sind beispielsweise von AutoBild, Spiegel, Focus und National Geographic eingestellte Videos. Zwischen dem ZDF und YouTube gibt es seit einigen Monaten sehr enge und erfolgreiche Kooperationen. Die Sendung „Maybrit Illner" involviert die Zuschauer über YouTube ebenso wie die gemeinsame Plattform „Open Reichstag" und gibt den Nutzern die Chance, vielfältige Meinungen direkt in die Sendung einzubringen und diese über beide Medien – Internet und TV – mit einem breiten Publikum zu teilen. Weltweit sind bei den YouTube-Nutzern die klassischen Unterhaltungsformate in den Kategorien Musik, Sport, Auto/Motor und Comedy besonders beliebt. Zudem finden aber auch in Nischenkategorien wie beispielsweise Bogenschießen, Paralympics oder das Beatboxing die Inhalte und deren Protagonisten ihre Anhänger. Mittlerweile gibt es eine eigene Beatbox-Weltmeisterschaft, die jedes Jahr die weltweite Community nach Berlin zieht. Im Fernsehen hätte kaum einer dieser Inhalte eine Chance. Da die Sendekapazitäten beschränkt und Reichweiten in den Nischen zu klein sind, können sich diese Inhalte im Fernsehen nur selten positionieren. Daher haben TV-Inhalte für wichtige Zielgruppen immer weniger Relevanz, denn deren spezifische Interessengebiete werden gar nicht oder nicht ausreichend abgebildet. Im Gegensatz dazu können auf Onlinevideo-Plattformen wie YouTube solche Formate und Inhalte entstehen und erfolgreich wachsen. Und damit werden schwer zugängliche Zielgruppen wieder erreichbar.

Von Nutzern erstellte Inhalte sind der Ursprung von YouTube und machen den Löwenanteil der Videoplattform aus. Nutzer produzieren eigene Videos, laden diese auf YouTube und werden damit zu Produzenten, Journalisten und Kommentatoren – und manchmal auch zu Berühmtheiten. Professoren halten Vorträge, Tutorials zeigen, wie man

Gitarre spielen lernt oder wie man Computersoftware bedient. Gamer zeigen ihre besten Tricks und Kniffe.

Und immer wieder bilden sich neue Communitys – mal kleiner, mal größer, mal riesengroß. Etwa fünf Prozent aller YouTube-Videos richten sich direkt an die Nutzer. Web 2.0 scheint sich also sehr stark um das Verbinden der Menschen miteinander zu drehen.

Es ist fast ein Widerspruch, aber je stärker die Individualisierung fortschreitet, desto größer wird der Wunsch nach Verbundenheit, nach Community; je größer die Unabhängigkeit, desto stärker wird der Wunsch nach Beziehungen. Wir alle wollen (um es mit Barry Wellmann, einem renommierten Soziologie-Professor, zu sagen) vernetzte Individualisten sein.

Abb.3: Beispiele für Inhalte auf YouTube

3.2 Rupert Murdochs Digital Natives sind Real

In seiner Rede vor der American Society of Newspaper Editors sagte Rupert Murdoch im April 2005 folgende Sätze: „Die Macht, Entscheidungen zu treffen, liegt heute nicht mehr alleine bei den etablierten Eliten unserer Wirtschaft – den Herausgebern, Managern oder Eigentümern. Die Konsumenten selbst wollen bestimmen, wann, wo und wie sie Medien und Inhalte nutzen möchten. [...] Die Autorität verschiebt sich von den Medienmachern zu einer neuen, anspruchsvollen Generation von Mediennutzern, die besser ausgebildet ist, nicht geführt werden will und weiß, dass sie durch den hohen Wettbewerb in der Branche ihren Willen durchsetzen kann. Die Herausforderung für uns in den traditionellen Medien ist es, mit diesen neuen Zielgruppen in den Dialog zu treten und sie für uns zu gewinnen."

Reuters-CEO Tom Glocer äußerte sich in einer Rede vor der Online Publishers Association zu den Herausforderungen des Internets: „Unsere Hörer und Seher haben sich schon lange weiterentwickelt – heute konsumieren sie Medien nicht nur, sie kreieren und veröffentlichen auch neue Inhalte. Die Konsumenten wollen nicht nur die Druckerpressen selbst betreiben, sie wollen auch die Inhalte definieren. [...] Unsere Branche wird von Inhalten, die von den Nutzern selbst erstellt werden, durch Blogger, Bürger-Journalisten und Onlinevideos vor komplett neue Herausforderungen gestellt. Unsere Verantwortung ist es, in diesem Umfeld Orientierung zu bieten, Interaktion zu ermöglichen und Anregungen zu geben. Wir müssen die Fähigkeit aufbauen, in diesem Überfluss von Informationen die ungeschliffenen Diamanten zu entdecken – denn was heute ein Nischenmarkt ist, kann morgen schon Mainstream sein."

Hinter diesen Aussagen und Strategien steht das Bewusstsein, dass wir einer neuen Zielgruppe gegenüberstehen – besser gesagt Hunderten oder Tausenden neuer Zielgruppen, eben vielen neuen Communitys. Und im Gegensatz zu früher sind diese Communitys untereinander verbunden, sie kommunizieren, kommentieren und tauschen sich aus. Sie sind mit den Werkzeugen und Inhalten des Internets aufgewachsen und sind damit – um wieder mit Rupert Murdoch zu sprechen – Digital Natives. Damit sind heute nicht mehr nur die 14- bis 19-Jährigen gemeint. Die Digital Natives sind erwachsen geworden und treffen Entscheidungen in Unternehmen und in Haushalten. Ein schönes Beispiel dafür sind die Nutzer von YouTube, die zur Hälfte älter sind als 35 Jahre.

3.3 Immer aufmerksam – Aber nicht zu 100 Prozent

Wenn ein 70 Jahre alter Mensch Zeitung liest und man parallel das Radio dazu einschaltet, wird ihn das stören. Er möchte nur ein Medium wahrnehmen, dem er seine volle Aufmerksamkeit widmen will. Ein 40-Jähriger schafft es, zwei Medien gleichzeitig zu nutzen. Er kann beispielsweise fernsehen und gleichzeitig seine E-Mails überfliegen. Vermutlich nimmt er nicht beide Medien zur gleichen Zeit zu 100 Prozent wahr, er ist aber in der Lage, sich auf ein Medium zu konzentrieren und gleichzeitig für ihn relevante Informationen aus dem anderen Medium herauszufiltern und gegebenenfalls sofort seine Aufmerksamkeit dorthin zu bewegen.

Eine heute 16-Jährige bewegt sich problemlos in diversen Chatrooms, surft parallel im Internet, hört Radio und auch der Fernseher läuft. Ihre Fähigkeit und ihre Art, Medien zu konsumieren, weist deutliche Unterschiede zum traditionellen Verhalten auf. Sie konsumiert im „Multitasking"-Modus und schafft es, ihre Aufmerksamkeit auf mehrere Medien gleichzeitig zu verteilen.

Durch diese nur partiell bestehende Aufmerksamkeit in der Zielgruppe entstehen neue Herausforderungen für die Absender von Botschaften. Denn nun kämpfen zahlreiche Impulse gleichzeitig um die Wahrnehmung einer Person, die sehr schnell und nach teilweise nur oberflächlicher Prüfung entscheidet, ob die Information relevant ist und ob sich intensivere Beschäftigung mit den angebotenen Inhalten lohnt.

Die Chance einer Information beziehungsweise eines Absenders, beachtet zu werden, steigt mit der wahrgenommenen Relevanz dieser Information für den Einzelnen. Dieser Zusammenhang besteht seit jeher, bekommt aber in der Zeit des geplanten Informationsüberflusses ein ganz neues Gewicht. Relevanz kann dabei verschiedene Dimensionen haben. Spaß ist natürlich ein sehr wichtiger Faktor. Aber auch das Mitwirken an einer Sache, die Chance, etwas Gutes zu tun, berühmt zu werden oder die Aussicht auf einen Gewinn können ebenso motivieren wie eine Information über ein besonderes Angebot und einen damit verbundenen persönlichen Vorteil.

Der Medienkonsum verändert sich also. Einem einzelnen Medium wird nicht mehr zwangsläufig die volle Aufmerksamkeit geschenkt. Verschiedene Aufgaben werden im Multitasking gleichzeitig erledigt. Damit verändert sich nicht nur die Aufnahmefähigkeit von Inhalten und der Umgang mit Medien, auch der Anspruch an die Medien selbst entwickelt sich.

Man kann sehr deutlich zwei Trends beobachten, die heute das Medienkonsumverhalten prägen:

- My Time is Prime Time
  Der Konsument entscheidet immer stärker selbst, wann und wo er welchen Inhalt auf welche Art konsumiert. Dominante Programmschemata werden es immer schwerer haben, sich beim Konsumenten durchzusetzen. Die Erreichbarkeit von Zielgruppen wird also an Verlässlichkeit einbüßen – eine große Herausforderung für die Mediaplanung.
- Don't interrupt – discuss
  Der Konsument will mitreden, will sich einbringen, will hinter die Kulissen blicken, mehr wissen als das, was ihm präsentiert wird. Klassischer Frontalunterricht allein wird ihn weniger erreichen als interaktive Kommunikationsformen, die Platz für individuelle Ansprüche lassen.

Die Ansprache der und die Kommunikation mit den Verbrauchern steht auf dem Prüfstand. Marken und Markenverantwortliche werden sich dieser Aufgabe stellen und Lösungen finden müssen. Einwegkommunikation wird mehr und mehr an Wirksamkeit einbüßen. „My Time is Prime Time" und „Don't interrupt – discuss" stellen damit Medien und Werbungtreibende gleichermaßen vor spannende, neue Aufgaben. Die wirksame, aber auch wirtschaftliche Kommunikation mit dem Verbraucher wird zur immer größeren Herausforderung.

3.4 Offener und intensiver Dialog

„Das Schöne an YouTube als Medium ist, dass es nicht Einweg-Kommunikation ist, sondern einen Rückkanal hat ... Das ganze ist ein Dialog und nicht einfach nur eine einmalige Wirkung, die entweder eintritt oder nicht", sagt Werber Jean-Remy von Matt in einem Statement über YouTube. Die wesentlichen Elemente dieses Dialogs im Internet sind das Teilen Wollen von Inhalten, Meinungen, Eindrücken oder Ideen sowie das aktive Teilhaben an den Erlebnissen und Gedanken anderer.

Teilen und Teilhaben sind zwei starke Grundmotive jener Nutzer, die selbst erstellte Inhalte auf Onlinevideo-Plattformen stellen, kommentieren, beantworten oder weiterleiten. Der Community-Gedanke ist auf YouTube stark ausgeprägt und gehört zur DNA der Plattform und der Nutzer. Etwa 50 Prozent aller Videos auf YouTube werden kommentiert und/oder bewertet – ein Dialog auf allen Ebenen, multimedial. Inhalte werden weitergeleitet oder in die eigene Homepage integriert, immer wieder auch in viraler Art durch Weiterleiten der Videolinks. Die mittlerweile immer lautere Stimme der Community entscheidet und gestaltet – und liefert beachtliche Ergebnisse. „23Tage" beispielsweise ist ein Film, der nur aus Inhalten besteht, die von YouTube-Nutzern erstellt wurden. Dieser Film, produziert von Detlev Buck, lief 2008 in deutschen Kinos. Ausschließlich YouTube-Nutzer waren für die Inhalte verantwortlich, der Regisseur beziehungsweise Produzent hat die Inhalte lediglich in eine kinotaugliche Geschichte verpackt.

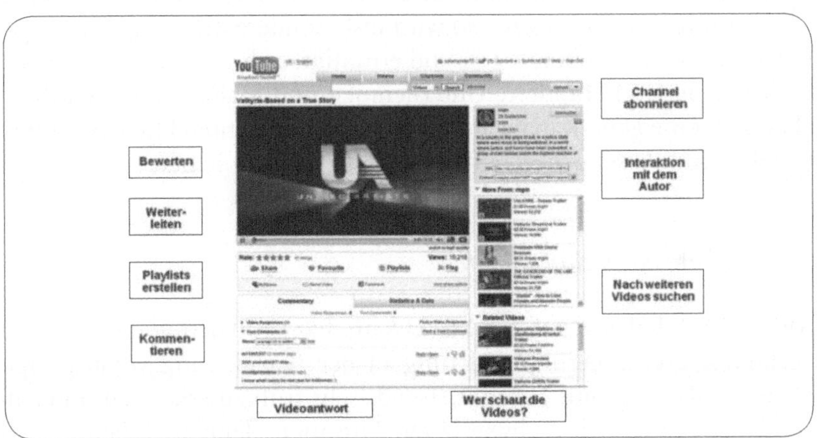

Abb. 4: Interaktive Schaltfl ächen auf YouTube

Durch diesen aktiven Dialog werden auch Stars gemacht. So wurde Paul Potts erst durch den Austausch des Videos seines legendären Auftritts im britischen Fernsehen unter den Nutzern als Opernsänger wirklich bekannt. Und die Emotion dieses Dialogs wurde auch im Werbespot der Deutschen Telekom zelebriert und gefeiert. Das YouTube-Video, das ihn bekannt machte, wurde bis dato weltweit mehr als 55 Millionen Mal abgerufen und mehr als 125.000 Mal bewertet. Heute füllt Paul Potts Konzerthallen auf der ganzen Welt.

Alle fünf Sekunden stellt ein Nutzer seine Meinung ins Internet. Auch auf YouTube. Auf YouTube haben Unternehmen, Rockstars, Königshäuser, politische Parteien, ja sogar der Vatikan eigene Auftritte, die speziell auf deren Anforderungen zugeschnitten sind. Diese sogenannten Brand Channels sind interaktive TV-Kanäle im „Look-and-Feel" der jeweiligen Organisationen. Damit können alle Features von YouTube und die gesamte Community der Plattform genutzt werden. Dadurch entsteht und lebt der Dialog mit den Nutzern.

Gelebte Demokratie wird beispielsweise im Wahlkampf zur Bundestagswahl 2009 in Deutschland Realität. In dem Kanal „Open Reichstag" wird die Aufgabenverteilung umgedreht. Normalerweise werden Politiker jeden Tag mit Fragen überhäuft – auf dieser Plattform stellen nun die Bundestagspolitiker wie Jürgen Trittin oder Gregor Gysi selbst ihre Fragen. Und die Nutzer antworten. Maybrit Illner, Moderatorin des ZDF, holt Vorschläge und Ideen der Nutzer ein, worüber in ihrer TV-Sendung debattiert wird. So wird insbesondere die junge Wählergeneration interaktiv einbezogen und ermutigt, sich mit Politik auseinanderzusetzen. Und Hunderte Unternehmen und Marken aus allen Branchen nutzen eigene Kanäle auf YouTube, um die Interaktion mit ihren Kunden und Verbrauchern auf die nächste Stufe zu heben.

3.5 Plattform für (kreative) Marken

Als das Mobiltelefon auf den Markt kam, haben Experten dieser neuen Technologie eine geringe Nutzung in der Bevölkerung vorausgesagt. Heute ist das Ergebnis bekannt. Trends sehr früh zu erkennen und aufzunehmen ist eine der schwierigsten Aufgaben, denn auch heute noch können Jahre vergehen, bis sich eine Entwicklung oder ein Produkt durchsetzt. Zum Zeitpunkt des Internet-Booms, den wir um die Jahrtausendwende erlebt haben, waren etwa 350 Millionen Menschen im Netz, und es gab eine Breitband-Penetration von 10 Prozent. Heute gehen 1,2 Milliarden Menschen weltweit online – 40 Prozent von ihnen mit einer schnellen Verbindung. Die wahre Revolution passierte also nicht 1999, sondern heute. The new world is the now world: Diese Einsicht und Erkenntnis ist elementar für jeden, der Verbraucher mit Werbebotschaften erreichen möchte.

Das Web 2.0, diese Spielwiese unterschiedlichster Begegnungen, erkennen immer mehr Unternehmen als Chance. So werden Marken auf

YouTube platziert, um so mit den potenziellen Kunden in einen direkten Dialog zu treten. Aktuelle Markenkommunikation bietet dem Nutzer ein mehrdimensionales Erlebnis. Porsche beispielsweise ermöglicht es jedem Nutzer, mithilfe eines gelungenen emotionalen Videos das Gefühl nachzuempfinden, bei 300 km/h auf dem Nürburgring in die Kurve zu gehen – Mehrwert und Zusatznutzen, gekoppelt mit Entertainment und Emotionen.

Wir können heute fast schon von Markenführung 2.0 sprechen. Nicht Unternehmen, sondern die Nutzer führen Marken. Von Nutzern durchgeführte Markenoptimierung oder Produktgestaltung ist nur noch eine Frage der Zeit, in sehr online-affinen Unternehmen sogar schon Realität. Wenn die mündigen Nutzer bereits aktiv im Bundestagswahlkampf mitmischen, dann ist das nur ein erster Schritt. Denn das Umfeld, in dem Anwender, Konsumenten, Kunden – Nutzer – mitbestimmen und agieren, wird immer größer. Unternehmen erkennen das neue Selbstbewusstsein der Nutzer und sind clever, wenn sie diese Mitgestaltungsfreude für sich nutzen und proaktiv für ihre Produkte einsetzen.

4 Neue Mediaplanung: Harte Arbeit und virale Zufälle

Ein großer Mythos prägt viele Diskussionen über Kommunikation und Mediaplanung im Web 2.0: Virale Effekte werden als eine Wunderwaffe gegen die Nichterreichbarkeit von Zielgruppen und die mangelnde Effizienz von Medien gehandelt. Die Nutzer selbst, die Community, sei der beste Kanal, um Werbebotschaften zu verbreiten. Aber Fakt ist: Mediaplanung ist noch immer harte, sehr detaillierte Arbeit. Virale Effekte können Teil einer Mediastrategie sein, und das Internet bietet dafür sicher einen optimalen Nährboden. Trotzdem sind große virale Effekte noch immer sehr oft dem Zufall zu verdanken. Und ein solcher Zufall kann optimal vorbereitet werden, aber nicht der Kern einer Medien- und Kommunikationsstrategie sein. Noch immer gilt es, Offline- und Onlinemedien zu nutzen und deren Effekte miteinander zu kombinieren. Moderne Medienpläne fordern und fördern Interaktivität, laden die Nutzer ein, sich zu beteiligen und nehmen dieses Engagement ernst. Und transparente Erfolgsmessung auf Basis verlässlicher Fakten ist noch immer unverzichtbares Element jedes Kommunikationskonzepts.

4.1 Offline- und Onlinemedien verknüpfen

Push und Pull zu kombinieren, also das Zusammenspiel von Angebot und Nachfrage durch Kommunikation zu sichern, ist die hohe Kunst des Marketings. Push steht dabei für die Verbreitung einer Botschaft, Pull für die aktive Nachfrage durch die Konsumenten. Klassisch stehen Fernsehwerbung oder Flugblätter („Schweinebauchanzeigen") für Push-Kommunikation. Die richtige Botschaft, über ein Massenmedium verbreitet, gekoppelt mit klaren Informationen oder zusätzlichen Anreizen wie beispielsweise Preisnachlässen in einer Tageszeitung, erzeugt häufig den gewünschten Verkaufserfolg.

Die Aufgabe der Mediaplanung ist es, die richtige Kombination der einzelnen Medien zu erarbeiten und sicherzustellen. Mediaplanung muss Gewohnheiten und Verhalten der Zielgruppen präzise verstehen, um die werbliche Kreation und damit das Angebot zum richtigen Zeitpunkt, im richtigen Umfeld und im richtigen Umfang an die Nutzer zu kommunizieren.

Push und Pull funktionieren heute immer noch, allerdings ist die Kommunikation mit dem Konsumenten aus den bereits dargelegten Gründen sehr viel komplexer geworden. Veränderter Medienkonsum und der gewachsene Anspruch an die Kommunikation beeinflussen natürlich auch das Funktionieren und das Zusammenspiel von Pull und Push ganz erheblich. Mediaplanung muss daher in diesem neuen Umfeld mit sehr viel mehr Aufwand und Fokus auf Details betrieben werden. Mediaplanung verbindet auch heute noch Push und Pull durch den richtigen Mix verschiedener Medien; zur Königsdisziplin ist es dabei geworden, den richtigen Mix aus Offline- und Online-medien zu finden.

Das Internet kann sowohl Push- als auch Pull-Medium sein. Intelligente Onlinevideo- und Display-Kampagnen (z.B. kontextsensitive Banner, deren Botschaft automatisch an den Inhalt der Webseite angepasst wird), in den meisten Fällen ergänzt durch Werbung in Suchmaschinen, können gleichzeitige Markenattribute stärken und Abverkauf – online wie offline – treiben.

Am stärksten wirken Kampagnen, wenn Offline- und Onlinemedien gekonnt kombiniert werden. Und das in doppelter Hinsicht, denn zum einen werden die Kontaktchancen mit der Zielgruppe erhöht, zum anderen werden so jene Zielgruppen erreicht, die sich von den klassischen Medien wie Fernsehen oder Print bereits abgewandt haben.

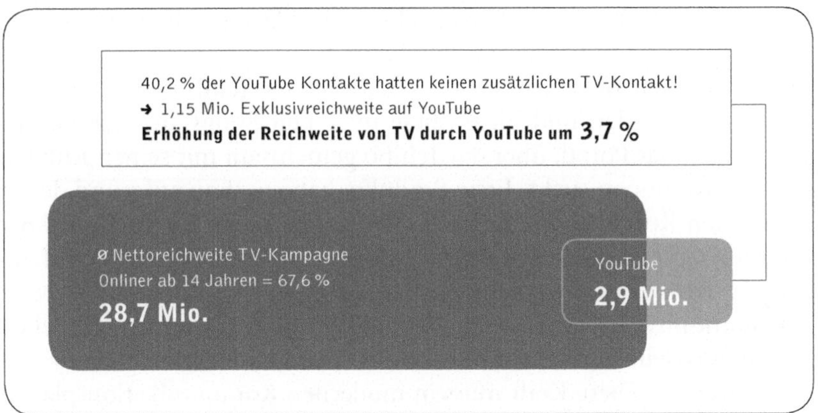

Abb. 5: Inkrementeller Reichweiteneffekt YouTube zu TV für vier Kampagnen, YouTube Budget-Anteil durchschnittlich 2-3% Quelle: GfK Effi cency Panel 2009

In einer umfangreichen Studie der GfK wurde festgestellt, dass YouTube zusätzliche Reichweiten realisiert und somit Menschen erreicht, die mit den klassischen Medien nicht mehr angesprochen werden können. Durch Onlinevideo kann sehr kosteneffizient exklusive Netto-Reichweite generiert werden. Mindestens genauso wertvoll sind jene Kontakte, die sowohl über Fernsehen als auch über YouTube erreicht wurden. Hat ein Verbraucher Kontakt mit beiden Medien, so liegt der gemessene Effekt signifikant über jenem, der bei Kontakt zu nur einer Mediengattung entsteht. Optimale Leistungswerte lassen sich eindeutig in der gemeinsamen Nutzung der Medien nachweisen.

4.2 Interaktivität fördern und nutzen

„Dell Hell", so bezeichnete ein verärgerter Kunde des Computerherstellers Dell dessen Kundendienst in einem Blog. Weitere frustrierte Blogger stimmten ein, und der Blog machte seinen Weg bis in das Wirtschaftsmagazin Business Week. Dells Reputation war beschädigt, und die Verkaufszahlen sanken. Das Unternehmen reagierte und gab dem Verbraucher die Chance zu direkter Kommunikation. „Direct2Dell" heißt die Plattform, die Dell kurze Zeit später mit „IdeaStorm" ergänzte – einem Forum, in dem Verbraucher Vorschläge machen und mit anderen Nutzern darüber diskutieren können.

Auf ähnliche Weise hat auch der Kaffeeröster Tchibo seine neuesten Produkte gefunden und bietet diese in seinen Shops an. „Tchibo-ideas.de" heißt das Portal, über das Tchibo gemeinsam mit seinen Kunden nach Innovationen sucht. Erste Produkte haben schon aufgrund der so erforschten Kundenwünsche ihren Weg in die Filialen gefunden. Aber auch über diesen ganz speziellen Nutzen hinaus stärkt das Portal zudem das Image des Unternehmens insgesamt.

Communitys haben also erheblich an Einfluss gewonnen. Sie leben von Interaktivität und Kommunikation – und können auch Innovationen antreiben. Diese Kraft muss in modernen Kommunikationsplänen genutzt werden. Die Meinung der Verbraucher nicht nur aus Fokusgruppen zu erfahren, sondern mit ihnen in einen dauerhaften Dialog zu treten, gehört in der Zwischenzeit zum 1x1 der Markenführung.

YouTube ist Onlinevideo und soziales Netzwerk zugleich. Große und kleine Communitys finden sich überall auf YouTube, jedes zweite Video wird bewertet, weitergeleitet oder kommentiert. Kommunikation mit anderen Nutzern, Interaktion mit Videoinhalten und intensive Beschäftigung mit der Plattform haben einen hohen Stellenwert. Von dieser Interaktivität können auch Werbungtreibende auf YouTube profitieren. Die Firma Otto hat im Frühjahr 2009 auf innovative Weise gezeigt, wie dieses Umfeld für neue Formen der Werbung genutzt werden kann. Ein interaktiver Werbespot auf YouTube hat den Konsumenten bis auf die Homepage und den Onlineshop des Versandhändlers geführt – und dort das jeweils beworbene Produkt direkt zum Kauf angeboten. Ohne jeden Medienbruch.

4.3 Virale Effekte vorbereiten

Was haben Moorhühner und die Babies vom Wasserabfüller Evian gemeinsam? Beide sind virale Stars im Internet. Die Evian-Roller-Babies wurden – in den unterschiedlichen Versionen, die auf YouTube zu finden sind – mehr als 20 Millionen Mal angesehen und über 50.000 Mal bewertet. Allein das „Making of"-Video hat mehr als zwei Millionen Views und der Evian Channel fast 12.000 Abonnenten. Ein großer Erfolg für das Unternehmen und die unterstützende Agentur, denn es ist wohl der Traum jedes Werbetreibenden, dass sich weltweit Millionen

Konsumenten freiwillig mit Produktwerbung beschäftigen. Diese Kampagne von Evian wurde auch in zahlreichen Medien kommentiert und als Musterbeispiel für virales Marketing präsentiert.

Abb. 6: Evian Roller-Babies

Grundsätzlich nützt virales Marketing die Kraft und Interaktivität von sozialen Netzwerken und Internetseiten wie Facebook oder eben YouTube, um Botschaften innerhalb der Community zu verbreiten. Virale Effekte können daher ein wichtiges und glaubwürdiges Element einer interaktiven und auf die Konsumenten fokussierten Marketingkampagne sein. Die positiven Effekte für eine Marke sind sicher enorm.

Aber selbstverständlich sind mit diesem Zugang auch Gefahren verbunden. Denn die „wisdom of the crowd", die Intelligenz der Webnutzer oder der Community als große Gruppe mit unterschiedlichen Interessen und Vorlieben, kann eine viral geplante Kampagne auch schnell als plumpen Werbetrick entlarven und damit eine negative Wirkung auf die Marke haben. Oder eine virale Kampagne „versteckt" die

Botschaft und den Absender so gut, dass zwar das Video Rekordzahlen auf YouTube erzielt, die beworbene Marke davon aber keinen Vorteil hat.

Früher haben Internetnutzer noch ganz begeistert fast jedes Video – meist per EMail – verbreitet, denn Videos waren Mangelware. Das ist heute anders. Auf Plattformen wie YouTube kann (fast) jeder Inhalt gefunden werden. Und die Schwelle für das Weiterleiten kommerzieller Inhalte innerhalb einer Community ist deutlich größer geworden, die Mitglieder der verschiedenen Nutzergruppen sind viel kritischer, anspruchsvoller – und auch verwöhnter. Wie schafft eine Marke also positive virale Effekte?

Neben den Kernanforderungen an potenzielle virale Stars – viel Kreativität, echter Nutzen für die aktiven und passiven Mitglieder der Community, der für den viralen Effekt sorgen soll, sowie eine hohes Maß an Ehrlichkeit und eine klare Abgrenzung zu verbotener unterschwelliger Werbung – können drei Methoden dazu dienen, virale Effekte vorzubereiten:

- Quick Testing
  Nicht Marketingleiter oder Artdirektoren entscheiden über die virale Eignung von Videos, sondern die Powernutzer des Internets. Denn diese Menschen sind oft die Meinungsführer einer Community. Ein schneller Test eines Konzepts mit Mitgliedern dieser Gruppe, eventuell nur für ein paar Stunden und mit groben Storyboards, kann eine Methode sein, um Elemente einer viralen Strategie zu testen, ohne den Überraschungseffekt zu verschenken. Auf YouTube sind die Powernutzer beispielsweise über die Video-Upload-Seite zu erreichen – denn die wirklich aktiven Mitglieder der Community laden auch regelmäßig Videos hoch. Auch die detaillierte Analyse „alter" Videos und deren Nutzung können wertvolle Erkenntnisse bieten. Im Fall von Evian kann aus Kommentaren des „Roller-Babies"-Videos viel gelernt und abgeleitet werden.
- Push Seeding
  Ein Video – und sei es auch noch so gut – einfach auf eine Plattform zu stellen und auf den viralen Effekt zu warten – das ist natürlich keine ernsthafte virale Strategie. Auch ausgezeichneter Content braucht einen starken Anfangsimpuls, um den erhofften Schneeballeffekt auszulösen. Evian hat beispielsweise die Homepage von YouTube genutzt, um einen solchen Impuls zu setzen. Vergleichbar

mit Spots im Fernsehen wurden auf der Homepage von YouTube Werbespots gebucht. Dabei stand der Spot auch nicht im Wettbewerb mit anderen Markenbotschaften im selben Werbeblock, denn die Homepage von YouTube kann pro Tag von nur je einem Werbungtreibenden gebucht werden. Damit konnte das Video sehr rasch verbreitet werden, und der virale Effekt wurde so initiiert. Zusätzlich kann mit der YouTube-Technologie ein Video sehr leicht auf anderen Webseiten eingebunden werden, um das Video zu den Nutzern zu bringen und so die virale Verbreitung zusätzlich zu unterstützen („seeding").

- Wave Riding
  Sobald die Welle des viralen Marketings läuft, kann die Begeisterung in der Zielgruppe für zusätzliche Kontakte und stärkere Penetration der Markenbotschaft genutzt werden. Zusätzliche Inhalte und Videos können die Werbestrategie ergänzen und die Effekte der Kommunikation maximieren. Evian hat im Zuge des Erfolgs der „Roller-Babies" den Evian YouTube-Brand Channel aufgebaut, auf dem ergänzende Inhalte, beispielsweise ein „making of" oder internationale Versionen des Spots angeboten werden.

Durch systematische Mediastrategien können virale Effekte auf YouTube effizient realisiert und deren Wirkung maximiert werden.

4.4 Erfolgskennzahlen ehrlich ermitteln

Transparenz und ehrlicher Umgang mit Zahlen ist die Grundvoraussetzung für kritische Erfolgsmessung von Werbekampagnen – das gilt natürlich auch für Web 2.0 Marketing auf und mit YouTube. Der große Vorteil von Onlinewerbung gegenüber Offlineaktivitäten – die Möglichkeit, durch die Messung von Click- und Besucherströmen den Verlauf und Erfolg einer Kampagne im Detail verstehen zu können – gilt selbstverständlich auch für YouTube. Werbung auf der Plattform – sogar auf der Homepage – kann mit eigenen Webseiten oder Onlineshops verbunden werden. Die Interaktivität von Web 2.0kann daher in vollem Umfang genutzt – und gemessen – werden. YouTube bietet ebenfalls wertvolle Erkenntnisse über die Zielgruppe für das Video, deren demografische Daten und Details über deren Interaktion mit dem Video.

- 30 Prozent aller YouTube-Nutzer haben sich registriert. Daher kann YouTube dem Eigentümer eines Videos oder eines Kanals sehr genau anonymisiert Auskunft über Geschlecht, Alter und Herkunft jener Nutzer geben, die mit dem Inhalt interagiert haben.
- Mit den umfangreichen Statistikfunktionen von YouTube kann analysiert werden, wie die Nutzer das Video entdeckt haben – um beispielsweise virale Effekte zu prüfen – und wie interessant das Video für sie war.

Die Kommentare der Nutzer zum Video oder zum YouTube-Kanal bieten zudem noch qualitative Informationen und offenes Feedback für die Werbungtreibenden.

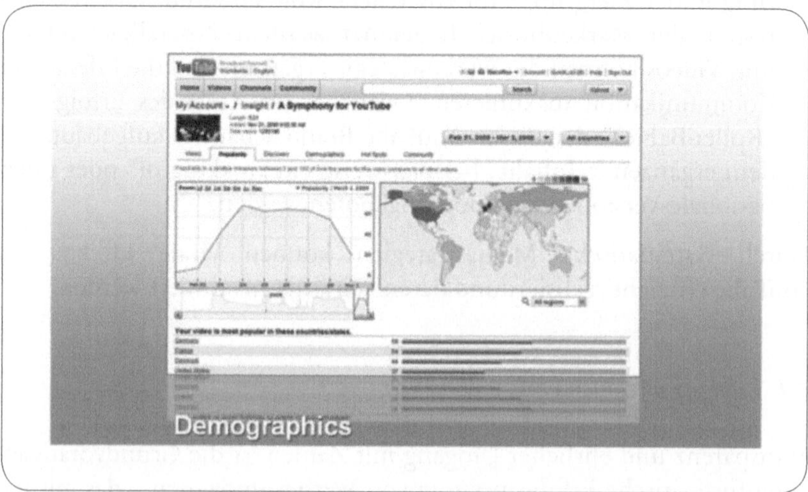

Abb. 7: YouTube Insights for Video

Durch die Kombination dieser quantitativen und qualitativen Erfolgsdaten bietet YouTube – um mit den Worten des renommierten Markenprofis Bernd Michael zu sprechen – den „tollsten Consumer Insight, den es überhaupt geben kann".

5 Fazit und Ausblick

Durch das geänderte Medienverhalten der Konsumenten werden neue Anforderungen an Marketing und Kommunikation gestellt. Konsumenten wollen Inhalte flexibel nutzen („My Time is Prime Time") und widmen sich mehreren Medien gleichzeitig – auch mit geteilter Aufmerksamkeit. Und aus Nutzern sind Produzenten und aktive Kritiker geworden, die Inhalte selbst erstellen, diese mit anderen teilen und auch an den Erkenntnissen anderer Nutzer teilhaben.

YouTube verbindet in diesem neuen Umfeld zwei der wichtigsten Trends im Internet. YouTube ist Onlinevideo-Plattform und soziales Netzwerk gleichermaßen. Pro Minute werden 20 Stunden neuer Inhalte auf YouTube hochgeladen, und die Hälfte aller Videos wird in der Community kommentiert, bewertet, weitergeleitet oder sogar mit Video-Antworten versehen. YouTube ist eine sehr große, globale, kreative und aktive Community. Große Marken und führende Organisationen nutzen daher auf YouTube Funktionalitäten und Community parallel, um die Anforderungen des neuen Marketingumfelds zu erfüllen und mit ihren Zielgruppen erfolgreich zu interagieren. YouTube ist für diese Werbungtreibenden wichtiger Bestandteil eines umfassenden Mediaplans, der Offline- und Onlinemedien verbindet, Interaktivität nutzt und fördert sowie virale Effekte vorbereitet.

In den nächsten Jahren werden die Nutzer diese mediale Vielfalt und diese Interaktion mit der Community nicht nur auf dem Computer, sondern im selben Umfang auch auf dem Mobiltelefon oder dem Fernseher fordern – und finden. YouTube hat diesen Weg zu „all screens" schon begonnen. Auf dem iPhone, vielen Android-Telefonen und auf vielen Fernsehgeräten ist YouTube bereits ganz einfach verwendbar. YouTube wird diese Entwicklung aktiv vorantreiben und durch laufende Innovation prägen. Damit wird YouTube auch in Zukunft eine spannende Community und ein attraktives Umfeld für innovative Werbungtreibende sein.

6 *Autorenfragen*

An welcher Stelle würden Sie gerne Ihren Lieblingsfilm stoppen und interaktiv eingreifen wollen?

De Buhr: Das Champions League-Finale Manchester United vs. Bayern München – da hätte ich rechtzeitig abgepfiffen.
Tweraser: Immer dann, wenn James Bond in seinem Aston Martin DB5 einen geheimen Knopf drückt und sich einen Spaß mit seinen bösen Verfolgern macht ..., da wäre ich gerne an seiner Stelle.

Welches Bewegtbildangebot im Netz empfehlen Sie gerne weiter und warum?

De Buhr: FC Bayern TV auf YouTube, der Austausch in der Community von BayernFans ist einfach großartig.
Tweraser: Kurzfilme auf YouTube für Kinder ..., da sitzen sie nicht Stunden vor dem Fernseher und haben trotzdem Multimedia pur, ganz nach ihren Wünschen.

Welche Vision verbinden Sie persönlich mit Bewegtbild im Internet?

De Buhr/Tweraser: Inhalte werden als Bewegtbild in hoher Qualität immer und überall verfügbar sein. Ich kann sie mit all meinen technischen Endgeräten auf derselben Plattform konsumieren und empfange nur Werbung, die relevant für mich ist.

Corporate Video - Bewegtbilder in der Unternehmenskommunikation

Thomas Mickeleit, Microsoft Deutschland, München

Wer im Jahr 2006 die These vertrat, dass Bewegtbilder in Gestalt eines internetbasierten Corporate TV über kurz oder lang die Unternehmenskommunikation beherrschen werden , konnte unter Journalisten und PR-Managern auf eine gehörige Portion Skepsis stoßen. Nur drei Jahre später schwärmen alle vom „Bewegtbildboom" (pr-guide): Immer mehr Internetmedien, TV-Sender, Verlage, PR-Agenturen und Wirtschaftsunternehmen versuchen, Bewegtbilder strategisch in ihre Kommunikationsangebote und Produkte zu integrieren.

Zwar haben PR-Manager und Öffentlichkeitsarbeiter, was das Knowhow und den Einsatz von Onlinevideos angeht, gegenüber Journalisten noch einen deutlichen Nachholbedarf, aber in einer Umfrage gaben im Jahr 2008 immerhin 40 Prozent der Pressestellen und PR-Agenturen an, dass ihr Unternehmen mit Video-Content arbeite. Und für 2009 wurde erhoben, dass rund zwei Drittel der Kommunikationsmanager in Europa davon überzeugt seien, dass Onlinevideos eine zentrale Rolle in Einsatzbereichen wie Kundenkommunikation, Medienarbeit und interner Kommunikation einnehmen werden.

Man sieht: Fast so schnell, wie sich Bilder bewegen, kann sich zuweilen der Mainstream ändern. Ich will in diesem Beitrag nachfassen und präzisieren: Vor dem Hintergrund neuer informationstechnologischer, soziostruktureller und kognitionspsychologischer Entwicklungen und Einsichten geht es mir erneut um die These, die Unternehmenskommunikation steuere auf ein audiovisuelles Leitmedium zu. Aber – so frage ich diesmal – kann man ein solches Bewegtbildmedium tatsächlich als „Corporate TV", als „Fernsehen" begreifen?

Meine Antwort lautet: Bewegtbildkommunikation in Unternehmen ist weder Fernsehen noch Video-Entertainment im Stil von YouTube & Co., sondern ein besonderes Drittes. Nennen wir dieses Medium Corporate Video.

1 Technologiesprung bereitet Boden für Corporate Video

Bis vor Kurzem noch – und in vielen Firmen bis heute – zählte die Produktion von Hochglanzbroschüren und Mitarbeiterzeitschriften, das Durchführen von Betriebsversammlungen und Pressegesprächen, zählten Telefonkonferenzen und Fax-Versand, E-Mail-Korrespondenz und Textgestaltung von Websites zu den Hauptbeschäftigungen von PR-Mitarbeitern in Agenturen und Unternehmen. Wenn man jetzt in der Kommunikationsbranche einen „Bewegtbildboom" verzeichnet, so haben wir es mit einer deutlichen Zäsur zu tun. Wie lässt sich diese Zäsur „von Print zu Video" erklären? In aktuellen P R-Publikationen stößt man in der Regel auf eine Erklärung, die auf den rasanten informations- und kommunikationstechnologischen Wandel verweist. In wenigen Stichworten rekapituliert: Die Produktions- und Verbreitungskosten für Onlinevideos sinken rapide; dank gewachsener Benutzerfreundlichkeit kann heute jeder halbwegs talentierte Zeitgenosse mit Camcordern, digitalen Fotoapparaten oder Handys Videobeiträge aufnehmen; jeder kann sie auf dem PC oder Laptop bearbeiten und per Mausklick im Internet veröffentlichen; jeder kann heute weltweit über leistungsfähige Breitbandverbindungen und multimediale Endgeräte solche Beiträge abrufen; leistungsfähige Verbreitungsplattformen wie YouTube oder MyVideo treiben diese Entwicklung voran; Internetfirmen und Telekommunikationsanbieter, Verlage und Fernsehsender versuchen, mit immer neuen Videogeschäftsmodellen[4] von diesem Boom im Internet zu profitieren – deshalb, so lautet die Begründung, müssten auch Wirtschaftsunternehmen auf diesen Megatrend reagieren.

Alles richtig und wichtig, aber eine fundamentalere Erklärung, warum sich gerade die Unternehmenskommunikation diesem informationsgesellschaftlichen Trend anschließen muss, bleibt hinter solchen Beschreibungen verborgen.

2 Nur im Einklang: Emotionen und Wissensvermittlung

Bei genauerer Betrachtung markiert diese Zäsur eine Neubewertung der kognitiven Funktion von Bewegtbildern. Nicht allein in der textfixierten „Gelehrtenwelt" der modernen Gesellschaft, auch in der völlig durchrationalisierten Wirtschaftswelt konnte über Jahrzehnte das Vorurteil gedeihen, Medien wie Film oder Fernsehen seien emotional und gefühlsorientiert, Medien wie Schrift oder Computer hingegen seien vernunft- oder verstandesorientiert. Ein Vorurteil, das dort, wo es fortwirkt, noch viele Unternehmen aus dem Wettbewerb katapultieren kann.

Zwar erlauben Film- wie Tonmaterial im Unterschied zum menschlichen Hör- und Sehapparat den Schnitt und eine Vielzahl von Manipulationen, die nahezu beliebig mit unseren Gefühlen, Affekten und unbewussten Reaktionen spielen können. Aus diesem Grund geriet die Film- und Fernsehwelt des 20. Jahrhunderts in den Verdacht, Individuen, Gemeinschaften und ganze Gesellschaften ihrer Realität zu entfremden, statt sich ihr annähernd zu helfen. „Agonie des Realen" konstatierten die bewegtbildkritischen Textliebhaber in Feuilletons und Philosophie.

Diesen Dualismus von rationalen und irrationalen, von vernunftgerechten und gefühlsorientierten Medien hat man im Mainstream der heutigen Medientheorie hinter sich gelassen. Auch Bewegtbilder – ob Film, Television oder Video – haben eine Erkenntnisfunktion. Sie erlauben eine äußerst schnelle, intuitive und assoziative Orientierung.

Sie versuchen, ein Herausdrängen des Affekts aus den Denkvorgängen zu begrenzen, was sich – wie die moderne Hirnforschung bestätigt hat – positiv auf die Genauigkeit und Nachhaltigkeit des Erinnerungsvermögens auswirkt.

Vereinfacht kann man davon sprechen, dass Bewegtbilder ein blitzartiges und emotional verstärktes In-Bildern-Denken hervorrufen. Im vergangenen Jahrzehnt haben sich weltweit Hunderte von Wissenschaftlern aus verschiedenen Disziplinen – im Zentrum stehen kognitive Psychologie, Neuro- und Sinnesphysiologie – an die Untersuchung gemacht, wie statische Bilder und Bewegtbilder im Internet wahrgenommen und optimiert werden können.[5] Wirtschaftsunternehmen, die in ihren Arbeits- und Kommunikationsprozessen die Erkenntnisfunktion von Bewegtbildern und die Forschungsergebnisse dieser Disziplinen ignorieren, werden in Zukunft nicht gerade zu den produktivsten und rentabelsten zählen.

3 Digital Natives übernehmen die Verantwortung

Betrachtet man die bisherige Entwicklung von Corporate TV, wird schnell klar, dass die Übernahme von Bewegtbildern in die Unternehmenskommunikation quasi im Analogieschluss ablief. Die in den PR-Teams und Kommunikationsabteilungen dominierenden Jahrgänge (in diesem Beitrag zur Vereinfachung auf die Generation der Babyboomer und Digital Natives reduziert) übertragen die technologischen Standards und Verhaltensweisen ihrer audiovisuellen Sozialisation auf die Unternehmenskommunikation.[6]

Als in den 1980er-Jahren einige wenige Konzerne in den Vereinigten Staaten von Amerika begannen, Imagefilme, Produktinformationen oder branchenspezifische Magazinbeiträge über Satellit auszustrahlen, war ihr Vorbild die professionelle Film- und Fernsehproduktion. Die in den Vorständen und Kommunikationsabteilungen tonangebenden Babyboomer scheuten keine Kosten, um deren Qualitätsstandards zu erfüllen. Europäische und deutsche Konzerne, etwa DaimlerChrysler oder die Deutsche Bahn, folgten rund ein Jahrzehnt später. Breite und Bedeutung hat diese traditionelle Form von Corporate TV jedoch nie gewonnen.

Mit dem Siegeszug von Internet und Intranet wendete sich das Blatt. Die rasante Entwicklung und der beständige Preisverfall von Multimedia- und Netzwerktechnologien ermöglichten es nun auch mittelständischen Unternehmen, in die Bewegtbildkommunikation einzusteigen. Zum eigentlichen Vorbild wurde das Web 2.0. Millionen von Jugendlichen in aller Welt gestalten sich seitdem ihr Abendprogramm bei YouTube, MyVideo oder ClipFish selbst, bewerten und kommentieren das Gesehene, stellen selbst produzierte Videos ins Internet – genau so oder ähnlich sehen heute viele Blaupausen für die audiovisuelle Unternehmenskommunikation aus. Die Generation der Digital Natives, sozialisiert im Zeitalter von Computer und Internet, rückt heute in die tonangebenden Positionen der Kommunikationsbranche ein und drängt auf Veränderung.

Sicherlich, wie anders als durch technologische Impulse und generativen Transfer aus ihrer medialen Umwelt ließe sich Unternehmenskommunikation auch anders entwickeln. Aber dennoch muss man die Grenzen solcher Vorbilder und analogen Blaupausen erkennen, wenn Investitionen nicht ins Leere laufen sollen. Wie das kostenträchtige Unternehmensfernsehen traditionellen Typs heute so gut wie ausgestorben ist (selbst Weltkonzerne stellen auf Videoproduktion und Web TV um), so gilt auch für die aktuellen Web 2.0-Kopien für Unternehmen, dass sie dessen kommunikative Funktionen nicht angemessen erfüllen können.

Allerdings – und dies zeigen Vergleichsstudien über Art und Dauer der Nutzung von Internetvideos und Fernsehen – ist die Welt des Web 2.0 den Erfordernissen einer audiovisuellen Unternehmenskommunikation wesentlich näher verwandt. Bekannt geworden ist vor allem die Unterscheidung zwischen dem „Lean-Back-Medium" Fernsehen und dem „Lean-Forward-Medium" Internet:

Fernsehen ist geprägt von einer eher passiven, reaktiven Konsumption. Ob es sich um Blockbuster, Daily Soaps oder Premium-Entertainment handelt: Nicht allein bei Kritikern, auch beim breiten Publikum selbst hat sich der Begriff der „Berieselung" festgesetzt. Fernsehen gibt ein Programmschema vor und erlaubt dem Zuschauer ein planvolles Sehen anhand fester Gewohnheiten und Abläufe. Wo das Gefühl der Befriedigung ausbleibt, beginnt das planlose Zappen und kurze Verweilen. Hilft auch das nicht weiter, bleibt nur noch der Off-Button.

Dieser Mediennutzung steht die Lean-Forward-Nutzung des Internets gegenüber. Nicht allein in der textförmigen Internetkommunikation, auch in ihren verschiedenen Bewegtbild-Varianten kann der Konsument mit dem Medium interagieren. Zum einen kennen die meisten Portale eine Zeitbeschränkung für Videos (häufig von maximal zehn Minuten), bis der Nutzer zu einer weiteren Interaktion aufgefordert wird. Zum anderen neigen die Nutzer von sich aus zu einer besonders aktiven Mediennutzung. Weil man schnell wissen will, worum es geht, werden selbst kürzeste Videos abgebrochen, wird zu anderen Videos gewechselt, wenn vermeintlich informativere oder prägnantere Alternativen im Angebot der Suchmaschine sind.

Die zweite wichtige Nutzungsdifferenz zwischen Internetvideos und Fernsehen wird durch den Begriff „Social Media" benannt. Dieser Begriff zielt auf die systematische und kontinuierliche Zusammenarbeit in sozialen Netzwerken und Netzgemeinschaften. Der individualistischen Struktur des Fernsehkonsums stehen die gemeinsam genutzten Plattformen des Internets gegenüber, die zum gegenseitigen Austausch von Meinungen und Informationen, von Erfahrungen und Selbstdarstellungen genutzt werden. Die Bedeutung von User Generated Content wächst gegenüber dem passivem Bewegtbildkonsum.

Kurzum: Videoplattformen sind in punkto Dynamik und Interaktion den Kommunika- tions- und Arbeitsprozessen in Industrie und Dienstleistung weitaus verwandter als das traditionelle Fernsehen mit seiner inhärenten Relax-Funktion.

4 Corporate Video ist kein Spassmedium

Auch wenn Bewegtbilder in Wirtschaftsunternehmen sehr unterschiedliche Funktionen wahrnehmen können – denken wir etwa an unterhaltsame Imagefilme, an didaktisch aufgebaute Schulungsvideos, an motivierende CEO-Clips, an informative Produktvideos für Journalisten oder Konsumenten – so gilt doch allgemein: Bewegtbilder in Wirtschaftsunternehmen haben nur sehr begrenzt mit Unterhaltung, sie haben in erster Linie mit Information, Motivation und Kooperation zu tun. Corporate Video ist kein Spaßmedium wie YouTube oder Sat.1, sondern ein Arbeitsmedium, das Geschäftsprozesse verbessern, betriebliche und überbetriebliche Kollaborationstechniken unterstützen, Leistungsbereitschaft erhöhen und – intern wie extern – über das Unternehmen, seine Produkte und Leistungen informieren soll.

Um diese Funktionen adäquat zu erfüllen, reicht es nicht aus, diverse Videoclips oder Imagefilme ins Intranet oder auf die externe Website des Unternehmens zu bringen, hin und wieder Videokonferenzen unter Mitarbeitern oder mit Pressevertretern zu schalten, periodische Nachrichtensendungen oder aber Videotheken für abrufbare Produkt- und Dienstleistungsinformationen online zu platzieren. Viele PR-Manager überbewerten die bloße Addition solcher Instrumente bereits als Top-Auftritt der audiovisuellen Unternehmenskommunikation.

Nicht Addition, sondern das kontinuierliche und systematische Zusammenspiel von Intranet, Knowledge Management und Bewegtbild-Kommunikation macht das Spezifische von Corporate Video aus. Wie beim Internet allgemein haben wir es bei Corporate Video mit einem „Mega-Medium", mit einem von Bewegtbildern dominierten Allround-Medium zu tun, in welchem Videos, Texte, Ton, Grafik etc. je nach Arbeitsund Kommunikationsaufgabe zusammengeführt werden müssen.[7]

Betrachten wir die drei Hauptkomponenten dieses Mediums im Einzelnen:

- Intranet
  Das Intranet der dritten Generation umfasst Portale, in denen über die Rolle, die jemand in einem Unternehmen einnimmt, personalisierte, bedürfnisgenaue Informationen bereitgestellt werden, die dieser jeweiligen Rolle entsprechen. In diesem rollenbasierten Kommunikationsmodell hat jeder Mitarbeiter Zugang zu allem, was notwendig ist, um seine Rolle optimal ausfüllen zu können. Auf diese

Weise ist das Intranet zu einem erstrangigen Produktivitäts-Pusher von Wirtschaftsunternehmen geworden. Der Intranet-Access schließt den Internet- Access ein.

- Videokommunikation
  Kein Lean-Back-Konsum wie bei der konventionellen Television, sondern eine produktive und kooperative Lean-Forward-Aktivität, wie wir es aus dem Web 2.0 kennen: Zielgerichtete Suche nach Doku- und Infostreams, selbstverständlich alles on Demand; Live-Streamings mit Stoppfunktion und Zeitversetzung; Video-Telefonie und Instant Messaging mit Video-Streams; kollaborative Videokonferenzen mit Rich-Media-Screens – kurzum alle Varianten, welche die Erkenntnisleistung von Bewegtbildern, wie wir sie oben beschrieben haben, in die internen und externen Kommunikationsprozesse von Unternehmen transportieren können. Es geht um eine emotional verstärkte, sinnlich erweiterte Information und Motivation, um eine intuitive und assoziative Beschleunigung von Wissensvermittlung und Kooperationsprozessen.
- Knowledge Management
  Nachdem sich herkömmliche Datenbankkonzepte als ungenügend erwiesen hatten, richtete sich die Aufmerksamkeit der Wissensmanager in den Unternehmen auf die nutzergetriebenen Modelle und Formate des Web 2.0, die man heute unter dem Schlagwort des Social Networking zusammenfasst: Weblogs, Wikis, RSS- Techniken usw. Ob es sich um vereinfachte Collaboration-Services, um kollektive Dokumentations- und Bewertungsverfahren, um spezielle Suchmaschinen oder vereinfachte Abodienste handelt – alle diese Innovationen wandern derzeit in die Netzwerke der Unternehmen und verbessern dort die Wissenskommunikation.

Solche Technologien werden in Zukunft die wichtigste Rolle in den IT-Strukturen der Unternehmen spielen. Mit einer bloßen Übernahme vereinzelter Web 2.0-An- wendungen ist es allerdings nicht getan. Microsoft zum Beispiel versucht, mit seiner Sharepoint-Plattform den besonderen Anforderungen der Interaktion und Kollaboration in Unternehmen gerecht zu werden: Im Kern handelt sich um eine einheitliche Plattform für Wissensarbeiter, auf der die unterschiedlichsten Informations- und Arbeitsprozesse, die heute noch unstrukturiert oder isoliert voneinander ablaufen, auf der Basis einer systematischen Integration von Web 2.0-Anwendungen verknüpft werden – was zu rasanten Produktivitätssteigerungen führen kann.

5 Medienresonanz und Reichweite sind der Maßstab

Wie es sich für ein Allroundmedium gehört, kann Corporate Video die unterschiedlichsten Aufgaben erfüllen: In dem einen Unternehmen wird es vorwiegend zur internen Kommunikation, in dem anderen eher als Vertriebsmedium für Kunden und Geschäftspartner genutzt. Hier dient diese Plattform der betrieblichen Ausbildung, dort zur Produkt- oder Presseinformation. Einmal sehen wir vor allem CEO-Livestreamings, dann wieder Nachrichten- oder Informationssendungen im regionalen Umfeld des Unternehmens. Und immer häufiger werden wir es als alle Geschäftsfelder und alle Unternehmensfunktionen umfassendes Leitmedium erleben.

Anders jedoch als beim additiven Wildwuchs audiovisueller Einzelmaßnahmen und Instrumente geht es bei Corporate Video um ein integriertes, auf die zentralen Unternehmensziele ausgerichtetes System. Niemand, der für die Unternehmenskommunikation in der Verantwortung steht, kommt in den nächsten Jahren um diese strategische Aufgabe herum. Aber wie man die Lösung dieser Aufgabe nicht auf der eingefahrenen Bahn einer „Integrierten Unternehmenskommunikation" mit konventionellem Branding und einprägsamem Corporate Design finden kann, so wird zugleich die Kontrolle des Video-Outputs weitaus schwieriger, als es für den Print-Output von anno dazumal galt.

Geht es im internen Einsatz von Corporate Video um Produktivitätsgewinne und Corporate Identity, so zählen in der externen Kommunikation in erster Linie die Erfolgskriterien, Medienresonanz und Reichweite. Wer mit seinen Videobeiträgen nicht allein in einer begrenzten Unternehmens- und Fachöffentlichkeit, sondern auch in populären sozialen Netzwerken, auch auf den großen internationalen Videoplattformen und in den Medienportalen von Verlagen und Fernsehsendern reüssieren will, – und darum wird es in Zukunft immer häufiger gehen[8] –, wird dies nicht mit konventionellem Produkt-Footage und epischen Imagefilmen erreichen. In den Netzwerken und auf den Videoplattformen des Internets entscheiden die Lean-Forward-Nutzer – ob es sich um recherchierende Journalisten oder um private Surfer handelt – schon innerhalb weniger Sekunden, ob ein Weiterschauen lohnt oder ob man abbricht. Nur äußerst prägnante und glaubwürdige, je nach Thema spannende, witzige oder informative Kurzbeiträge von ein bis zwei Minuten haben hier eine Chance, den Flaschenhals der individuellen Selektion zu durchqueren. Wer danach mehr und Genaueres erfahren will, für den stehen Langversionen auf der Unternehmenswebsite bereit.

Das externe Einstellen von Videobeiträgen ist zugleich mit beträchtlichen Risiken behaftet – vor allem, dass auf den populären Plattformen und in den offenen Portalen einlaufende Video-Clips permanent bewertet und kommentiert werden – möglicherweise negativ. Solche Clips lassen sich mit etwas Know-how auch weiterbearbeiten – und möglicherweise verfälschen. Die PR-Manager in Unternehmen und Agenturen stehen also in den kommenden Jahren nicht allein vor der Herausforderung, neue Professionalisierungsstandards für die Videokommunikation, sondern zugleich neue Kontrollmechanismen und Evaluationstechniken zu entwickeln.

6 *Corporate Video wird Leitmedium der Unternehmenskommunikation*

Auch wenn wir es mit einem Medium zu tun haben, das das Experimentierstadium noch lange nicht verlassen hat, so steht doch eines außer Zweifel: Über kurz oder lang wird Corporate Video zum Leitmedium der Unternehmenskommunikation werden. In der einen Branche schneller, in der anderen langsamer; in dem einen Unternehmen mehr, in dem anderen weniger – am Ende, dies lehrt uns nicht zuletzt die Film- und Fernsehwelt des 20. Jahrhunderts, haben die Bewegtbildmedien noch immer gesiegt. Ich kann mich hier auf die drei entscheidenden Argumente beschränken.

Keine Organisation kann sich ohne Realitäts- und Einflussverluste vom allgemeinen Trend der Mediengesellschaft abkapseln. Wo nicht nur reine Online-Redaktionen, sondern alle Zeitungs- und Zeitschriftenverlage, alle Fernsehsender und selbst Radiosender mittlerweile auf ihren Websites mit Bewegtbildern arbeiten, kommen auch Wirtschaftsunternehmen nicht um die Vorhaltung und das Einstellen von Firmen- und Produktvideos, nicht um die Infrastruktur zu möglichst aktuellen Beiträgen und Live-Statements herum. Ebenso – und für die externe Kommunikation nicht weniger bedeutsam – wird in Zukunft kein Unternehmen auf die Möglichkeit verzichten können, Zielgruppen unmittelbar (ohne Einbindung von Journalisten) mit Bewegtbildern anzusprechen.

Nicht weniger schlagkräftig ist das Kostenargument: Wenn regional oder weltweit verstreute Adressaten erreicht und motiviert werden sollen, wenn lokalen Belegschaften von 1.000 und mehr Mitarbeitern informiert werden sollen, steht außerFrage, dass die preiswerte Medienlösung in der Regel teuren Versammlungs- oder Face-to-Face-Lösungen überlegen ist. Mit den sinkenden Übertragungskosten der Netzkommunikation steigt der Grenznutzen von Corporate Video rasant an.

Von gleicher Bedeutung ist das soziostrukturelle Argument: Wie eine Onlinestudie von ARD und ZDF aus dem Jahr 2008 ergab, rufen 92 Prozent der 14- bis 29-Jährigen im Internet Videos ab und schauen live oder zeitversetzt Fernsehsendungen im Netz.[9] Nicht nur das traditionelle Fernsehen und die traditionellen Printmedien, auch Wirtschaftsunternehmen stehen vor dem Problem der Erreichbarkeit jüngerer Generationen, ob es sich um eigene Mitarbeiter oder um junge Käuferschichten, um regionale Nachbarschaftsinitiativen oder weltweit vernetzte NGOs handelt. Wer diese Generationen erreichen will, muss ihre Sprache sprechen – und ihre Kommunikationstechnologien beherrschen.

Oder etwas salopp formuliert: Je mehr sich die Generation der Babyboomer in Richtung Pensionsalter bewegt, je mehr sich die Generation der Digital Natives in den Unternehmen breitmacht, umso souveräner und profitabler wird Corporate Video funktionieren.

7 *Autorenfragen*

An welcher Stelle würden Sie gerne Ihren Lieblingsfilm stoppen und interaktiv eingreifen wollen?

Bevor Harold in „Harold and Maud" seinen zum Leichenwagen umgebauten E-Type von der Klippe stürzt. Das schmerzt einfach.

Welches Bewegtbildangebot im Netz empfehlen Sie gerne weiter und warum?

BMW TV, weil mit Microsoft Silverlight zu höchster Perfektion gebracht.

Welche Vision verbinden Sie persönlich mit Bewegtbild im Internet?

Ich wünsche mir meine Tageszeitung auf einem Display, das in seiner Haptik an Papier erinnert. Und à la Harry Potter Laufen statt statischer Fotos Videos. Das wäre die Vereinigung der alten mit der neuen Technologiewelt. Amen.

8 *Quellenverzeichnis*

1 Mickeleit, T.: Corporate Village – Fernsehen als Leitmedium der Unternehmenskommunikation; in: Mickeleit, T.; Ziesche, B. (Hrsg.): Corporate TV – Die Zukunft des Unternehmensfernsehens. Berlin 2006, S. 11–28.

2 Zerfaß, A.; Mahnke, M. ; Rau, H.; Boltze, A.: Bewegtbildkommunikation im Internet – Herausforderungen für Journalismus und PR, Ergebnisbericht der Bewegtbildstudie 2008, Universität Leipzig, S. 21. Vgl. http://www.bewegtbildstudie.de, (letzter Abruf 12. 05. 09).

3 Zerfaß, A.; Mahnke, M.: Von Print zu Video? Bewegtbild im Internet als Herausforderung für die Unternehmenskommunikation; in: prmagazin Heft 1, 2009, S. 59.

4 Vgl. dazu Ha, L. S.; Ganahl III, R. J. (Hrsg.): Webcasting Wordwide – Business Models of an Emerging Global Medium; Erlbaum, L. Ass.Inc.; Mahwah, N. J., London 2007

5 Einen vorzüglichen und praktisch nutzbaren Überblick über den Forschungsstand gibt Goldstein, S.: useye – Usability. Eyetracking. Bewegtbild. Vgl. http://www.useye.de.

6 In dieser Skizze müssen und können die wesentlich komplexeren generativen Transfers von IT-Kompetenz in die Wirtschaftsunternehmen hinein vernachlässigt werden. Dass in vielen Unternehmen das Ausscheiden der Babyboomer nicht allein informationstechnologische Innovationen, sondern zugleich erhebliche Wissensverluste mit sich bringt – die durch moderne Knowledge-Management-Technologien kompensiert werden können – sei hier angemerkt.

7 Vgl. zum Folgenden meine früheren Beiträge: Megamedium Intranet, Unternehmenskommunikation – Eine Disziplin definiert sich neu; in: Dörfel, L. (Hrsg.): Interne Kommunikation; Berlin 2007. Ebenso: Das Intranet der Dritten Generation – Ein Blick in die Zu-

kunft der virtuellen Unternehmenskommunikation; in: Piwinger, M.; Zerfaß, A. (Hrsg.): Handbuch Unternehmenskommunikation, Wiesbaden 2007.

8 Vgl. dazu insbesondere Miller, M.: YouTube for Business – Online Video Marketing for Any Business, Indianapolis 2008.

9 Van Eimeren, B.; Frees, B.: Bewegtbildnutzung im Internet. Ergebnisse der ARD/ZDF-Onlinestudie; in: Media Perspektiven Heft 7, 2008, S. 350 ff.

Markenführung in Sozialen Medien - Neue Wege zum Konsumentenherz

Marc Mielau, BMW Group, München
Axel Schmiegelow, sevenload, Köln

1 Einleitung

Weltweit unterliegt die Medienlandschaft einer Trendwende, die unabwendbar durch technologischen Fortschritt und kommunikationsfreudige Menschen vorangetrieben wird. Der einzelne Nutzer rückt in den Mittelpunkt des Geschehens. Das sogenannte Web 2.0 hat sich von einer Technologierichtung zu einer neuen, durchaus eigenständigen Medienform entwickelt. Social Media gilt heute als Massenphänomen des 21. Jahrhunderts.

Social Media ist vornehmlich durch die Inhalte der Nutzer geprägt. Ob Text, Bild, Audio, Video, Bewertungen, Kommentare oder Empfehlungen innerhalb eines persönlichen Netzwerks – nutzergenerierte Inhalte können in jedweder digitalen Medienform publiziert werden. Meinungen von Konsumenten, Amateurproduktionen, aber auch professionelle und kommerzielle Inhalte verbreiten sich binnen Sekunden im Internet und zunehmend auch in anderen digitalen Kanälen wie mobilen Endgeräten und interaktivem Fernsehen. Die Verbreitung folgt dabei weder den Distributionsplänen der Medienhäuser, noch lässt sie sich von Mediaplanern zähmen. Sie folgt den sozialen Mustern von Interessens- und Lebensgemeinschaften, die unvermittelt und kaum beeinflussbar danach entscheiden, was ihnen wertvoll oder aus sonstigen Gründen empfehlenswert erscheint.

Schlüsselbegriff für diese Verbreitung ist die Relevanz, insbesondere die soziale Relevanz. Jeder Verbreitungsschritt ist ein kleiner Akt des Bekenntnisses, der Veröffentlichung im wahrsten Sinne des Wortes. Durch die sehr niedrigen Eintrittsbarrieren für diese „Prosumenten (Produzent und Konsument)" ist die Veröffentlichung von nutzergenerierten Inhalten verhältnismäßig einfach. Die bekannten „Gatekeeper" in Unternehmen, Verlagshäusern oder TV-Sendern büßen zunehmend ihre Rolle als Filter ein. Die Grenzen zwischen Sender und Empfänger verschwimmen zunehmend. Selektion und Konsum der Inhalte sind Entscheidungen des Nutzers, nicht mehr des Programmdirektors.

Social Media steht durch sein Potenzial der Zusammenarbeit der Nutzer insbesondere für Interaktion und Kollaboration – und ist gleichzeitig eine Herausforderung an Unternehmen und ihre Marken. Die Markenführung kann nicht mehr ausschließlich über die klassischen Kanäle der Markenkommunikation erfolgen: Die Broadcast-Kommunikation entwickelt sich zu einer individuellen Singlecast-Kommunikation, der Dialog zwischen Marke und Kunde erfolgt auf Augenhöhe mit der Zielgruppe.

Die neue Erlebniswelt dieses partizipierenden Prosumenten wird dabei durch drei wesentliche Faktoren beeinflusst: Personalisierung, Selektion und soziale Interaktion.Die typischen Konsumenten der Medienlandschaft sind zunehmend die Anpassung von Internetangeboten an ihre Präferenzen (Personalisierung) und eigene Bestimmbarkeit (Selektion) von Inhalten und software-gestützten Dienstleistungen gewohnt. Die ubiquitäre Verfügbarkeit von Produkten per Bestellung auf einfachen Mausklick verstärkt die Grundhaltung des Konsumenten, zunehmend unabhängig von Distributions- und Kommunikationsstrukturen herkömmlicher Art zu sein. Es zählt nicht mehr, ob ein Produkt nur bei einem bestimmten Elektronikmarkt zu finden ist oder ob die besten Informationen zum Hi-Fi-Kauf in einem Spezialmagazin existieren. Der Konsument entzieht sich der Distributionskontrolle und tauscht darüber hinaus noch Meinungen und Informationen mit anderen Konsumenten aus (soziale Interaktion).

Die Regeln werden für die Markenwelt neu definiert, und die handelnden Akteure sind nicht nur die Marketingentscheider, sondern auch die Endkunden. Das Internet bietet allen Nutzern die Möglichkeit, genau das zu bekommen, was sie wollen, wann immer sie es wollen und sooft sie es wollen. Damit erwartet der von den üblichen Gepflogenheiten des Internets geprägte Konsument das Gleiche vom Fernsehen, das in den letzten Jahrzehnten in nahezu jedem Haushalt ein tief verwurzelter Bestandteil der Informationsbeschaffung war. Weiterhin erlaubt die zunehmende Verbreitung von Hochgeschwindigkeits-Breitbandanschlüssen endlich die notwendige bidirektionale Kommunikation als Voraussetzung für den lang ersehnten Feedback-Kanal, den es im klassischen Fernsehen nie gab. Das stellt die Markenkommunikation vor neue Herausforderungen.

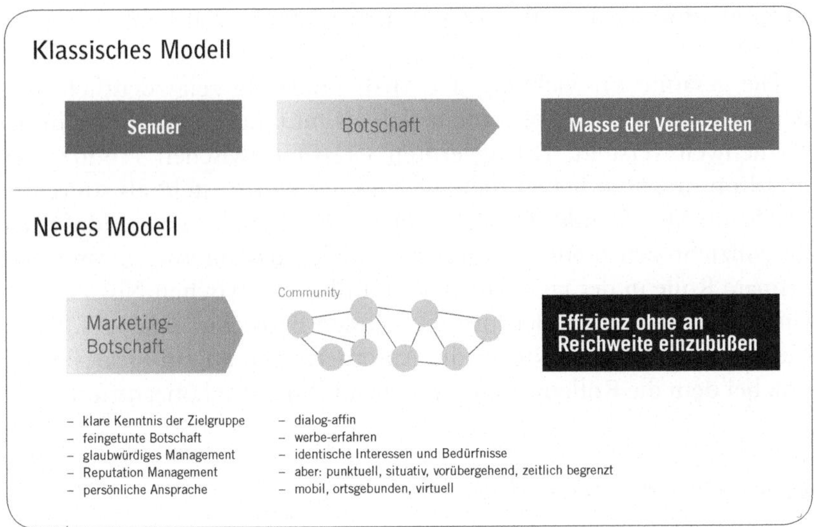

Abb. 1: Kommunikationsmodell Social Media

Das Internet wird dabei über die Telefonleitungen, Stromleitungen, frei nutzbare Hotspots und über das Mobilfunknetz für jeden Konsumenten immer einfacher und bequemer nutzbar, und der Konsument steuert seinen Teil zum Informationsgefüge bei. Ferner werden neue Inhalte zunehmend digitalisiert angeboten, was die Suche, Beschaffung und Speicherung der Daten vereinfacht. Standardisierte Verfahren helfen beispielsweise dabei, dass Videoplattformen die Videos im Flash-Format für nahezu jedes erdenkliche Endgerät bereitstellen können. Günstige Videoschnittsysteme und Softwarepakete ermöglichen die einfache Produktion von digitalen Medieninhalten, sodass die eigentliche Kreativarbeit und die Distribution für den produzierenden Konsumenten, den Prosumenten über Social Media leichter werden als jemals zuvor. Neben professionellen Filmstudios erfüllt nahezu jeder Mensch die Voraussetzung, durch Webcams, digitale Camcorder oder Mobiltelefone mit integrierten Kameras zu einem kleinen Produzenten zu werden, sodass eine nahezu unüberschaubare Menge an Inhalten zum Informationsangebot des Internets beigesteuert werden kann. Die Einfachheit der Videoproduktion und das Überangebot an Breitbandanschlüssen formt die Grundlage für die Prosumenten, das „one-to-any"-Modell der Fernsehsender zu einem „many-to-any"-Modell von

Videoplattformen und ihren Communitys gesellschaftlich fest zu etablieren.

Die gesamte Entwicklung der Mediennutzung zeigt deutlich, dass der klassische Medienkonsument sich als mündiger Teilnehmer in der Medienwelt versteht. Die gelernten Grenzen zwischen Produzenten und Konsumenten heben sich auf, und der Nutzer steht als souveräne Macht im Mittelpunkt des Geschehens. Der digitale Generationswechsel vollzieht sich demnach immer schneller, das Internet nimmt eine primäre Rolle in der täglichen Kommunikation zwischen Nutzern und Unternehmen ein, auf der fortschreitenden Basis eines Dialoges. Social Media erfüllt für den Nutzer die Anforderungen an ein ideales Medium, bei dem die Rollenverteilung sich auf ihn selbst konzentriert.

2 Herausforderung Social Media

Die Beschwörung von Social Media als Faktor der Veränderung hat nicht nur etwas mit verändertem Mediennutzungsverhalten zu tun. Es ist als Phänomen im Grunde nichts fundamental Neues. Social Media ermöglicht, beschleunigt und erleichtert vor allem eines: den jahrtausendealten Austausch mit Gleichgesinnten und Freunden zur Meinungsbildung.

Damit greift Social Media nicht nur in die Markenwahrnehmung ein, soziale Medien beeinflussen direkt den Meinungsbildungsprozess, der typischerweise auch wiedernäher an das eigentliche Produkt und den Kaufentscheidungsprozess rückt. Mag ein Herr Kaiser in der Werbung noch einem Automobil mit Surfbrett entsteigen, entscheidend für die Notwendigkeit einer Versicherung für junge Surfer wird vielmehr die Diskussion hierüber bei StudiVZ sein.

Im Sinne der klassischen Lehre finden Kaufentscheidungen auf emotionaler Ebene statt und sind allgemein betrachtet schwierig an einem Individuum nachzuvollziehen. Das vereinfachte Modell des Kaufentscheidungsprozesses lässt sich nur auf eine Gruppe von Individuen anwenden: Nachdem der Konsument einen Bedarf wahrgenommen hat, beginnt er mit der Informationssuche. Er vergleicht die verschiedenen Alternativen und bewertet die ihm zur Verfügung stehenden Informationen, um sich schließlich für den Kauf eines bestimmten Produkts zu entscheiden. Der Konsument entscheidet, welche Reize wahrgenommen und verarbeitet werden, bis die damit symbolisierten Werte einer

Marke als Dienstleistung in Anspruch genommen oder als eigentliches Produkt gekauft werden. Der einzelne Konsument bleibt dabei mit seinem Kaufentscheidungsprozess immer ein unberechenbarer Faktor für die klassische Markenkommunikation, die auf der emotionalen Ebene den Kaufabschluss bedingen möchte. Bislang konnten klassische Medien relativ zuverlässig – wenn auch meist mit hohen Streuverlusten – homogene soziale Gruppen ansprechen und diese emotionale Basis ansprechen.

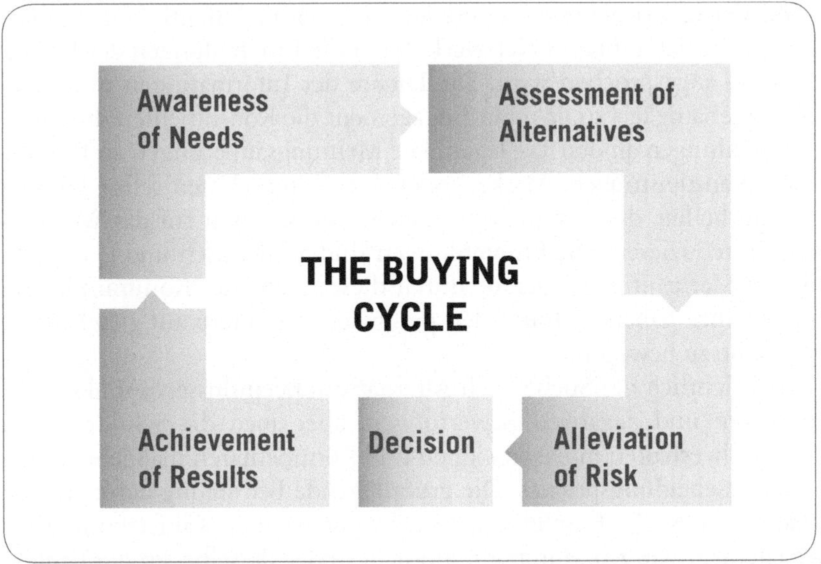

Abb. 2: Der Kaufentscheidungsprozess

Social Media setzt durch die interpersonellen Beziehungen zwischen den Nutzern auf Netzwerkeffekte mit authentischem Informationswert und den offenen Dialog. Die Empfehlungen von Freunden und Bekannten, aber insbesondere auch von unbekannten aber glaubwürdigen Nutzern des Produkts in Form von Bewertungen oder Ratings sowie Kommentaren tragen wesentlich zur eigentlichen Kaufentscheidung bei und sind damit schon relevant für den klassischen Marketingtrichter. Während der Informationssuche und -bewertung wird dem Konsumenten schon ein Vergleich anhand von Erfahrungswerten anderer Nutzer mitgeteilt. Ebenfalls bewirkt Mund-zu-Mund- Propaganda innerhalb geschlossener und offener Gruppen auf Social Networks die

Entwicklung von Erfahrungswerten. Doch welche Empfehlungen kann der Konsument annehmen, welche sollten selektiert und gefiltert werden, welche Empfehlungen sind wahrhaft und glaubhaft? Beim Kaufentscheidungsprozess sind vor allem drei Berührungspunkte hierfür ausschlaggebend: Die Suche nach Informationen, der Vergleich von Alternativen und das Verhalten nach dem eigentlichen Kauf.

Die Empfehlungen von Freunden und Bekannten in Form von Mund-zu-Mund-Pro- paganda hatten schon immer einen hohen Stellenwert innerhalb von Gesellschaft, Gruppen und Netzwerken. Social Media erweitert dieses Netzwerk auf die gesamte Öffentlichkeit, sodass ein wesentlich größeres Netzwerk durch die Empfehlungen der Konsumenten angesprochen wird. Die Dichte der Informationen nimmt in ihrer Genauigkeit zu, je mehr Engagement die Konsumenten durch die Empfehlungen an den Tag legen. Die Meinungsäußerungen zu Produkten, Dienstleistungen, Marken oder den Unternehmen selbst können zudem helfen, die Komplexität mancher Botschaften auf das Wesentliche zu reduzieren. Die Empfehlungen sind authentisch und glaubhaft, wobei Markeninhaber gerade durch diese Ebene der Kommunikation die Chance haben, sich mit den potenziellen Käufern auf gleicher Augenhöhe zu bewegen.

Hinsichtlich der Suche nach Alternativen beeinflussen vor allem die positiven und negativen Bewertungen, aber auch die Schilderungen von Sachverhalten in Diskussionen und Kommentaren maßgeblich den Kaufentscheidungsprozess. Die grundlegende Bedingung definiert sich dadurch, dass die Empfehlungen dem potenziellen Käufer kompetent erscheinen, wie z.B. durch ein ähnliches oder dasselbe soziale Umfeld des Empfehlenden oder durch weitere Vertrauen schaffende Übereinstimmungsmerkmale. Der Austausch innerhalb von Diskussionsforen oder Kommentaren in (Micro-)Blogs wie z.B. Twitter und innerhalb von Social Networks wiederum besitzt einen weitaus höheren Einflussfaktor als eine Empfehlung über Bewertungen, da die Diskussionsbreite und tiefe sehr viel stärker ausgeprägt sein kann. Die Nutzerinteraktion wird dabei durch immer tiefere Formen der sozialen Interaktion bestimmt, nicht nur durch den Austausch von Hinweisen und Empfehlungen, sondern durch

- das Vernetzen mit Gleichgesinnten auch bei Reklamationen,
- das gemeinsame Produzieren von Alternativen wie bei Reiseinformationen

- und sogar durch ökonomische Aktivität bei Shoppingportalen und Auktionsverkäufen.

Für den Einfluss auf das Verhalten nach dem Kauf bietet Social Media vor allem eine einfach zu handhabende und in ihrer Aussage weitreichende Möglichkeit der Meinungsäußerung. Insbesondere Personen mit hoher Reputation fungieren als Experten für bestimmte Themen und können über ihren starken Einfluss auf bestimmte Käufergruppen zusätzliche Entscheidungen forcieren. Die Reichweite dieser meinungsbildenden Kräfte wächst entsprechend mit dem Vernetzungsgrad dieser einzelnen Experten innerhalb diverser Netzwerke. Zukünftig kann Social Media durch optimierte Kommentar-, Bewertungs- und Diskussionsfunktionen den Stellenwert für die Kaufentscheidung noch stärker prägen, sofern jene Funktionen auf technischem Niveau jederzeit portalübergreifend nutzbar sind. Social Media nimmt vor allem bei erklärungsbedürftigen, innovativen und sehr technischen Produkten und Dienstleistungen einen hohen Stellenwert als Recherchequelle für potenzielle Käufer ein. Durch die Tatsache, dass das Internet als digitales Gedächtnis nahezu keine Information vergisst, ebnet dieser Ansatz den Weg für das Long-Tail-Prinzip. Andere Käufer haben sich mit dem Produkt beschäftigt und involvieren wiederum den potenziellen Käufer auf seiner Suche nach Informationen.

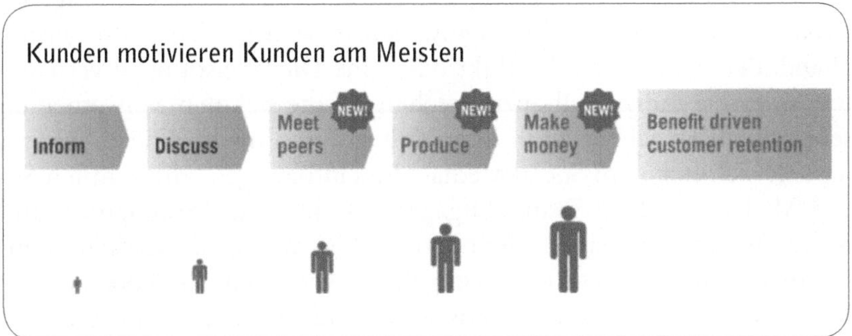

Abb. 3: Kunden motivieren Kunden

Die Meinung von auf diese Weise zum Zwecke der Meinungsbildung Nahestehenden, aber auch von realen Freunden wirkt sich demnach direkt auf die Markenwahrnehmung und die Kaufentscheidung aus.

Der Kontrollverlust hinsichtlich der Einflussnahme auf Konsumenten durch klassische Werbung muss von Markeninhabern ausgeglichen werden, indem das neue Medium Social Media aktiv in der Markenkommunikation eingesetzt wird. Marken können über Social Media ein positives Image erzeugen, indem ihre Präsenz innerhalb der Plattformen und Portale an die Bedürfnisse der Marken angepasst ist – solange sie dabei authentisch bleiben. Die Tragödie sozialer Medien ist, dass ein schlechtes Produkt nicht mehr durch effektvolle Werbung gestützt werden kann. Die Wahrheit kommt durch Erfahrungsberichte binnen Stunden ans Licht.

Diese Entwicklung ist auch nicht mehr begrenzt auf wenige gesellschaftliche Schichten. Seit der allgemeinen Verbreitung von Plattformen – wie z.B. StudiVZ, SchülerVZ und MeinVZ, aber auch solcher Portale, die in der weniger medial versierten breiten Bevölkerung Anklang finden wie Wer-Kennt-Wen – sind mehr als 60 % aller Menschen mit Onlinezugang Mitglied in solchen Netzwerken. Hinzu kommt, dass Meinungseinträge zunehmend auch von Suchmaschinen gefunden werden und damit auch jene erreichen, die sich nicht für Social Media erwärmen können.

Das hehre Ziel des Brand Engagements setzt auf die emotionale und rationale Beziehung zwischen der Marke und ihrer Zielgruppe respektive den Produkten und ihren Konsumenten. Mittlerweile nutzen potenzielle Kunden unzählige Kanäle zur Informationsbeschaffung, sowohl online als auch offline. Deswegen ist es hier nicht mehr ausreichend, den Kunden ein Produkt oder eine Dienstleistung zu vermarkten, ohne sie individuell anzusprechen. Heute nehmen Konsumenten sehr schnell Social Media in ihren Alltag auf, oftmals ohne zu wissen, dass sie sich in einem Social-Media- Umfeld bewegen. Hinsichtlich Social Media unterliegt Brand Engagement mit den Prosumenten und Kommunikatoren daher veränderten Bedingungen. Markenverantwortliche müssen diese neue Umgebung verstehen, ihr Potenzial für sich berechnen und dieses effektiv nutzbar machen, um den Prosumenten in seiner Kaufentscheidung und in seinem Markenbewusstsein positiv zu beeinflussen.

Die Nutzer werden zu „Brand Evangelists", die selbst aktiv in die Kommunikation mit anderen Konsumenten einsteigen. Sie gelten durch ihr Engagement in Social Networks zunehmend als „Social Influencer". Sie schreiben Nachrichten und informieren andere in ihren Microblogs wie Twitter, bei Facebook oder anderen Lifestream-Anbietern. Ein Großteil der Besucher dieser Portale besteht aus Lesern, nur eine Handvoll von Nutzern betreibt die Kommunikation aktiv. Aber gerade auf sie kommt es an, denn sie sind in der Lage, durch ihr Engagement eine breite Leserschaft anzusprechen und maßgeblich zu beeinflussen.

Sowohl Prosumenten als auch Kommunikatoren, die über ihren Blog mit der Öffentlichkeit kommunizieren, beeinflussen als Meinungsbildner die gesamte Bevölkerung. Die Kommunikation findet entweder auf globaler Ebene, auf nationaler Ebene oder in Nischenräumen statt. Sie kann auch Schnittmengen bilden, weil die Übergänge der Kommunikationsräume für Social Media aufgrund der weltweiten Vernetzung des Internets frei sind. Die neuen Konsumenten entwickeln eine Affinität zu persönlichen Netzwerken und Informationsquellen, um sich über neue Produkte und Dienstleisstungen zu informieren. Indem Prosumenten und Kommunikatoren in teilweise redaktionellen Umfeldern über die Marken kommunizieren, bedarf es im Brand Engagement hierfür eines erhöhten Maßes an Transparenz und einer stärkeren Verbindung zu diesen Meinungsmachern. Heute vertrauen Konsumenten medialen Marketingaktivitäten von Unternehmen grundsätzlich weniger, wenn sie sie überhaupt wahrnehmen.

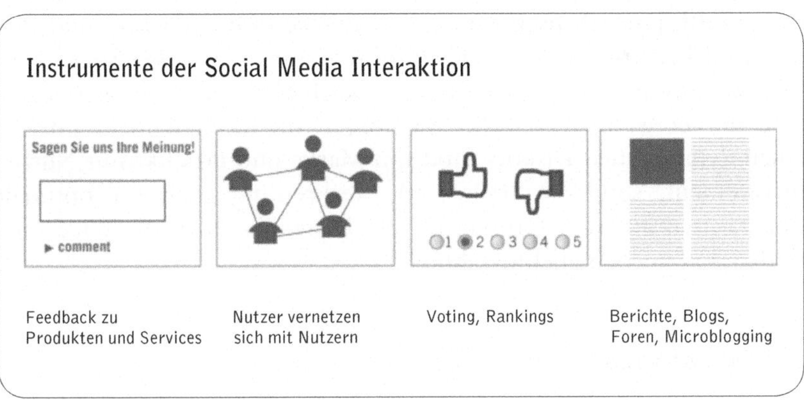

Abb. 4: Instrumente der Social Media Interaktion

Insbesondere die Präsenz von Marken innerhalb Social Media ist noch zu neu, um eine konkrete Aussage zu treffen. Jedoch bleibt festzuhalten, dass das traditionelle „Top-Down-Branding" immer stärker an Bedeutung verliert, während Social Media als interaktives und kollaboratives Medium an Einfluss gewinnt.

Das „Top-Down-Branding" entwickelt sich von einer inszenierten Botschaft durch die Markenkommunikatoren zu einer als objektiv empfundenen Meinung, die von einem anderen Nutzer mit ähnlichen Interessen oder soziodemografischen Eigenschaften kommt. Begibt sich die Marke auf dieses Feld, steht sie somit auf Augenhöhe mit den Nutzern. Dabei könnte das Unternehmen als aktiver Kommunikator niemals selbst diese Entwicklung so beeinflussen, wie es in den klassischen Medien der Fall ist, wo jede Botschaft vorbereitet und entwickelt werden kann. Nutzer vertrauen anderen Nutzern und ihren Botschaften. Indem sie diese wiederum selbst weiterleiten und einen Multiplikator-Effekt einleiten, werden sie selbst zu Markenkommunikatoren (Brand Evangelists).

Insbesondere innerhalb von Social Networks sind gut platzierte Markencommunitys der Kristallisationskern für Brand Evangelists, die sich über markengeführtes Branded Entertainment von den Marken und Produkten überzeugen lassen. Plattformen wie sevenload zeigen, dass sich rund um das Thema Video und WebTV schnell eine dynamische Community aufbauen lässt.

Ob virale Webisodes bei Sprites „Green eyed world", Anleitungsvideos bei OBI, journalistisch geprägte Einblicke in die Marken- und Produktwelt bei BMW-web.tv oder Produktdemos bei Nokia Sneak TV - Videoinhalte spielen bei integrierten Social- Media-Marketingstrategien eine immer wichtigere Rolle. Sie sorgen im Idealfall nicht nur für einen dynamischen Diskurs rund um Marke und Produkt mit Nutzerinvolvement, sondern durch virale Verbreitung auch für optimale Reichweiten und die Optimierung des Pageranks sowie die Wiederauffindbarkeit bei den Suchmaschinen.

3 Erfolg mit Social Media

Die Konversationen über Marken, Produkte und Dienstleistungen sind sehr stark in die nutzergenerierten Inhalte von Social Media integriert. Oft sind sich die Prosumenten und Kommunikatoren gar nicht darüber bewusst, dass sie sich mit den Marken aktiv beschäftigen und wie sie beeinflusst werden, während sie sich in Social-Media-Umfeldern über ihre Markenerlebnisse austauschen. Indem Prosumenten und

Kommunikatoren die Marke aus eigenem Antrieb beeinflussen und damit stark verändern können, können Marken binnen weniger Stunden in Social Media eine neue Markenfacette erhalten oder einer kritischen Betrachtung unterzogen werden. Der klassische Marketingtrichter, bei dem die Qualifizierung von Zuschauern von der Menge aller potenziellen Angehörigen einer Zielgruppe zu spezifisch Interessierten und über generell Informierte bis hin zu Käufern und Mehrfach-Käufern abgebildet ist, wird durch Social Media aufgebrochen. Diese Veränderung bedeutet, dass die Steuerung der Informationen und Werbebotschaften in Konsumentenhand liegt, die Qualifizierung aus Sicht von Unternehmen also ungesteuert und wechselhaft erfolgt.

Marken können dieser Entwicklung nur entsprechen, wenn sie selbst Teilnehmer im Dialog werden. Brand Engagement muss hier durch erhöhte Transparenz und Authentizität im Dialog mit den Konsumenten ein hohes Maß an Emotionalität erzeugen, sodass Markenaffinität und -loyalität wieder auf den richtigen Kurs gebracht werden. Dies erreicht man, indem Authentizität, Flexibilität, Bedürfnisgerechtigkeit, Verlässlichkeit, Verbindlichkeit und rasche Reaktionszeit als Kernerfolgsfaktoren jeder kommunikativen Interaktion beachtet und erfolgreich umgesetzt werden. Die folgenden zehn Regeln sollten dabei befolgt werden:

Unternehmen müssen

- Prosumenten und Kommunikatoren als meinungsbildende Kräfte erkennen.
- aus ihren Reaktionen frühzeitig positive und negative Effekte für den Marketingtrichter ableiten können.
- verstehen, dass wichtige Meinungsbildner erst am Ende des Marketingtrichter relevant werden und die potenziellen Käufer vollkommen neu beeinflussen können.
- den Einfluss durch Offlineaktivitäten, die durch Prosumenten und Kommunikatoren erzeugt werden, richtig bewerten und nicht unterschätzen.
- den Konsumenten mit Social Media helfen und sie in ihrem Markenbewusstsein unterstützen.
- dauerhaften Einsatz in Social Media zeigen, auch nach dem Ende einer Kampagne.
- mangelnde Glaubwürdigkeit durch Transparenz und Authentizität in Social-Me- dia-Umfeldern ausgleichen.

- die Grundregeln von Authentizität, Aktualität, Offenheit, Dialog und Nutzenvorteilen statt werblicher Kommunikation und Nähe zur Marke als Kundenerlebnis beherrschen.
- mit Social Media auf emotionaler Ebene einen Zugang zu ihrem Produkt schaffen, um den Dialog zu etablieren.
- alle relevanten Medienformen berücksichtigen und nicht nur Textinformationen oder Anzeigen bieten. Sie sollten für den Nutzer ein Erlebnis mit einem hohen Maß an visuellen Reizen und Relevanz durch Bewegtbild-Kommunikation und soziale Interaktion schaffen.

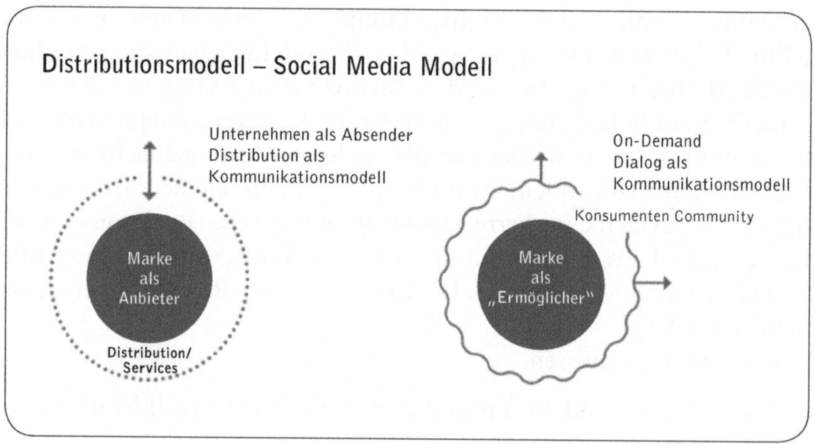

Abb. 5: Distributionsmodell/Social Media-Modell

Dies bedeutet, dass die Marke im Dialog mit dem Endkunden von einem Distributionsmodell zu einem Dialogmodell wechseln muss, sie muss den Konsumenten als aktiven Teil des Markenerlebnisses verstehen. Das Kommunikationsmodell muss sich von einem reinen „Broadcast" bzw. einem Distributions- oder Mediaplanungsmodell zu einem Plattformgedanken umformieren, bei dem die Marke der „Ermöglicher" der Konsumenteninteraktion wird.

4 Das Beispiel BMW TV

BMW hat sich früh und mitgestaltend an der Entwicklung der Neun Medien beteiligt. Der Markenkern „Freude" muss immer auch im übertragenen Sinne als Anspruch an die Markenkommunikation verstanden werden. Mit einer breiten Produktpalette rund um zentrale Markenwerte spricht BMW seit jeher sehr unterschiedliche, durch gemeinsame Werte verbundene Käufergruppen an. BMW als eine der führenden internationalen Marken kann damit rechnen, global einen hohen Grad an emotionaler Interaktion und Brand Engagement zu erreichen.

Schon bei der Einführung privater Werbung im Fernsehen hat sich BMW zügig und erfolgreich dem damals neuen Medium gestellt, um die emotionalen Aspekte der Marke und des Fahrerlebnisses zu vermitteln. Deshalb war es zu erwarten, dass BMW sich ebenfalls sehr offen im Umgang mit viraler Kommunikation im Internet und der Chance von Bewegtbildkommunikation im Netz zeigen würde.

Schon mit BMWfilms.com schrieb BMW für sich ein Stück Werbegeschichte. Dort wurden klassische Erfolgsfaktoren wie ein berühmter Regisseur und ansprechende Stars mit herausfordernden neuen Formaten und Kurzepisoden kombiniert, die über eine völlig neuartige Distribution online verbreitet wurden.

Mit der Etablierung neuer Web TV-Formate im Jahr 2007 startete BMW zunächst als Pionier mit BMW TV und revolutionierte die Markenkommunikation innerhalb der deutschen Automobilindustrie.

Zur Präsentation im Internet wurden eigene TV-Beiträge produziert und als hauseigenes Web TV-Angebot in den Markenauftritt integriert. Der Ausbau dieser Pionierleistung durch die internationale Plattform BMW-web.tv zur Internationalen Automobil-Ausstellung (IAA) 2007 in Frankfurt kombinierte Social Media und die wesentlichen Elemente von Interaktion und Kollaboration mit den eigentlichen Markenprodukten. Für den deutschen Werbemarkt und insbesondere im gesamten internationalen Automarkt gilt diese Integration der redaktionellen Inhalte, u.a. in

Facebook, Twitter, YouTube und sevenload als Meilenstein der Markenführung im Internet. Durch die Möglichkeit für den Nutzer, die Videos über die frei verfügbaren Embedding- und Sharing-Funktionen in ihrem eigenen Autoblog oder in anderen Social Networks zu verbreiten, konnte BMW eigene Brand Evangelists gewinnen. Zusätzlich zu dem aktiven Seeding der Filmbeiträge über YouTube, dem sevenload-Kanal oder in der gesamten Blogosphäre starteten die Brand Evangelists sinngemäß eine eigene Markenkommunikation, die sich intensiv mit den vermittelten Botschaften auseinandersetzte und einen positiven Imagegewinn für BMW erzeugte. Indem die Inhalte kontinuierlich weiterentwickelt wurden, schaffte BMW einen außergewöhnlichen Zugang zur Marke. Exklusives „behind the scenes"-Material, neu digitalisiertes Archivmaterial sowie detaillierte Erläuterungen und aktive Kommunikation von wichtigen, komplexen Zusammenhängen wie „BMW EfficientDynamics" bildeten für die Brand Evangelists eine unerschöpfliche Quelle an Informationen zur Marke. Durch die kostenfreie Bereitstellung des Web TV-Angebots von BMW-web.tv konnte eine erfolgreiche internationale Online-Markenwelt – nicht nur für Markenliebhaber und Markenfans – erzeugt werden.

Nach einer zweijährigen Betaphase führt BMW pünktlich zur IAA 2009 das deutsche und internationale Portal zu einem neuen IPTV-Angebot unter www.bmw.tv zusammen. Das neue Portal ist das Ergebnis aller während der Zeit gesammelten Erfahrungen des Unternehmens. Die Einbindung von Social Media kann auch als Erfolg durch den aktiven Dialog mit den Brand Evangelists in Form von direktem Feedback von Markenliebhabern und Markenfans gewertet werden. Für die Entscheidungsfindung und den erfolgreichen Kaufprozess bietet das Portal zudem breit gefächerte Informationen für Interessenten und Kunden. Neben der Blogosphäre und den Brand Evangelists versorgt die neue internationale Plattform vor allem die Markt- und Händlerseite mit aktuellem Videomaterial und Informationen über den Mutterkonzern. Gleichzeitig sorgt die Redaktion des neuen BMW TV-Angebots für die gezielte Verbreitung der Videobeiträge auf Social-Media-Netzwerken wie YouTube, sevenload, Facebook und Twitter.

Im Sinne des „Mitmach-Internets" wartet BMW TV für die Nutzer mit zahlreichen neuen Funktionen auf. Videos in High-Definition-Qualität lassen auch im IPTV-Portal Freude aufkommen. Interaktive Elemente wie klickbare Videos informieren direkt über die jeweiligen Fahrzeuge und andere Produkte, die innerhalb des Videobeitrags zu sehen sind. Zusätzlich bietet ein Fahrzeugvisualizer zusammen mit der zentralen Bewegtbildkomponente eine hohe Dynamik und Intensität des Onlineerlebnisses. Typische Funktionen aus Social Media – wie die Verschlagwortung von Beiträgen, Bewertungen sowie das Versenden und Weiterempfehlen der Inhalte – bieten den Nutzern ein hohes Maß an Interaktivität. Brand Evangelists bleiben stets über alle

Neuerungen informiert, indem neben dem regelmäßigen Newsletter alle Inhalte über kostenlos abonnierbare RSS-Feeds verfügbar sind. Das neue BMW TV zeigt unter www.bmw.tv ein innovatives IPTV-Angebot für die internationale Automobilbranche. BMW setzt hierdurch die gezielte Ansprache von Interessenten und Kunden, den aktiven Dialog mit Brand Evangelists und die erfolgreiche Markenführung innerhalb des herausfordernden Social-Media-Umfelds fort.

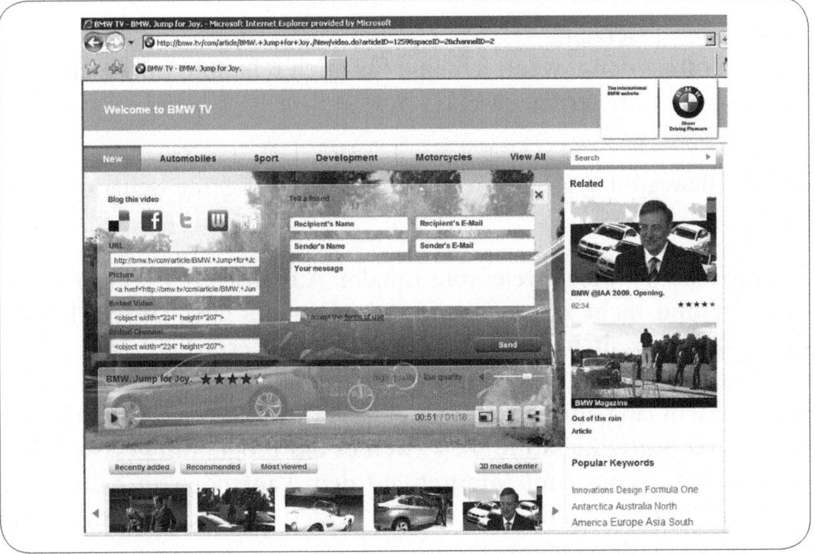

Abb. 6: Startseite BMW.TV

5 Fazit

Social Media ist eine Herausforderung für jede Markenkommunikation, die nur zum Nachteil der Marke ignoriert werden kann. Alle Marken – vom Joghurt bis zum Energieversorger – müssen sich diesem neuen Umfeld stellen und das Potenzial sozialer Netzwerke in ihre Marketingstrategie einbinden. Konsumenten tauschen Meinungen aus und beeinflussen sich wechselseitig, erleichtert durch digitale Medien. Markenkommunikation hat eine Chance, diese Entwicklung anzunehmen und für sich zu nutzen, wenn sie den Konsumenten authentisch, ehrlich, flexibel, offen, wertstiftend und verlässlich im Dialog gegenübertritt. Im Grunde ist dieser Fortschritt in der Markenkommunikation vergleichbar mit Freundschaften, die sich positiv entwickeln. In diesem Sinne ist die Zeit der sozialen Medien vielleicht die Zeit einer neuen, ehrlichen Freundschaft zwischen Marke und Konsument.

6 *Autorenfragen*

An welcher Stelle würden Sie gerne Ihren Lieblingsfilm stoppen und interaktiv eingreifen wollen?

Schmiegelow: Jederzeit.
Mielau: Immer dann, wenn ich eine für mich relevante Information sehe und diese vertiefen möchte.

Welches Bewegtbildangebot im Netz empfehlen Sie gerne weiter und warum?

Schmiegelow: sevenload: relevante Inhalte, Austausch der Nutzer untereinander und nicht zuletzt ein funktionierendes Geschäftsmodell für Content-Produzenten und Werbekunden gleichermaßen. Und außerdem macht es Spaß!
Mielau: Mein langjähriger Internet-TV-Favorit war Mobuzz TV http://en.wikipedia.org/wiki/MobuzzTV, weil es das Programm geschafft hat, mich täglich in nur fünf Minuten auf dem Laufenden zu halten und mich mit Inspirationen zu versorgen. Leider wurde die Plattform am 19. November 2008 eingestellt.

Welche Vision verbinden Sie persönlich mit Bewegtbild im Internet?

Schmiegelow: In fünf Jahren werden wir nicht mehr zwischen Bewegtbild und Webseiten, zwischen TV und Internet, zwischen Interaktivität und Broadcast unterscheiden: Eine Vielzahl von Endgeräten und Netztechnologien wird ein gemeinsames digitales Netz ermöglichen, das mit bewegten Bildern stets interaktiv, sozial vernetzt und jederzeit verfügbar ist.
Mielau: Die totale Konvergenz und die Chance, jeden Sachverhalt einfach und unterhaltsam sowie immer und überall vermitteln zu können.

Anmerkung

Der Beitrag entstand mit wertvoller Unterstützung von Griffel, Sandra; Schnoor, Mike und der Fachgruppe Social Media des BVDW.

Personal Brands als zentrales Element der PR-Kommunikation

Michael Huh, Daimler, Stuttgart

1 Einleitung

Vor Kurzem wurde ich gegoogelt. Nicht von einem Geschäftspartner, der meine beruflichen Kontaktdaten benötigte, sondern von einer flüchtigen Bekannten, die ich bei gemeinsamen Freunden zu einem Abendessen traf. Sie hatte sich im Vorfeld über die weiteren Gäste informiert und führte bei dieser Gelegenheit voller Interesse ein Gespräch mit mir über meine beruflichen Werdegang und aktuelle Projekte (recherchiert in XING), meine privaten Hobbys (Facebook) und mein ehrenamtliches Engagement für Gewaltprävention an Grundschulen (Schul-Homepage). Selbst eine Klassenfahrt nach Trier im Jahr 1979 mit meiner Lateinklasse (Blog eines ehemaligen Lateinlehrers) blieb ihr nicht verborgen! Überrascht von solch tiefen Einsichten einer nahezu Fremden in mein persönliches Leben habe ich es mir mittlerweile selbst zum Prinzip gemacht, meine Gesprächspartner vor persönlichen Treffen einer Internetrecherche zu unterziehen.

Das Internet hat sich zu einem probaten Informationskanal entwickelt, um sich ein Bild von anderen zu machen. Auf möglichst vielen und unterschiedlichen Internetseiten werden Fakten, Motive und Einstellungen von und über Personen gesammelt, ausgewertet und zu einem Personenimage zusammengefasst. Dabei entsteht ein vorgeprägtes Bild, das es uns erlaubt, aktuelle Handlungen und Äußerungen unseres Gegenübers besser beurteilen zu können und mögliche Reaktionen auf unsere eigenen Kommunikationsabsichten genauer einzuschätzen. Diese Vorgehensweise hilft, Komplexität in unserem Leben zu minimieren und Unsicherheiten im gesellschaftlichen Austausch abzubauen.

Innerhalb weniger Jahre hat das Internet unser gesellschaftliches Kommunikations-, Informations- und Interaktionsverhalten revolutioniert. Das Internet wird nicht nur als umfassendes Recherchetool genutzt, sondern entpuppt sich im Gegenzug mehr und mehr als weltumspannende Plattform zur Selbstdarstellung. Was bislang nur wenigen Auserwählten durch die Vermittlung der klassischen Medien Print, Hörfunk und TV vorbehalten blieb, steht nun jedem Internetnutzer offen – die weltweite Veröffentlichung der eigenen Meinungen, aber auch Kenntnisse, Qualifikationen und Talente und damit die Chance auf eine weitreichende öffentliche Wahrnehmung der eigenen Person – 24 Stunden am Tag, 7 Tage die Woche, rund um den Globus.

2 Der Trend zur Selbstdarstellung im Internet und die Entwicklung von Personal Brands

Das Angebot im Internet an Kommunikationsplattformen und -instrumenten zur Selbstdarstellung wächst rasant. Zu den aktuell bedeutendsten zählen u.a.:

- Elektronische Tagebücher, sogenannte Blogs, in denen persönliche Erlebnisse und Meinungen auf eigenen Internetseiten veröffentlicht werden.
- Private Kurznachrichten, auch als Micro-Blogs bezeichnet, die in Sekundenschnelle über Internetplattformen wie Twitter weltweit verschickt und von Interessierten abonniert und zeitgleich empfangen werden können. Das Kunstwort „twittern" hat sich innerhalb kürzester Zeit bereits im Sprachgebrauch verankert.
- Private Videofilme, die auf speziellen Internetportalen wie YouTube veröffentlicht und einem Milliardenpublikum zugänglich gemacht werden.
- In Social Communities wie Facebook oder MySpace können Mitglieder detaillierte Personenprofile (Alter, Hobbys, Lebenslauf etc.) einstellen, ihre Kommunikationsaktivitäten wie Blogs, Micro-Blogs oder Videos bündeln und in direktem Kontext mit ihrem persönlichen Steckbrief vermarkten. Damit repräsentieren diese Plattformen die bislang weitreichendste Umsetzung einer personalisierten Kommunikation im World Wide Web.

Hatten sich Social Communities zunächst als Kommunikationsplattform für den privaten Austausch verstanden und unter dem Begriff „Web 2.0" etabliert, zeigen sich mittlerweile eindeutige Trends zur professionellen Nutzung dieser Plattformen.

Vor allem bekannte Persönlichkeiten aus der Unterhaltungsindustrie nutzen Facebook und andere Portale, um sich bei ihrer Fangemeinde besser zu positionieren. Mittlerweile suchen aber auch Politiker im Web 2.0 die direkte Kommunikation mit ihren Anhängern, um ihre Botschaften und Programme eindeutig mit ihrer Person in Verbindung zu bringen. US-Präsident Barack Obama ist ein prominentes Beispiel. Er aktivierte einen großen Teil seiner Wähler unmittelbar und direkt via Facebook. Sein Steckbrief vermittelt einen Überblick über seine persönliche Vita und seinen beruflichen Werdegang. Kurze, aktuelle Informationen weisen auf politische Veranstaltungen hin. In seinen Blog-Einträgen berichtet Obama über persönliche Erlebnisse während seines Wahlkampfes und informiert über sein persönliches Engagement für sein Programm. Videofilme dienen als authentische Belege dafür, dass Obama nicht nur verspricht, sondern auch handelt.

Die dadurch erzielte Mobilisierung von Obamas Wählern war enorm. Sein Erfolg zeigt, dass die im Internet eingesetzten Instrumente in ihrer kommunikativen Schlagkraft in

Bezug auf Reichweite, Schnelligkeit, Informationsgehalt und Überzeugungsfähigkeit mittlerweile den Instrumenten des etablierten Mediensystems mindestens gleichzusetzen sind. Dieses Beispiel belegt auch, dass die Möglichkeiten zur Selbstdarstellung im Internet immer stärker professionell aufgegriffen werden, um zielgerichtet Personen als Marke zu positionieren. Das Internet wird zum globalen Schaufenster für Personal Brands.

3 Personal Brands in der Unternehmenskommunikation

Den Trend zum Personal Branding wird auch die klassische Unternehmenskommunikation als Chance begreifen. Hinter jedem Produkt, hinter jeder Dienstleistung und jedem Programm steckt ein kluger Kopf, den man öffentlichkeitswirksam im Sinne des Unternehmens nutzen kann. Personal Brands können – intelligent aufgebaut und glaubwürdig inszeniert – die Dachmarke des Unternehmens nachhaltig durch ihre Einstellungen, Handlungen, Motive und Aussagen im öffentlichen Image unterstützen und stärken. Auch intern werden durch Leitfiguren vorgelebte Verhaltensweisen von Mitarbeitern eher akzeptiert und übernommen als theoretisch verordnete Verhaltenskodexe.

Die stärkere Nutzung von Personal Brands in der Unternehmenskommunikation erfordert ein weitreichendes Umdenken der PR-Verantwortlichen. Es wird nicht mehr ausreichen, die handelnden Akteure lediglich als Mediatoren, also als Sprachrohre für Unternehmensbotschaften in ihrer Unternehmensfunktion einzusetzen. Unternehmensbotschaften müssen zukünftig noch stärker auf einzelne Personen ausgerichtet und abgestimmt werden, um die Werte einer Unternehmensmarke auch in ausgewählten Personenmarken abzubilden und im Sinne des Unternehmens zu nutzen. So müssen die persönlichen Eigenschaften der Handelnden mit ihren funktionalen Aufgaben in Zusammenhang gebracht und in einem stimmigen und nachvollziehbaren Image einer Person konzentriert werden. Darauf aufbauend können PR-Kommunikatoren spezifische Handlungen und Aussagen einzelner Akteure initiieren, die in ihrer Ausgestaltung gesamtheitlich als Rolle definiert werden können.

Das bedeutet: Wurde bislang im Hinblick auf die Printmedien noch überwiegend schwarz-weiß und zweidimensional mit Schwerpunkt „Fakten" kommuniziert, so ist die neue Bühne der PR bunt, personen- und handlungsorientiert. Dem Themengebiet entsprechend interagieren auf den öffentlichen Plattformen des Internets politische, wirtschaftliche oder gesellschaftliche Funktionsträger im Sinne ihres ihnen zugedachten Images. Vom Rezipienten wahrgenommen werden nicht nur die verbalen Äußerungen, sondern auch die konkreten persönlichen Ausgestaltungen der Images durch die spezifischen Handlungen der Akteure. Entscheidend für den Erfolg der PR- Kommunikation sind nicht nur Inhalte, sondern auch die Klarheit und Einprägsamkeit des Images eines Akteurs und das spannende, emotionale Handeln der Beteiligten.

4 Personal Brands in der Strategischen Kommunikationsplanung

Die Übernahme von Personal Brands in die PR-Arbeit von Unternehmen kann sich nicht auf den Einsatz einzelner PR-Instrumente beschränken, wenn eine medienübergrei- fende, synergetische und konsistente Kommunikation erreicht werden soll. Vielmehr wird eine Definition des Images und der relevanten Handlungssets, also den „Rollen", bereits in die strategische Kommunikationsplanung einfließen. Hinterfragt und festgelegt werden nicht nur Kernbotschaften, Zeitpunkte und Örtlichkeiten, sondern auch die jeweiligen Rollen der handelnden Akteure, die mit der Funktion innerhalb des Unternehmens, aber auch mit dem persönlichen Profil der Handelnden korrespondieren müssen. Unternehmer sind keine Schauspieler und sollen es auch nicht sein. Daher ist die Identifikation der Akteure mit ihrer Rolle und ihre konkrete persönliche Umsetzung von besonderer Bedeutung für die Glaubwürdigkeit und letztendlich für den Erfolg dieses PR-Modells.

Als Basis für ihre strategische Planung werden Unternehmenskommunikatoren künftig ein grundlegendes Set der für ihr Unternehmen relevanten Rollen erarbeiten. Hierzu bietet sich eine Unterteilung in

- Leadership-Rollen,
- Experten-Rollen und
- Vorbild-Rollen

an, die – mit idealtypischen Eigenschaften versehen – im Einklang mit den Unternehmenswerten stehen. In einem zweiten Schritt werden die Rollen dem Kommunikationsthema entsprechend genauer definiert und Vertreter aus dem Unternehmen bestimmt. Des Weiteren werden persönliche Eigenschaften gemeinsam mit dem Akteur herausgearbeitet, die diese Rolle untermauern. Schließlich werden die übergeordneten Kernbotschaften entsprechend der Rolle adaptiert und Zeitpunkt und Örtlichkeit des Auftritts festgelegt.

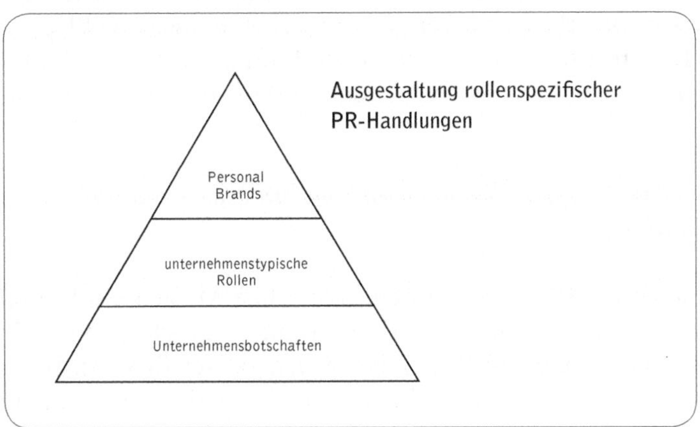

Abb. 1: Ausgestaltung rollenspezifi scher PR-Handlungen

5 Bewegtbildkommunikation als zentrales Element zur Profilierung von Personal Brands

Den Instrumenten der Bewegtbildkommunikation fällt in diesem PR-Modell eine zentrale Bedeutung zu. Welches Kommunikationsinstrument eignet sich zur Profilierung von Personal Brands besser als Corporate TV? Kein anderes Medium kann stärker personalisieren und emotionalisieren. Gerade die Bewegtbildkommunikation kann das Image einer Person ganzheitlich und nachhaltig prägen, indem sie die Handlungen einer Person glaubhaft dokumentiert und Botschaften nicht nur rational, sondern auch emotional, sinnlich erfahrbar transportiert. „Ich habe mir ein Bild von jemanden gemacht!" bezieht sich dabei besonders einsichtig auf die Möglichkeiten der PersonalBrand-Bildung durch Bewegtbildkommunikation.

Professionellen Kommunikatoren steht in diesem Bereich eine Vielzahl verschiedener Instrumente zur Verfügung. Imagefilme, Veranstaltungstrailer und Corporate TV in seinen unterschiedlichen Ausprägungen können inhaltlich direkt bestimmt werden und bieten sich an, um die Rollen und ihre Akteure in der internen und externen Kommunikation einzuführen. Flankierend eröffnen die Instrumente des Web 2.0 vielfältige Möglichkeiten, die Kommunikationsrollen zu festigen und die Personenmarke zu stärken: Der unternehmenseigene Blog, der von den PR-Verantwortlichen mitgepflegte Eintrag im Internetlexikon Wikipedia oder aber das entsprechende Profil in einer Webcommunity.

6 Geänderte Rezeptionsbedingungen erfordern neue journalistische Vermittlungsstrategien

Doch auch die PR-Arbeit in den klassischen Medien wird durch den Einsatz von Personal Brands in mehrfacher Hinsicht geprägt. Im Gegensatz zu den oben erwähnten Beispielen werden diese medial vermittelten Informationen nicht direkt von den Urhebern veröffentlicht, sondern von externen Journalisten recherchiert, gewichtet, eingeordnet und bereitgestellt. Dabei stehen sie in ständigem Wettbewerb mit Konkurrenzprodukten um die Aufmerksamkeit ihrer Leser, Zuhörer und Zuschauer. Auch die durch die klassischen Medien vermittelte Kommunikation dient dem Rezipienten, die Komplexität seiner Umwelt zu reduzieren.

Seit der Einführung des Internets hat sich die Mediennutzung der Informationssuchenden kontinuierlich verändert. Besonders jüngere Rezipienten zwischen 20 und 29 Jahren nutzen die klassischen Medien als Informationsquellen nicht mehr regelmäßig, sondern greifen eher auf das Bewegtbildangebot von YouTube oder das Web 2.0 zurück. Sie suchen für ihre Lebenswelt relevante Informationen nur noch punktuell. Langfristige Themenkarrieren werden nicht mehr kontinuierlich verfolgt. So hat die Allensbacher Computer- und Technikanalyse (Acta) 2007 festgestellt, dass die klassischen Medien als Nachrichtenquelle an Bedeutung verlieren. Im Gegensatz zu Fernsehen und Zeitungen biete das Internet den Nutzern die ständige Verfügbarkeit der Informationen, die bei Bedarf jederzeit abgerufen werden können.

Diesem Trend müssen Journalisten mit ihrer Art der Informationsvermittlung gerecht werden, damit ihre Produkte weiterhin am Markt erfolgreich bestehen können. Dadurch verändern sich auch journalistische Strategien und Arbeitsweisen: Informationen werden noch stärker auf die Interessen genau definierter Zielgruppen zugespitzt und müssen möglichst kontextfrei und einfach zu verstehen sein, um wahrgenommen zu werden.

Zwei große Trends zeichnen sich ab: Zum einen wird eine Vielzahl von Themen in den Medien weniger analytisch zugunsten einer stärkeren Emotionalisierung dargestellt, um dem Rezipienten eine schnelle, gefühlsbezogene Einordnung des Themas und der Sachverhalte zu ermöglichen. Damit erhalten Kommunikationsthemen eine weitere Bedeutungsebene in Bezug auf die emotionale Interpretation durch den Rezipienten.

Hinterfragt werden nicht mehr nur Fakten, die analytisch-rational gewichtet und eingeordnet werden, Rezipienten messen dem Thema vielmehr eine ganzheitliche, stärker gefühlsmäßig gesteuerte Bedeutung bei und vergleichen diese mit ihrem persönlichen Wertesystem. In diesem Zusammenhang ist der zweite Trend in den Medien von zentraler Bedeutung: die Personalisierung von Themen.

Gerade die Personalisierung erlaubt eine sehr schnelle, emotionale Einordnung und Beurteilung eines Themas, da ein meinungsbildendes Basisinformationsset nicht erst faktenbasiert und von Grund auf neu erarbeitet, sondern bereits in dem bestehenden Bild über eine Person oder dem stereotypen Abbild hinterlegt ist.

Da es in der Unternehmenswelt bislang nur wenige Handelnde geschafft haben, ein eigenständiges Medienimage zu erlangen, versehen

Journalisten Unternehmenslenker und Wirtschaftsbosse deshalb gern mit hinlänglich bekannten Stereotypen, die bei Bedarf auch kurzfristig ausgetauscht werden können.[1]

Hier bietet die Ausgestaltung von Personal Brands gute Chancen, aus Sicht der PR die Berichterstattung zu beeinflussen: Eine glaubwürdige Rolle einer personal brand wird von den Medien eher übernommen als eine weitere Einarbeitung in ein Stereotyp, zumal wenn diese Rolle – idealerweise – mit den zuvor erwähnten Instrumenten bereits in der Internetwelt eingeführt wurde. Denn es gilt zu berücksichtigen: Gegoogelt wird nicht nur im privaten Kreis, sondern auch von professionellen Journalisten.

7 *Zusammenfassung*

- Der Trend zur Selbstdarstellung im Web 2.0 forciert die professionelle Etablierung von Personal Brands.
- Personal Brands vereinen persönliche Eigenschaften der Handelnden mit ihren funktionalen Aufgaben und vermitteln ein stimmiges und nachvollziehbares Per- sonenimage.
- Personal Brands verleihen unternehmerischem Handeln in hohem Maße Glaubwürdigkeit und Authentizität.
- Die unternehmenseigenen Bewegtbildinstrumente haben eine zentrale Rolle bei der umfassenden Profilierung von Personal Brands und können die Berichterstattung in den Medien nachhaltig beeinflussen.

8 *Autorenfragen*

An welcher Stelle würden Sie gerne Ihren Lieblingsfilm stoppen und interaktiv eingreifen wollen?

Wie viel Spaß mussten Jason Statham alias Chev Chelios und das Team bei den Dreharbeiten der High-Voltage-Szenen in Crank2 gehabt haben! Ich hätte gerne an den entsprechenden Stellen direkt in das Making-of umschalten wollen, um bei diesem überdrehten Wahnsinn noch mehr mitlachen zu können.

Welches Bewegtbildangebot im Netz empfehlen Sie gerne weiter und warum?

Boris-Becker.tv, dass das Konzept der Personal Brands bislang am konsequentesten mit allen Web 2.0-Instrumenten umsetzt.

Welche Vision verbinden Sie persönlich mit Onlinevideos?

In Zukunft möchte ich Onlinevideos nicht mehr nach rationalen Gesichtspunkten (Genre, Titel, Schauspieler etc.) suchen und auswählen müssen, sondern möchte – emotional geführt (z.B. „Welche Farbe entspricht gerade Ihrer Stimmung?") – die passenden Filme im Internet zusammengestellt und präsentiert bekommen.

9 *Quellenverzeichnis*

1 Vgl. Frankfurter Allgemeine Zeitung; in: Mediennutzung: Digitaler Generationenwechsel, 22. 10. 2007, Nr. 245 , Seite 23.

Effektive Nutzung von Bewegtbild-Werbung in der Markenkommunikation

Frank Herold, IP Deutschland, Köln
Nicole Schulze, IP Deutschland, Köln

1 Einführung

Onlinevideos haben ihren Weg auf die deutschen Bildschirme gefunden: 77 % der deutschen Bevölkerung nutzen sie bereits regelmäßig.[1] Will eine Website modern und innovativ sein, kommt sie an Bewegtbild nicht vorbei. Es vergeht kein Tag ohne Neuigkeiten zum Thema Onlinevideos: So war beispielsweise am 13. Mai 2009 zu lesen: „dctp.tv: Kluge Kultursendungen jetzt auch im Web".[2] Und am 26. Mai 2009, dass bereits 31 °% der Fachmedien auf Bewegtbild setzen.[3] Die großen TV-Sender haben schon vor Jahren damit begonnen, Teile ihres Programms als Video-on-Demand-Angebote ins Netz zu stellen.

Die Nutzung von Videoportalen mit kurzen Webclips ist stetig gewachsen. Der neueste Trend liegt in der Nutzung von long form, also Filmen und kompletten Folgen von Serien und anderen Formaten. Die US-amerikanische Plattform Hulu.com beweist es eindrucksvoll: Mit einem Wachstum von fast 500 Prozent bei den abgerufenen Streams innerhalb eines Jahres (April 2008 bis April 2009) liegt die Site im US-amerikanischen Ranking der Videoplattformen[4] mittlerweile auf Platz 2 hinter YouTube. Die werbefinanzierte Plattform, im März 2007 gegründet, stellt Userinnen und Usern Videomaterial von 150 Anbietern kostenfrei zur Verfügung – darunter große TV- Sender wie FOX, NBC oder MTV.

Mit dem steigenden Angebot von qualitativem Content steigen auch Nachfrage und Nutzung. In den USA ist die Nutzungsdauer innerhalb von sechs Monaten von 178 auf 206 Minuten[5] pro Monat (April 2008) angestiegen. In Deutschland lag die Nutzungsdauer im Mai 2008 bereits bei 466 Minuten und stieg bis Dezember 2008 auf 490 Minuten[6] pro Monat an.

Aus dem Strukturwandel im Internet – weg von Text und Bild, hin zu multimedialen Inhalten – erwachsen neue Herausforderungen für

Werbetreibende und Vermarkter. Neue Kompetenzen, Darstellungsformen und -formate sind gefragt. Viele Medienunternehmen aus unterschiedlichen Bereichen beschäftigen sich mit Bewegtbild. Daraus entsteht einerseits ein großes Potenzial, andererseits das Problem, dass die einzelnen Sites eher kleine Reichweiten verzeichnen und Inhalte zum Teil teuer einkaufen müssen. Hier sind Seitenbetreiber, die an Medienhäuser angeschlossen sind, klar im Vorteil durch einen erleichterten Zugang zu hochwertigem Content. Sites mit geringen Reichweiten werden erst durch die Bündelung dieser Reichweiten zu einer interessanten Option für Werbungtreibende. Darüber hinaus stellt sich in der Mediaplanung das Problem der Zuständigkeit in den Agenturen. Werblich geht es heute hauptsächlich um den Einsatz von TV-Spots. Wer erstellt den Mediaplan? Der TV-Planer bzw. Optimierer oder der Online-Planer? Der durchschnittliche TV-Planer ist im Bereich Online nicht ausgebildet und kann daher Angebote nur nach den bekannten TV-Parametern einschätzen – dies greift aber zu kurz. Der Onlineplaner hingegen kennt sich mit Click-through-Rates und Conversionrates aus, aber nicht mit Spotkreationen und TV-Prozessen.

Aus Zielgruppensicht gestaltet sich das Medienerlebnis individueller: Aus programmierter Zeit wird „meine Zeit", inklusive „mein Ort" und „meine Plattform". Im Gegensatz zum passiven Sehen einer Sendung wählen sich Onlinenutzer ihre Inhalte und klicken diese aktiv an. Durch die Vielfältigkeit der Angebote steigt die Fragmentierung der Zielgruppen weiter an. Dies bedeutet neue Herausforderungen für Werbetreibende und Planer, aber auch Chancen einer gezielteren und effizienteren Ansprache.

2 *Die Treiber von Bewegtbild*

Die technologische Basis für das voranschreitende Wachstum von Bewegtbild im Internet ist die Verbreitung schneller Internetzugänge. Der Branchenverband Bitkom prognostiziert für 2009 eine Abdeckung von 26 Mio. Haushalten, dies entspricht 65 % aller deutschen Haushalte. Die Bundesregierung will durch die Breitbandstrategie den Ausbau der Breitbandinfrastruktur beschleunigen. Bis Ende 2010 sollen alle Haushalte in Deutschland mit einem Breitband-Internetanschluss versorgt werden können. Im zweiten Schritt wird der Ausbau zu deutlich höheren Geschwindigkeiten forciert. Im Jahr 2014 sollen 75 % aller Haushalte einen Anschluss von mindestens 50 MBit/s erhalten können.

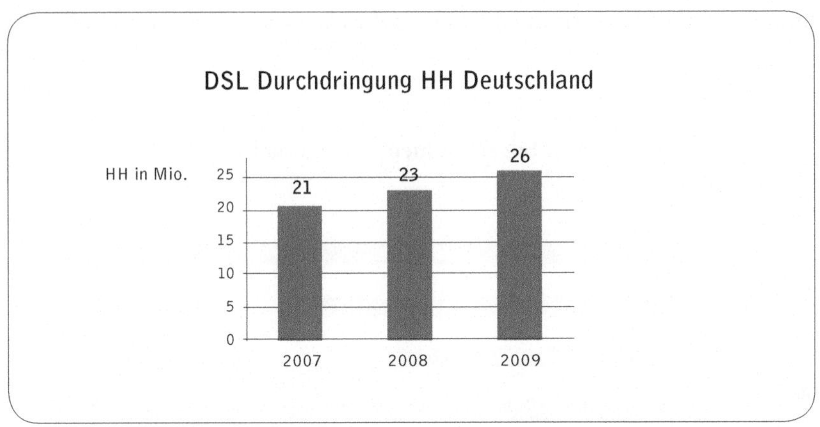

Abb. 1: DSL Durchdringung mit Prognose für 2009 (Quelle: Bitkom 2009)

Ein Treiber von mobiler Bewegtbildnutzung ist die Verbreitung von UMTS-fähigen Handys und schnellen mobilen Internetzugängen. UMTS, der Mobilfunkstandard der dritten Generation (3G), ermöglicht deutlich höhere Datenübertragungsraten (bis zu 7,2Mbit/s), als mit dem Mobilfunkstandard der zweiten Generation (2G) und dem GSM-Standard (bis zu 220 kbit/s) möglich sind. Die Verbreitung von UMTS lag in Deutschland 2007 bei 10 %, also bei knapp 10 Mio. Anschlüssen. Bitkom meldete für Dezember 2008 bereits 16 Mio. UMTS-Kunden. Die steigende Verbreitung von UMTS Netzen und UMTS-fähigen Geräten fördert die Nutzung des mobilen Internets und somit auch der mobilen Nutzung von Video- und Bewegtbildinhalten. Weltweit betrug 2007 der Anteil von Video Traffic am gesamten Mobile Data Traffic 9 %. Cisco prognostiziert einen Anstieg auf 23 % 2012 bei einer jährlichen Verdoppelung des gesamten weltweiten Mobile Data Traffic in den nächsten Jahren.[7]

Die Annahme, dass Videonutzer vornehmlich jung, technikaffin und Early Adopter seien, trifft teilweise zu. Allerdings sind die Potenziale in anderen Alterssegmenten heute schon relevant und nehmen weiter zu. Bereits 2008 ist die Nutzung in allen Altersbreaks signifikant. Eine aktuelle Nielsen-Studie aus den USA bestätigt dies: Das größte Wachstum bezüglich Nutzungsdauer verzeichnet die Zielgruppe der 35- bis 49-Jährigen mit knapp 30 Prozent. Dieses Wachstum kommt vor allem durch Hulu.com, dessen Zielgruppe zu einem Drittel aus 35- bis 49-Jährigen besteht. Sie verbringen im Durchschnitt 416 Minuten auf der Plattform und somit mehr als andere Zielgruppen.[8]

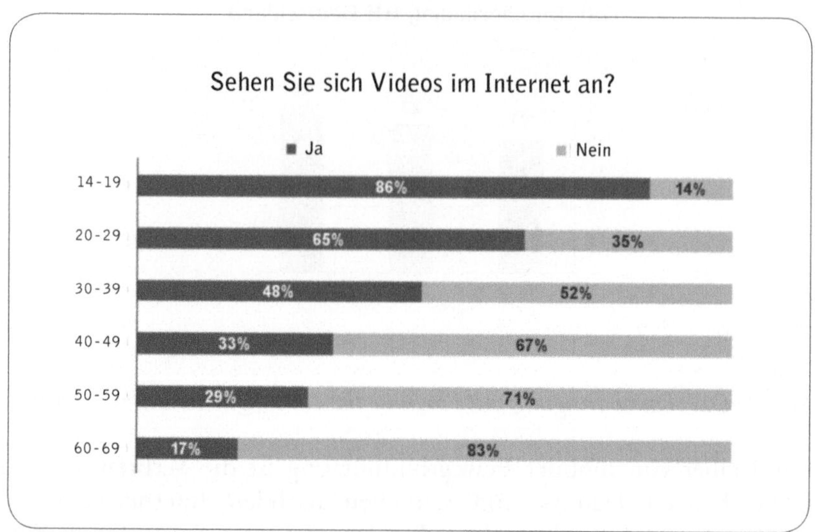

Abb. 2: Quelle: IBM/ZEM Studie Innovation in den Medien 2008

Zusammenfassend lässt sich feststellen, dass die Nutzung von Onlinevideos im Internet längst aus den Kinderschuhen entwachsen und ein weltweiter Trend ist. Steigende Nutzerzahlen in allen Altersgruppen und die Sehdauer sprechen für ein Massenphänomen. Die mobile Nutzung von Videos ist zwar ebenfalls ein Trend mit großem Potenzial, führt aber momentan noch ein Nischendasein.

Für den Werbemarkt ist das Thema Bewegtbild von wachsender Bedeutung. Die Werbeinvestitionen in diesem Bereich sind in den letzten Jahren stark gestiegen. 2008 wurden über 12 Mio. Euro brutto ausgegeben – eine Steigerung von 350 % gegenüber dem Vorjahr. In den ersten fünf Monaten 2009 wurden bereits knapp 12 Mio. Euro Brutto-Werbegelder in die Werbeformgruppierung Video investiert.[9] An Marktstandards wird gearbeitet. So fasst Nielsen zum Beispiel in der Kategorie Video diverse Werbeformen zusammen, die sich nicht immer auf den ersten Blick als solche identifizieren lassen. Einige sind noch gar nicht darin enthalten. Bis heute gibt es keine einheitliche Definition von Bewegtbild-Werbung. Dies wird in TV- und Internetgremien noch diskutiert. Aus Sicht der IP Deutschland ist der Video-Content das ausschlaggebende Kriterium. Alle Werbeformen, die vor, im, nach und um den Video-Content platziert sind, zählen zur Bewegtbild-Werbung. Das sind heute vor allem Pre-Rolls, Mid-Rolls, Post-Rolls, Cut-in-Layer und Formen von Skinned Playern, also Werbemittel, die sich um den Player legen und auf Klick einen Spot im Videoplayer abspielen. Eine weitere wichtige Kenngröße, die bisher nicht klar definiert wurde, ist der Video View. Ist ein View das Betätigen des Play-Buttons und somit der Request an den Server, ohne Prüfung, ob der Content jemals beim Nutzer angekommen ist, oder ist er an eine Mindestlaufzeit des Videoinhalts gebunden? Wie wird gezählt, wenn die Userin/der User pausiert und dann das Video fortsetzt? Hier fehlen eindeutige Standards, die schnellstmöglich verabschiedet werden müssen, um eine klare Transparenz und Planbarkeit für alle Beteiligten zu ermöglichen.

3 Bewegtbild im Kommunikationsmix

Am Beginn jeder Kampagnenplanung steht die Frage nach dem idealen Medienkanal oder Mediamix, um die Zielgruppe bestmöglich zu erreichen. Jedes Medium erfüllt dabei bestimmte Aufgaben. Welche Rolle übernimmt Bewegtbild-Werbung im Mediamix? Häufig wird Bewegtbild gebucht, um TV-Kampagnen zu verlängern. Dabei wird in der Regel der bestehende TV-Spot auch im Internet als Pre-, Mid- oder Post-Roll eingesetzt. Aufgrund der wachsenden Reichweiten von Bewegtbildangeboten eignet sich der Kanal mittlerweile auch für Stand-alone-Kampagnen. Bewegtbild-Werbung verbindet die Eigenschaften von klassischer TV-Werbung (wie Emotionalisierung und multisensorischer Ansprache) mit denen der Onlinewerbung (wie Messbarkeit, Interaktivität und Targeting-Möglichkeiten, um die Streuverluste zu minimieren). Onlinevideowerbemittel sind dank moderner technologischer Entwicklung bei den meisten Angeboten im Internet klickbar. Bei Interesse können User nach dem Klick Produkte direkt kaufen, weitere Informationen zu den beworbenen Produkten anfordern oder an einem Gewinnspiel teilnehmen. Eine große Stärke von Onlinewerbung ist unter anderem die Messbarkeit – angefangen beim Kontakt, der Kontaktdauer mit einem Werbespot über den Klick bis hin zum Inhalt des Warenkorbes oder der Gewinnspielteilnahme: Theoretisch ist alles mess- und auswertbar. Targeting kann die gewünschte Zielgruppe einer Kampagne aussteuern und so Streuverluste vermeiden. Die Kontaktdosis kann durch Frequency Capping auf Stunden-, Tage-, Wochen- oder Kampagnenbasis festgelegt werden.

Ebenso spricht die spezielle Nutzungssituation von Video-on-Demand-Angeboten für die Belegung von Bewegtbildwerbung. Der User selektiert Inhalte zu einem frei gewählten Zeitpunkt an einem Ort seiner Wahl und auf dem Endgerät, das er selbst bestimmt. Er fordert den Content aktiv an. Der ausgespielte Spot vor dem gewünschten Inhalt hat die größtmögliche Aufmerksamkeit und Akzeptanz, da den Usern durch werbefinanziertes Fernsehen bekannt ist, dass sie hochwertige Inhalte zum kostenlosen Abruf zur Verfügung gestellt bekommen.

Bewegtbild-Werbung eignet sich für unterschiedliche Zielsetzungen im Kommunikationsmix. Durch die TV-ähnlichen Effekte wie Emotionalisierung und multisensorische Ansprache eignet es sich zum nachhaltigen Markenaufbau und zur Imagebildung. Markenwelten und -botschaften können in 10- bis 30-sekündigen Spots vermittelt werden. Durch die Möglichkeit der Interaktion mit dem Werbemittel ist eine direkte Aktion (Kauf, Gewinnspielteilnahme, Informationsanforderung o.Ä.) möglich. Wie wir gesehen haben, ist die Nutzung von Videos in allen Zielgruppen bereits heute weitverbreitet – überdurchschnittlich stark in jungen Zielgruppen, die über klassische Medien schwerer erreichbar geworden sind. Daher qualifiziert sich Bewegtbild-Werbung besonders für die Ansprache der 14- bis 29-Jährigen.

3.1 Selektionskriterien

Mithilfe der Internet facts, erhoben durch die Arbeitsgemeinschaft Onlineforschung (AGOF), lassen sich viele Videoangebote nach quantitativen Kriterien wie Reichweite, Preis und demografischer Zusammensetzung der Nutzer bewerten und vergleichen. Um einen ausgewogenen Mediaplan zu erstellen, sind weitere Faktoren für die Bewertung und Selektion wichtig. Dazu zählen die Inhalte und Themen der Website bzw. der Videos und wie themen- und zielgruppenaffin diese sind. Anhand einer genauen Zielgruppenanalyse lassen sich zum Beispiel besondere Interessen herausarbeiten. Kampagnen in Umfeldern, in denen sich die Zielgruppe gern bewegt, haben eine größere Relevanz und werden deshalb besser wahrgenommen und geklickt. Weitere mögliche

Analysefaktoren sind die Verweildauer und die Anzahl der gesehenen Videos. Beides sind Indikatoren für das Engagement und Involvement, welches der User mitbringt.

3.2 Effizienzmessung

Etabliert haben sich in der Onlinewerbung vor allem quantitative Kennziffern wie Klickrate oder Conversion Rate, die herangezogen werden, um den Erfolg einer Kampagne zu messen und zu bewerten. Aus einer Analyse von Adtech im März 2009 (siehe Abb. 3) geht hervor, dass Video-Ads gegenüber den etablierten klassischen Onlinewerbemitteln wie Skyscraper und Medium Rectangle überdurchschnittlich geklickt werden. Doch was genau sagt das aus?

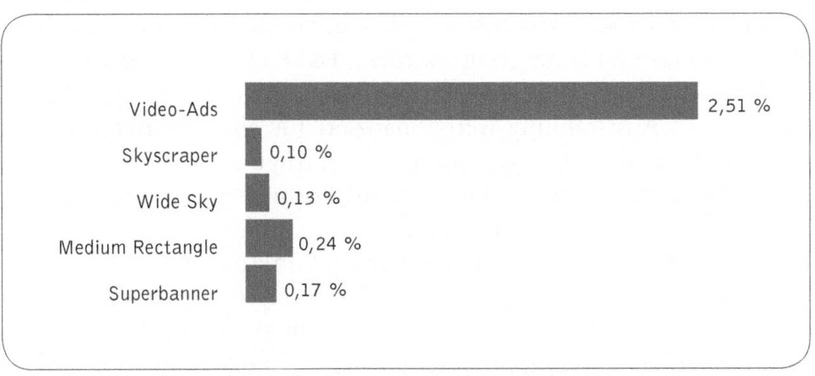

Abb. 3. Analyse Klickrates von Online-Werbung (Quelle: Adtech März 2009)

Die Mitte 2009 veröffentlichte Studie „Adeffects" von Tomorrow Focus kommt zu dem Ergebnis, dass Video-Ads gegenüber klassischen Display-Werbemitteln überdurchschnittlich gut erinnert und wiedererkannt werden. Diese Kennzahlen allein legen bereits eine Berücksichtigung von Video-Ads innerhalb der Mediaplanung nahe.

Darüber hinaus sollten weitere qualitative Faktoren in die Bewertung einfließen, die sich am besten unter Engagement und Involvement zusammenfassen lassen. Hat sich der User bereits andere Videos angesehen, möglicherweise aus dem gleichen Themengebiet, ist die Wahrscheinlichkeit sehr hoch, dass die passend ausgespielte Werbung auf Interesse stößt. Noch wichtiger für eine tiefer gehende Analyse ist die Betrachtung des Post-Klick-/Post-Impression-Verhaltens der User. Aufschlussreich für die Qualitätsbewertung der Kontakte sind zum Beispiel Verweildauer, Klickpfade oder Abbruchquoten während bestimmter Messpunkte im Kaufprozess oder während der Informationsanforderung.

4 Nutzungsverhalten und Zielgruppen exemplarisch am Beispiel RTL Now

Anfang 2009 hat IP Deutschland eine Studie durchgeführt, um die Nutzung der Video-on-Demand-Plattform RTL NOW genauer zu beleuchten. Abgefragt wurde die Nutzung einzelner Formate, die zu diesem Zeitpunkt auf der Site verfügbar waren. Entstanden ist eine umfangreiche Datenbank mit vielfältigen Daten zu zahlreichen Formaten. Pro Format sind beispielsweise die Zielgruppe(n), die Verteilung der Online- und TV-Seherschaft sowie die Nutzungsmotivation auswertbar. Zusammenfassend kann gesagt werden, dass RTL NOW etwa 80 % des TV-Programms von RTL abdeckt. Die Mechanik dabei ist, dass Folgen nach der TV-Ausstrahlung werbefinanziert für einen begrenzten Zeitraum (sieben oder 30 Tage) online zur Verfügung stehen (Catch-up). Nach Ablauf der 7 oder 30 Tage sind die Formate gegen Bezahlung im Archiv abrufbar und damit werbefrei. Ein Großteil der Besucher von RTL NOW (78 %) nutzen diese Catch-up-Funktion, um die verpasste Folge im TV online abzurufen. 22 % der Befragten sehen sich Folgen, die sie bereits im TV angesehen haben, nochmals an, was für ein hohes Involvement der Zielgruppe spricht. Etwa 5 % nutzen die Möglichkeit, gegen Bezahlung Folgen bereits vor der TV-Ausstrahlung zu sehen. „Alles was zählt" und „Alarm für Cobra" sind gute Beispiele für das Involvement der Nutzer: Im Schnitt werden nur eine bzw. 0,4 Folgen in einem Monat verpasst. Gefragt nach dem Medium, in welchem die Serien verfolgt wurden, antworteten 60 % Fernsehen und Online. Ein Drittel der RTL NOW Nutzer, etwa 400.000 User, nutzen die Formate nur online, werden also über eine reine TV-Kampagne nicht erreicht.

Kein ungewöhnliches Ergebnis für die Plattform RTL NOW. Ein Grund dafür liegt beispielsweise bei den Daytime-Formaten, die besonders häufig nur online gesehen werden, weil ihre Ausstrahlungszeit im TV als ungünstig für die Nutzer empfunden wird. Auf diese Weise erreicht ein Format wie zum Beispiel „Mein Baby" zum einen die TV-Seher zum Ausstrahlungszeitpunkt und darüber hinaus Themeninteressierte, die sich aktuelle Folgen zu ihrer frei gewählten Zeit auf RTL NOW abrufen. Zu den TOP-3-Motivationsgründen zählt neben der Zeitflexibilität und der ungünstigen Ausstrahlungszeit im TV auch der Aspekt, dass vergessen wurde, die Sendung im Fernsehen anzusehen. Dabei stellt sich abschließend die Frage nach der Erreichbarkeit der Zielgruppen und wie sich hierbei die TV- und die Online-Zielgruppe abgrenzen. Dafür wurden Erhebungen anhand der Internet facts (AGOF) und des GfK Panels (pc#tv) durchgeführt. Auch wenn die Gremien mit unterschiedlichen Methoden arbeiten, fragen beide bevölkerungsrepräsentativ die Online- bzw. TV-Nutzung ab. In der nachfolgenden Grafik sind am Beispiel von „Alles was zählt" (AWZ) die Zielgruppe und die Geschlechterverteilung für die Online- und TV-Nutzung abgetragen.

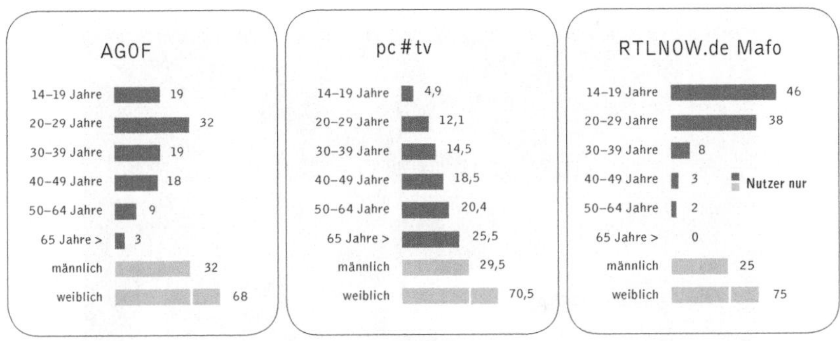

Abb. 4–6 Media-Auswertungen von RTL NOW am Beispiel „Alles was zählt"[10]

Hier zeigen sich bereits sehr deutlich unterschiedliche Ausprägungen in der Altersstruktur. Die TV-Nutzer des Formats sind älter und weiblicher als die Nutzer des Online-Formats. Ergänzt wird die Grafik durch eine Auswertung der IP „Konvergenzstudie". Dargestellt sind die Online-only-User des Formates auf RTLNOW.de. Die ohnehin jüngere Onlinenutzerschaft, die sich in der AGOF-Auswertung zeigt, stellt sich noch jünger dar mit Schwerpunkt in den Alterssegmenten der 14- bis 29-Jährigen. Der hohe Anteil an weiblichen Nutzerinnen bleibt konstant. Diese exemplarische Betrachtung bestätigt sich für die Mehrheit der untersuchten Formate. RTLNOW.de-Nutzer, die Formate nur online nutzen, sind im Schwerpunkt zwischen 14 und 29 Jahre alt.

5 Ausblick – Was kommt nach dem Pre-Roll?

Heute regiert der Pre-Roll die Bewegtbild-Werbewelt. Mid-Rolls und Post-Rolls sind bisher noch unterbewertet. Hierzu gibt es diverse Forschungsansätze, die das Potenzial belegen, unter anderem auch von IP Deutschland (siehe dazu auch die „Mid-Roll Studie").

Die Werbe-Möglichkeiten sind noch nicht voll ausgeschöpft. In naher Zukunft werden Tandem Ads – beispielsweise bestehend aus einem Pre-Roll und einem Cut-in-Layer oder Overlay – die Bewegtbildwelt übernehmen. Der Spot weckt die Aufmerksamkeit, der Cut-in Layer dient als Reminder, der klickbar ist und zu vertiefender Information führt oder zur Gewinnspielteilnahme animiert.

Abb. 7: Beispielhafte Darstellung eines Cut-in Layers im IP Netzwerk

Als erster Vermarkter in Deutschland hat YouTube die Wahlmöglichkeit von Werbung eingeführt. Der User entscheidet dabei, ob er einen Spot vor dem Clip sieht und den restlichen Inhalt werbefrei oder eben Unterbrecherwerbung im Clip – also die Wahl zwischen Pre- und Mid-Roll. Hulu.com arbeitet in den USA bereits seit längerer Zeit erfolgreich mit dieser Mechanik.

Weitere intelligente Werbemöglichkeiten werden sich in den nächsten Jahren etablieren – nicht zuletzt unterstützt durch höhere Bandbreiten, die es ermöglichen, ein Werbemittel komplexer zu gestalten. Beim Klick auf das Werbemittel kann sich eine kleine parallele Welt öffnen, in der sich der User bewegen kann, um sich Produkte, Bilder oder Videos des Werbetreibenden ansehen zu können. Der eigentliche Videoinhalt wird während dieser Zeit gestoppt.

Eine weitere Werbeform sind Skinned Player. Hierbei handelt es sich um gebrandete Player im Look eines Werbekunden. Ein Layer legt sich dabei um den Contentplayer, und bei Klick öffnet sich im Player der Spot des Kunden. Die Länge des Spots ist nicht auf die üblichen 30 Sekunden begrenzt, denn hier kann der User selbst entscheiden, wann er das Video wieder verlässt – anders als zum Beispiel beim Pre-Roll, innerhalb dessen Laufzeit es dem User nicht möglich ist, den Spot zu skippen oder zu schließen.

Abb. 8: Beispielhafte Darstellung einer Nachbearbeitung im Video – vorher ohne Auto

Abb. 9: Beispielhafte Darstellung einer Nachbearbeitung im Video – nachher mit Auto

Nicht zu vergessen ist das Thema Product Placement, zu dem in den nächsten Monaten Änderungen zu erwarten sind. Bereits heute ist es technisch möglich, nachträglich zum Teil komplexe Elemente in Videoinhalten nachzubearbeiten. Die Möglichkeiten sind also bei Weitem noch nicht ausgeschöpft und der Kreativität sind keine Grenzen gesetzt – es bleibt also spannend auf dem Bewegtbildsektor.

6 Autorenfragen

An welcher Stelle würden Sie gerne Ihren Lieblingsfilm stoppen und interaktiv eingreifen wollen?

Schulze: Dirty Dancing – Patrick Swayze am Wegfahren hindern und „She's like the wind" in Dauerschleife abspielen.

Welches Bewegtbildangebot im Netz empfehlen Sie gerne weiter und warum?

Herold: VOX NOW: Weil bei Wolkenlos und VOXTOURS sofort der Urlaub beginnt. Wann immer ich will, wo immer ich will.

Schulze: Die Videos auf frauenzimmer.de – da kann man noch was lernen: Wie schminke ich mich richtig? Oder: Welche Jeans passt zu mir?

Welche Vision verbinden Sie persönlich mit Onlinevideo?

Herold: Information und Unterhaltung jederzeit, überall. Schnell und einfach, alles in bester Qualität. Fußball-WM in Südafrika beim Grillen im Park: 1:0 für Onlinevideo.

7 *Quellenverzeichnis*

1 Vgl. http://www.comscore.com/Press_Events/Press_Releases/2009/2/Online_Video_Germany, (letzter Abruf 14. 05. 2009).
2 Vgl. http://www.dwdl.de/article/news_20958,00.html, (letzter Abruf 14. 05.2 009).
3 Vgl. http://www.onlinemarketing-blog.de/2009/05/26/einsatz-von-bewegtbild-in-fachmedien, (letzter Abruf 26. 05. 2009).
4 Vgl. http://www.marketingcharts.com/television/middle-agers-help-hulu-grow-490-9125/nielsen-top-online- video-brands-ranked-total-streams-april-2009jpg, (letzter Abruf 14. 05. 2009).
5 Vgl. ebd.
6 Vgl. http://www.comscore.com/Press_Events/Press_Releases/2009/2/Online_Video_Germany, (letzter Abruf 14. 05. 2009).
7 Vgl. http://newsroom.cisco.com/dlls/2008/ts_061708.html, (letzter Abruf 09. 05. 2009).
8 Vgl. http://www.marketingcharts.com/television/middle-agers-help-hulu-grow-490-9125/nielsen-top-online- video-brands-ranked-total-streams-april-2009jpg, (letzter Abruf 14. 05. 2009).
9 Nielsen, Datenstand 17. 06. 2009.
10 Abb. 4: Quellen AGOF: internet facts 2009; Auswertung IP Deutschland, durchschnittlicher Monat, Alter und Geschlecht; RTLNOW.de Nutzer: Alles was zählt, Strukturanteile, Internetnutzer in den letzten drei Monaten, Erhebungszeitraum Januar–März 2009.
Abb. 5: Quelle pctv: Auswertung IP Deutschland, durchschnittlicher Monat, Alter und Geschlecht; TV Seher Alles was zählt, Strukturanteile; TV Seher 3+, Auswertungszeitraum Januar-März 2009.
Abb. 6: Quelle RTLNOW-Marktforschung: IP Deutschland, Konvergenzstudie, Basis: 311 Nutzer nur online von „Alles was zählt".

Serious Games und Bewegtbild

Gernold P. Frank, Hochschule für Technik und Wirtschaft, Berlin

1 Serious Games I. E.

Spiele sind nichts Neues: Das Brettspiel „Go" wurde erstmals rd. 2000 vor Christi Geburt in China erwähnt. Im Mittelalter gab es die beliebten Stegreifspiele, die im 16. Jahrhundert vor allem mit der italienischen Commedia dell'arte ihren Höhepunkt fanden und sich heute in der durchaus anspruchsvollen Improvisationstheaterszene wiederfinden. Und heute haben Spiele eine nicht unerhebliche Marktbedeutung. Aber was sind eigentlich „Seriöse Spiele"? Und warum spricht man von „serious" bzw. „ernst"?

Wesentlicher Ausgangspunkt dafür, dass sich viele überhaupt mit Spielen befassen, sind die Videospiele, die sich vom Nischen- zum Massenprodukt entwickelt haben. Dabei lassen sich im Wesentlichen die Spiele zunächst in zwei Bereiche unterteilen: in Computer- und Konsolenspiele. Computerspiele werden auf dem PC gespielt, Konsolenspiele werden normalerweise an einen Fernseher angeschlossen und mit einem Gamepad bedient. Bei Letzteren ist insbesondere auf die „Wii" von Nintendo zu verweisen, die neben der „Xbox360" von Microsoft und der „Playstation 3" von Sony den Markt nicht nur erobert, sondern durch den Verzicht auf Kabel erst so richtig zum Durchbruch verholfen hat. Die diesjährige Spielemesse E3 in Los Angeles hat geradezu Revolutionen vorgestellt, die die bisherigen Interaktionen und Spielmöglichkeiten um ein Vielfaches ausweiten werden: Nintendo hat Wiimote-Add-on Wii Motion Plus gezeigt und Sony erstmals einen Wiimote-ähnlichen Controller vorgestellt, der zukünftige Playstation-Spiele revolutionieren soll. Noch revolutionärer scheint Microsoft mit seinem Project Natal zu sein, das beispielsweise Gesichtserkennung und Gesichtsausdruckserkennung in Spielkonstrukte integriert.

Gleichzeitig haben sich die Computerspiele vom singulären Spielen auf CD/DVD längst mithilfe des Internets gigantisch weiterentwickelt: Man spricht vom Genre der MMOG – Massivly Multiplayer Online Games. Allein das aktuelle Spiel World of Warcraft II bringt weltweit rd. 11,5 Mio. Menschen zusammen (Stand: Ende 2008).

Die Vielfalt der Spiele macht es nun erforderlich, dass zumindest der Versuch einer Klassifikation vorgenommen wird. Während sich zunächst sogenannte „Casual Games" herausgebildet haben, sind nach und nach „Adventure Games" und eben auch „Serious Games" entstanden. Beim Serious Games Award im Rahmen der diesjährigen Cebit wurde dann noch weiter kategorisiert nach:

- Health Games
- Corporate Games
- Persuasive Games
- Educational Games.

Letztlich sind all diese Einteilungen wohl zu Recht vorgenommen worden, um sich von den – berüchtigten – Ballerspielen abzugrenzen. Für uns sollte festgehalten werden, dass die „seriösen" Spiele nicht nur einen eigenen Markt erschlossen haben und ein erhebliches Potenzial für die Zukunft besitzen, sondern auch, dass sie quasi in fast alle Bereiche von Wirtschaft (z.B. Corporate Games oder Game-based Learning), Kultur (z.B. Persuasive Games) und Gesellschaft (z.B. Health Games) eingezogen sind, was später noch detailliert ausgeführt wird.

2 *Warum sind Spiele so „In"?*

Seriöse Spiele/serious games wollen im Wesentlichen das Element „Spaß" mit den Elementen „Information" und „Lernen" verbinden. Sie setzen dort an, wo wir alle neugierig sind: Es geht um die Eröffnung neuer und erweiterter Erlebnis- und Erfahrungshorizonte – und zwar allein oder in Gruppen. Spiel bedeutet Freiheit, die letztlich jeder braucht, um ganz bei sich selbst zu sein. F. Schiller formuliert dies kürzer und treffender: „Der Mensch spielt nur wo er in voller Bedeutung des Wortes Mensch ist, und er ist nur da ganz Mensch wo er spielt".

Auch die simpelsten Spiele sind irgendwie mit erreichbaren Leistungen und Erfolgen verbunden (man denke nur an die allen bekannten Nachlauf- oder Fangspiele) – ein gutes Spiel greift das durch zu erreichende Belohnungen (Level, Ausrüstungen etc.) auf.

Die entscheidende Weiterentwicklung im Spielebereich war und ist die konsequente Digitalisierung in Verbindung mit einer Geschichte, die ihrerseits besondere Bedeutung auf das Halten der Spannung hat und nicht zu linear sein darf.[1] Verstärkt wird alles oftmals mit einer einhergehenden lokalen oder auch internationalen Vernetzung.

Im Vordergrund stehen somit bei der Unterscheidung zwischen erfolgreichem und weniger erfolgreichem Lernen Eigenschaften, die uns aus der Lerntheorie bekannt sind:[2]

- selbst gesteuert,
- erfahrungsbasiert,
- situativ und
- interaktiv.

Und genau diese Eigenschaften führen zu der Verstärkung aus unserem Inneren heraus – man spricht von intrinsischer Motivation oder auch Flow. Ein gut gemachtes Spiel verführt uns einfach zum Weitermachen.[3]

3 Integration von Virtual Reality und Bewegtbild

Wie geht es weiter? Welche Entwicklungen im Spielebereich sind erkennbar? Das sind Fragen, die uns schon deshalb beschäftigen, weil sich in Verbindung mit den vorgenannten Marktentwicklungen entsprechende Marktchancen aufzeigen. So ist unverkennbar zunächst die Entwicklung hin zu Simulationen in Spielen, d.h., man versucht, die Realität möglichst abzubilden – mehr oder weniger detailgetreu. Beispielhaft sind Spiele wie SimCity, Die Siedler oder Ecolopoly zu nennen.

Gerade die Entwicklung von Ökolopoly/Ecolopoly macht dies deutlich: Zunächst wurden haptische Planspiele und Simulationen entwickelt – das Spielen (oder Lernen) fand in realen Teams und oftmals in entsprechenden Workshops statt, zu denen man für 2–4 Tage weg vom Arbeitsplatz fuhr. Solche „Spiele" sind allerdings auch heute noch aus der kaufmännischen Weiterbildung (wie z.B. TOPSIM oder BTI-Tools, die explizit haptische Planspiele z.B. für die betriebswirtschaftliche Schulung offerieren) nicht wegzudenken.

Abb. 1: Ökolopoly – Ecolopoly

Doch zurück zu Ökolopoy: Auf gesellschaftlicher Ebene hat VESTER zunächst einerseits seinen Lerntypenansatz umgesetzt[4], andererseits aber auch kybernetische Grundgedanken mit diesem Spiel realisiert, die sich heute überall dort finden, wo man von „gesamthaft" oder „systemisch" spricht. Das Spiel stellt die Verbindung zwischen Ökonomie – das Streben z.B. nach Arbeit und Wohlstand – mit ökologischen Aspekten her, die bisweilen in ihren Entwicklungen gegenläufig sind. Zunächst als Brettspiel entwickelt, wurde es dann weiter zum Bühnen- und Onlinespiel erfolgreich umgesetzt (vgl. Abb. 1).[5]

Beim Onlinespiel wurden erstmals dann Umgebungen und Entwicklungen simuliert – Elemente, die in den heutigen Simulations- und Planspielen selbstverständlich sind. Aufgabe dieser virtuellen Realität ist es, die Spieler näher in den Kontext des Spiels – das dann aber oftmals gar kein Spiel im langläufigen Sinn mehr ist (man denke hier z.B. an die Simulationstrainings im Bereich Bahn und Flug) – heranzuführen, um mehr Identität, mehr Betroffenheit, mehr Involviertheit zu erzielen. Es ist jedes Mal ein Erlebnis – auch für Außenstehende –, wenn ein „Spieler" beispielsweise einen Airbus erfolgreich bei Unwetter gelandet oder er sich in einem Eurofighter gegen feindliche Flieger durchgesetzt hat.

Was liegt nun also näher, als die Detailtreue durch den Einsatz von realen Filmen/ Bildern/Hintergründen weiter zu steigern. Denn wenn man eine Ausarbeitung zu den Erfolgsfaktoren von Spielen bei PRENSKY[6] näher betrachtet, so findet man als Punkt 6 genau den gesuchten Bezug: Er geht davon aus, dass die sogenannte Adaptivität, d.h. die Nähe zur Realität, den gewünschten Flow erzeugt, uns also so in das Spiel einbezieht, dass wir – fast schon ungewollt – uns einfach im Spiel weiter mit den dortigen Gegebenheiten auseinandersetzen:

Computer and videogames are potentially the most engaging pastime in the history of mankind. This is due, in my view, to a combination of twelve elements:

1. Games are a form of **fun**. That gives us **enjoyment** and **pleasure**.
2. Games area form of **play**. That gives us **intense** and **passionate involvement**
3. Games have **rules**. That gives us **structure**.
4. Games have **goales**. That gives us **motivation**.
5. Games are **interactive**. That gives us **doing**.
6. Games are **adaptive**. That gives us **flow**.
7. Games have **outcomes** and **feedback**. That gives us **learning**.
8. Games have **win states**. that gives us **ego gratification**.
9. Games have **conflict/ competition/ challenge/ opposition**. That gives us **adrenalin**.
10. Games have **problem solving**. That sparks our **creatvity**.
11. Games have **interaction**. That gives us **social groups**.
12. Games have **representation** and **story**. That gives us **emotion**.

Tab. 1: Erfolgsfaktoren von Spielen nach PRENSKY

Ein – inzwischen sogar ausgezeichnetes – Beispiel, wie sich Realität mit Simulation in einem Lernspiel vermischt, ist Sharkworld (siehe Abb. 2)[7]. Damit ist eine neue Form der Weiterbildung geschaffen worden, die einerseits ganz traditionelle Lerninhalte – hier: Projektmanagement – mit neuen, zeitgemäßen Formen – neben dem Film noch die Nutzung von mobilen Geräten – in einem Spiel zusammenführt, um eine vielfältige Integration der Teilnehmer sicherzustellen – immer mit den Zielen, wie sie der o.g. Auflistung von PRENSKY von Erfolgsfaktoren zu entnehmen sind.

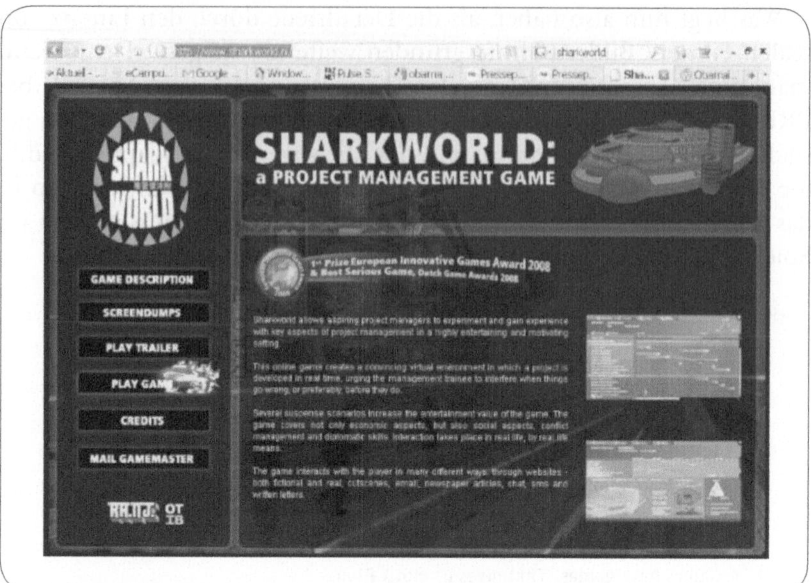

Abb. 2: Screenshot von Sharkworld, einem Online-Lernspiel.

4 Zielsetzungen

Bewegtbild wird integriert,

- um die Akzeptanz zu erhöhen,
- um Details zu zeigen und
- um die Nähe und Sensibilisierung zu schaffen.

In diesem Kontext spielt es nur noch sekundär eine Rolle, ob das Spiel tatsächlich (und wenn, dann wo genau?) als serious/seriös einzustufen ist. Wichtig ist, dass es den Zweck erfüllt, den sich der Auftraggeber vorstellt. Und genau hier wird die gesellschaftliche und wirtschaftliche Bedeutung offensichtlich, denn Ziele können beispielsweise vorgegeben werden aus den folgenden Bereichen:

- Gesellschaft
  Dafür ist das Spiel Re-Mission wohl schlicht das Beispiel überhaupt: Re-Missi- on (Abb. 3) wurde als „Health Game" entwickelt, um krebskranke Kinder ihre Krankheit besser verstehen zu lassen und

ihnen die Notwendigkeit schmerzhafter Chemotherapie nahezubringen.[8]

Das immer noch weiterentwickelte Spiel hat aber nicht nur dieses erreicht, sondern es hat dazu geführt, dass es seitens der Kinder nicht nur zu einem tatsächlich besseren Krankheitsverständnis geführt hat, sondern sogar dazu, dass sich viele Kinder einfach mehr zugetraut haben, eine intensivere Behandlung zuließen und sich im Ergebnis ein echter positiver Effekt durch das Spiel auf Heilungserfolge nachweisen lässt.[9]

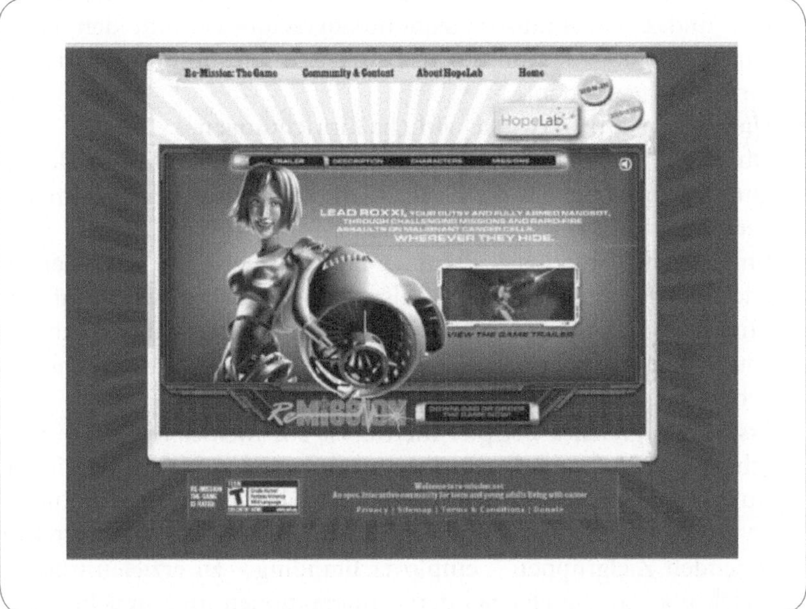

Abb. 3: Re-Mission

Oder als weiteres Beispiel[10] ist „Global Conflicts: Palestine" anzuführen, ein Spiel, das kulturelle Einblicke und Verständnis/Nachvollziehbarkeit zwischen Palästina und Israel vermitteln will. Die Liste im Bereich Gesellschaft ließe sich beliebig verlängern, und wir stellen überall erste Integrationen von Realitäten durch Filme fest. Als Auftraggeber sind neben den öffentlichen Haushalten durchaus auch privatwirtschaftliche Träger im Bereich hoheitlicher oder gemeinwirtschaftlicher Aufgaben auffindbar, z.B. Krankenkassen, Feuerwehren usw.

- Interessengruppen, Verbände etc.
  Das derzeit wohl bekannteste Spiel auf der Grenzlinie zwischen Gesellschaft und Interessenverbänden dürfte „World without Oil" sein,[11] bei dem es darum geht, nicht nur die Zusammenhänge zu erschließen, sondern zugleich auch neue Wege und Lösungen zu finden, um aus der Energieklemme herauszukommen.
  Als Verbandsbeispiel soll auf ein weiteres preisgekröntes Spiel verwiesen werden: TechForce.[12] Dafür haben sich der Verband der Metall- und Elektroindustrie zusammengeschlossen, um den Nachwuchs für Aufgaben in diesem Bereich zu sensibilisieren und auch für sich zu gewinnen.
- Unternehmen/privatwirtschaftliche Einrichtungen
  Durch die direkte Verbindung zu betriebswirtschaftlichen Überlegungen stehen derzeit die Ziele „Marketing" und „Lernen" im Vordergrund.
  Im Bereich Marketing – darunter fällt beispielsweise auch der Bereich des Personalmarketings, also die Gewinnung von künftigen Mitarbeitern – waren schon früh erste Ansätze erkennbar, mithilfe von Spielen Aufmerksamkeit zu erreichen und das gewünschte Ergebnis zu erzielen.
  Erstes erfolgreiches Beispiel hierfür ist aus meiner Sicht das Spiel „challenge un- limited" der Siemens AG. Ziel war es, einerseits die Zukunftskraft und -fähigkeit des Unternehmens zu vermitteln, andererseits aber eine Art Neupositionierung gegenüber den zu rekrutierenden Zielgruppen – employer branding – zu erzielen und zugleich über die Spieler bei deren Interaktionen umfängliche Informationen zu sammeln, die für eine Auswahlentscheidung bzw. für die Frage der Passung eines möglichen Kandidaten nicht unerheblich sind. Ähnliche Wege gingen u.a. die Allianz (Spiel Voyager) oder auch Ernst & Young. Während in diesen Beispielen noch Simulationen im Vordergrund stehen, so gehen nunmehr mit filmerischen Umsetzungen beispielsweise Accenture oder die mittelständische Beratung Becker, Brown & Hardy vor – auch wenn man hier noch keine Spielelemente findet, wie sie zuvor beschrieben wurden. Interessant, weil aus dem Film herauskommend und damit den umgekehrten Weg gehend – erst Film, dann Spiel –, sind Spiele, die auf

erfolgreichen Filmen aufbauen; als aktuelles Beispiel kann auf „Ghostbusters" verwiesen werden, zu dem nun ein eigenes Game entsteht.[13]

Abschließend sei noch auf eine ähnliche Entwicklung verwiesen, bei der der Film im Vordergrund steht und um ihn herum ein Spiel – mit bekannten Schauspielern und entsprechendem Budget: das Videospiel „Blockbuster-Actionthriller Wanted".[14]

5 Potenziale und Nutzen – Ein Fazit

Es sollte deutlich geworden sein, dass nicht zuletzt durch die immer weiter fortschreitende Digitalisierung und die auf technologischen Entwicklungen beruhenden Verbreitungsmöglichkeiten Spiele an sich einen wirtschaftlich rasanten Aufstieg nehmen werden.

Da zugleich aber ein essenzieller Erfolgsparameter von seriösen Spielen damit gekoppelt ist, dass sich Spieler nur dann vollständig auf ein Spiel einlassen, wenn es packend und zunehmend auch realitätsnah ist, liegen in der Integration von Spiel und Bewegtbild große Chancen. Verstärkt wird dies noch dadurch, dass neben den bekannten Auftraggebern aus der Privatwirtschaft auch öffentliche und quasi-öffentliche Einrichtungen spezifische Interessen verfolgen (müssen), deren Zielerreichung positiv mit Spiel und Film gekoppelt sein wird.

6 Autorenfragen

An welcher Stelle würden Sie gerne Ihren Lieblingsfilm stoppen und interaktiv eingreifen wollen?

Casablanca: Alternativen zum berühmten Kuss.

Welches Bewegtbildangebot im Netz empfehlen Sie gerne weiter und warum?

MSN Videos: aktuell und vielfältig.

Welche Vision verbinden Sie persönlich mit Onlinevideo?

Die Chance auf eigene Kreativität; Filme können selbst nach eigenen Vorstellungen weiterentwickelt werden.

7 *Quellenverzeichnis*

1 Siehe Breitlauch, L.: http://entwickler.com/itr/news/psecom,id,40212, nodeid,82.html, (letzter Abruf 10. 05. 2009).

2 Vgl. dazu z.B. Frank, G.: Spielen oder die Lust zu lernen; in: Sieck, J.; Herzog, M. A. (Hrsg.): Kultur und Informatik: Serious Games, 2009, S. 143–156.

3 Bei Gameswettbewerben spielen viele Spieler ganze Tage und Nächte hindurch. Selbst ein noch so subtil ausgestaltetes unternehmerisches Anreizsystem würde dies nicht auslösen.

4 Vgl. z.B. Issing, L. J.; Klimsa, P. 2002 oder Frank, G. 2009. (Fußnote 2).

5 Nach der Integration der frederic vester GmbH in das Malik Management Zentrum St. Gallen per 2006, erscheint das Spiel ecopolicy® ab dem 1. November 2006 in einer aktualisierten Version beim Verlag Management Cybernetics Bionics MCB, München.

6 Vgl. http://www.marcprensky.com/writing/Prensky%20-%20Digital %2 0Game-Based%20Learning-Ch5.pdf, (letzter Abruf 13. 04. 2009).

7 Vgl. http://www.sharkworld.nl, (letzter Abruf 09. 05. 2009).

8 Vgl. http://www.re-mission.net, (letzter Abruf 20. 09. 2009).

9 Vgl. http://www.hopelab.org/our-research/re-mission-outcomes-stud y, (letzter Abruf 21. 08. 2009).

10 Vgl. http://www.seriousgames.dk, (letzter Abruf 09. 05. 2009).

11 Vgl. http://www.youtube.com/watch?v=M-hzUGFD-Gc, (letzter Abruf 10. 10. 2009).

12 Vgl. http://www.techforce.de, (letzter Abruf 12. 10. 2009).

13 Vgl. http://www.digitalvd.de/entertainment/spiele-zu-filmen/ghostb usters-the-video-game-auf-ps3-ps2-und- psp, (letzter Abruf 06. 10. 2009).

14 Vgl. http://www.digitalvd.de/entertainment/spiele-zu-filmen/blockb uster-actionthriller-wanted-videospiel, (letzter Abruf 17. 09. 2009).

Weiterführende Literatur

Frank, G.: Spielen oder die Lust zu lernen; in: Sieck, J.; Herzog, M. A. (Hrsg.): Games und Informatik, 2009, S. 148 f.

Issing, L. J.; Klimsa, P. (Hrsg.): Information und Lernen mit Multimedia und Internet – Lehrbuch für Studium und Praxis, Weinheim 2002.

Case Study – Das Webserien-Portal 3 min

Robert Wagner, Deutsche Telekom, Berlin

1 *Einleitung*

Der Bedeutungszuwachs des Internets für Bewegtbildinhalte wird immer wieder unter der Frage diskutiert, ob die Online-Distribution von Videoinhalten das klassische Fernsehen eines Tages ersetzen wird. Heute ist man sich zwar weitgehend einig, dass das Internet hier zunächst einmal als Komplementärangebot zu betrachten ist. Dennoch hat das neue digitale Medium die Situation verändert und eine Fragmentierung der alten Sehgewohnheiten forciert. Nutzer rufen je nach persönlichem Bedürfnis den passenden Inhalt ab, Programme werden kleiner und zielgruppenspezifischer. Der Trend geht zu „Video-Snacking" oder zum Abruf von Streams im Internet. Vorliegende Case Study möchte dem Leser am Beispiel des Webserien-Portals 3min einen Weg aufzeigen, die Vorteile klassischer TV- und Videounterhaltung mit der Logik des Internets zu verbinden.

2 *3min – Das Erste Portal für deutschsprachige Webserien in High Quality*

Vorliegender Sammelband hätte für diesen Beitrag zu keinem günstigeren Zeitpunkt erscheinen können. Nach einer sechsmonatigen Public-Beta-Phase fand im Mai 2009 die offizielle Markteinführung von 3min statt. Doch was genau ist 3min eigentlich?

Abb. 1: Logo 3 min

3min ist das erste deutsche Portal für Webserien – also für serielle, explizit für das Internet produzierte Videoinhalte. 3min wird in Berlin produziert und ist ein Projekt der Deutschen Telekom AG. Der Name leitet sich aus der Länge einer Episode ab, die im Schnitt etwa drei Minuten beträgt. 3min zeigt Webserien ganz unterschiedlicher Kategorien: von Comedy über Fiction bis hin zu Real-Life- und Doku-Formaten sowie Sport, Musik und Film. Im Gegensatz zu anderen Videoportalen verzichtet 3min bewusst auf User Generated Content, alle Formate sind professionell produziert und hochauflösend verfügbar. 3min versteht sich als die erste Anlaufstelle für Fans von Webserien und alle, die es werden wollen. Um ein qualitativ hochwertiges Angebot zu schaffen, synchronisiert 3min neben der Lizenzierung kreativer deutschsprachiger Webserien auch fremdsprachige Reihen. Dazu beschäftigen wir eine Redaktion und Content Scouts, die laufend neue Serien und Internet-Content screenen. Momentan zeigt 3min insgesamt 36 unterschiedliche Webserien.

3 Die Funktionszuweisung des Internets verändert sich

Das Internet hat in den letzten Jahren zudem – nicht zuletzt durch die verbesserten technologischen Voraussetzungen – eine sich verändernde Funktionszuweisung erfahren. Neben das Informationsbedürfnis ist aufseiten der Nutzer verstärkt der Wunsch nach Unterhaltung getreten. Besonders in der Gruppe der unter 30-Jährigen ist das Netz mittlerweile zum zentralen Unterhaltungsmedium geworden und tritt mehr und mehr an die Stelle des Fernsehens.[1]

Vor allem die Möglichkeit eines flexiblen und individualisierten Zugriffs auf audiovisuelle Inhalte stellt einen wesentlichen Vorteil des Internets gegenüber linear verbreiteten Fernsehinhalten dar.

Die aktuelle Entwicklung des Internets – seine Verbreitung, die verbesserten technologischen Möglichkeiten und die veränderte Funktionszuweisung – legt ein verstärktes Engagement in die Online-Distribution von Videoinhalten also nahe.

4 Strategische Vorüberlegungen zur Entwicklung von 3min

4.1 Trends: Steigende Nachfrage nach Web-Videos, kurze Clips Gefragt, Webserien Boomen

Der Entwicklung von 3min ging im Wesentlichen die Identifikation von drei Trends voraus: Zum Ersten kann eine rasant wachsende Nachfrage nach Webvideos beobachtet werden. Von 2006 bis 2008 stieg der Anteil derjenigen Onliner, die Videodateien im Web abrufen, hierzulande von 28 auf 55 %.[2] Allein im Dezember 2008 sahen sich in Deutschland über 28 Millionen User etwa 3,4 Milliarden Webvideos an.[3] Auch hier sind die 14- bis 29-Jährigen Vorreiter: Im Jahr 2008 sahen sich in dieser Altersgruppe 84 % zumindest gelegentlich Videos im Web an.[4]

Die im Web abgerufenen Clips sind zum Zweiten deutlich kürzer als klassische Videos. Ein durchschnittliches Web-Video war im Dezember 2008 etwa vier Minuten lang.[5] Der dritte – und für uns bedeutsamste –Trend kommt aus den USA. Er kann entweder als logische Folge oben genannter Entwicklungen oder aber als für diese zumindest teilweise ursächlich betrachtet werden und lautet schlicht und einfach: Webserien boomen. Die Zahl der Serien, die explizit für das Internet konzipiert und produziert werden, ist heute kaum noch überschaubar. Marc Hustvedt, Gründer der International Academy of Web Television, schätzte die Zahl US-amerikanischer Webserien jüngst in einem Artikel der Washington Post auf über 3.000.[6] Selbst Hollywood ist bereits auf den Zug aufgesprungen und produziert Webserien mit bekannten Darstellern, und auch in den deutschen Markt ist Bewegung gekommen. Die Angebote sind somit vorhanden, allein an einer Plattform als Sammelstelle und Anlaufpunkt mangelte es bisher.

Zusammenfassend kann also festgehalten werden, dass es auf Konsumentenseite eine steigende Nachfrage nach kurzen, seriell produzierten Videos im Internet gibt und dies auf Produktionsseite erkannt wurde. Dieses neue Marktfeld zwischen TV, Video-on-Demand und User Generated Content im Rahmen der Gesamtstrategie der Deutschen Telekom zu bedienen,[7] stellte die Schlussfolgerung unserer Vorüberlegungen zum Webserien-Portal 3min dar – nicht zuletzt mit dem Ziel des Aufbaus von Credibility in einer Lifestyle-affinen, urbanen Zielgruppe.

4.2 User suchen nach Orientierung

Angesichts der immensen Anzahl von Webserien ist es schlicht unmöglich, den Markt in vollem Umfang abzubilden – und auch nicht gewollt. Befragungen von Internetusern in Interviews und Onlinepanels haben gezeigt, dass von den Fokusgruppen ein wesentlicher Nachteil von Portalen wie YouTube gerade in der Unübersichtlichkeit und Masse des Angebotes gesehen wird. Genau das zu finden, was einem gefällt, ist schwierig. Wir haben uns daher bei der Konzeption von 3min an das Motto „Qualität vor Quantität" gehalten. 3min liefert eine professionelle Vorselektion der Webserien und bietet dem Konsumenten damit eine Hilfestellung. 3min wurde somit quasi als Gegenentwurf zu Portalen wie YouTube konzipiert, da wir der Überzeugung sind, dass eine zielgruppenspezifische Qualität des Angebots – bei einer breiten inhaltlichen Streuung – der Schlüssel zum Erfolg ist.

5 3min am Markt des Onlinevideo-Entertainments

5.1 Video-Entertainment im Internet – Eine Bestandsaufnahme

Die Möglichkeiten für die (Online-)Distribution von Videoinhalten haben sich mittlerweile stark ausdifferenziert. Zwischen (IP)TV, Video-on-Demand, User Generated Content und der Verbreitung von TV-Formaten im Netz entwickelt sich derzeit ein neuer Markt, der von den genannten Geschäftsmodellen nicht bedient wird. Die in

diesen Angeboten verbreiteten Videoinhalte sind in der Regel entweder professionell produziert, aber nicht neu (also in der Regel auch offline verfügbar) oder aber neu, kurz und webexklusiv, aber eben nicht professionell erstellt und qualitativ hochwertig. Zwischen diesen beiden Polen befindet sich noch weitgehend Brachland, das nur hier und da bestellte Flecken aufweist.

3 min bietet hier ein Produkt an, das für die neuen, fragmentierteren Sehgewohnheiten im Netz gemacht ist und sich mit professionellen Video-Produktionen speziell an junge, mobile Kunden richtet.

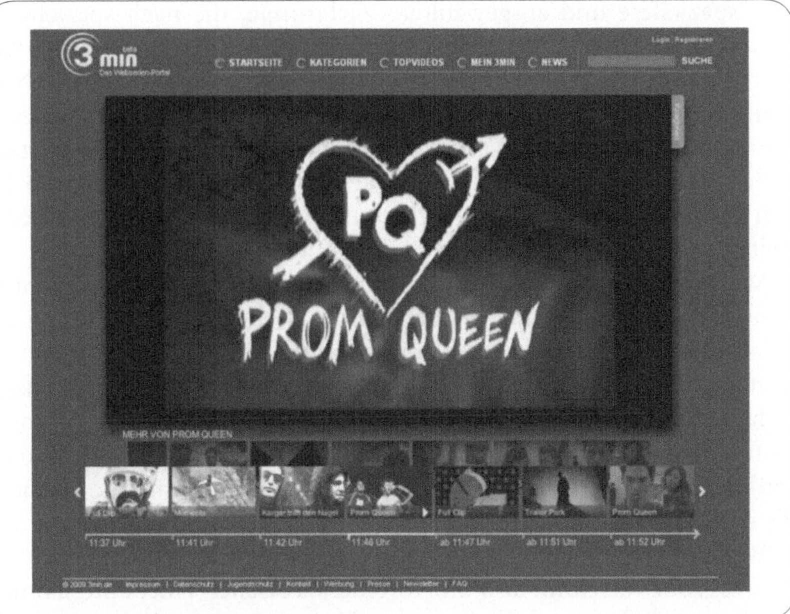

Abb. 2: Screenshot 3 min – Prom Queen

5.2 Abgrenzung gegenüber existenten Konzepten

3min kopiert somit nicht alte oder neue Erfolgskonzepte, sondern verbindet vielmehr Elemente derselben: Die Qualität klassischer TV- und Videounterhaltung geht einher mit einer dem Medium Internet angemessenen Form des Konsums.

Berücksichtigt wird dabei vor allem die Art, in der das Internet genutzt wird. Entscheidend ist hier ein anderer zeitlicher Umgang mit dem Medium: Videos werden im

Netz schneller konsumiert, sie sind häufig eine Art „Unterhaltungshäppchen" zwischen anderen Tätigkeiten, die am Computer stattfinden, und wollen von den Nutzern zeit- und ortsungebunden konsumiert werden.

Darüber hinaus ist nicht nur das Internet ein junges Medium, sondern auch seine Nutzer sind es. Zumindest die „Heavy User" befinden sich vorwiegend in der Gruppe der 14- bis 29-Jährigen. Das althergebrachte Fernsehen deckt viele Interessengebiete dieses Internet- und Lifestyle-affinen Publikums nicht ab. Webserien dagegen bedienen eine speziellere und ausgewähltere Zielgruppe, die nach spezielleren Formaten verlangt. Der große Vorteil von Webserien gegenüber dem Fernsehen besteht neben den individualisierten und flexiblen Nutzungsmöglichkeiten in ihrem Mut zum Risiko. Die deutlich geringeren Produktionskosten von Webserien ermöglichen die Umsetzung ganz neuer Ideen, die im klassischen TV keine Chance hätten. Im Web haben Serien zudem mehr Zeit, sich zu etablieren, auch weil sie zu jeder Zeit an jedem Ort angesehen werden können.

Mit der Konzentration auf das junge Format der Webserie kommt 3min eine Sonderstellung im Bereich der Web-Videounterhaltung zu. Gegenüber Videoportalen, die vor allem auf User Generated Content setzen, grenzt sich 3min durch den professionellen, redaktionell ausgewählten und exklusiven Content ab, gegenüber klassischer TV-Unterhaltung (zu der hier auch IPTV und Video-on-Demand gezählt werden soll) durch die Konzentration auf kurze, kreative und mutige Formate, die in der relevanten Zielgruppe bevorzugt genutzt werden.

Weniger abgrenzend als vielmehr integrierend formuliert verbindet das Angebot von 3min also die Vorteile klassischer Videounterhaltung (professionell, hochauflösend, qualitativ hochwertig) mit denen des Internets (kurz, flexibel nutzbar, innovativ). Dies betrifft neben der Art der Inhalte auch die Form, in der diese konsumiert werden können: Neben einer proaktiven Auswahl der Videos können sich die Nutzer auf 3min auch für einen Leanback-Modus entscheiden und per Zeitleiste eine automatisierte Clipauswahl genießen.

5.3 Internet goes mobile

Mit 3min folgen wir noch einem weiteren Trend, der mit der Formel „Internet goes mobile" beschrieben werden kann. Einer Studie des Marktforschungsinstituts Nielsen zufolge möchte gut jeder zweite Mobile-Internetnutzer in Europa das Web in Zukunft verstärkt auf Mobile Devices nutzen, mehr als ein Viertel der Nicht-Nutzer plant, derartige Services zukünftig in Anspruch zu nehmen.[8] Der größte Zuwachs der

Mobile-Internetnutzung wird bereits in den kommenden zwölf Monaten erwartet. Für den deutschen Markt ergab eine vom Bundesverband Digitale Wirtschaft in Auftrag gegebene Studie, dass bereits heute 35 Prozent der Befragten das mobile Internet nutzen. Jeder dritte Nicht-Nutzer hat vor, mobile Dienste innerhalb eines Jahres in Anspruch zu nehmen oder kann sich dies zumindest vorstellen.[9] Für im Web agierende Unternehmen wird es also zunehmend wichtig, das eigene Angebot auch für mobile Endgeräte wie Smartphones zu optimieren.

Mit der Entwicklung einer eigenen Applikation für das iPhone[10] haben wir einen ersten Schritt getan, eine komfortable Nutzung von 3min auf Mobile Devices zu ermöglichen. Anwendungen für weitere mobile Endgeräte werden folgen.

Kurz zusammengefasst bietet 3min Video-Entertainment, das in eine Lücke zwischen den bestehenden Angeboten stößt und gute Chancen hat, sich auch auf dem sich entwickelnden Markt der mobilen Internetnutzung zu etablieren.

6 Das Geschäftsmodell von 3min

Nach der Darlegung der konzeptionellen Positionierung am Markt soll nun das Geschäftsmodell von 3min beschrieben werden. Bei der Entwicklung von 3min haben wir uns für eine reine Werbefinanzierung und gegen Konzepte wie Pay-per-View oder eine monatliche Nutzer-Flatrate entschieden. Der Grund dafür ist unsere Überzeugung, dass das Angebot für die User kostenlos sein muss, um eine entsprechende Reichweite aufzubauen. Das Internet wird von einer Großzahl der Nutzer noch immer als „Umsonst"-Medium betrachtet, die Zahlungsbereitschaft ist in der Regel gering. Internetwerbung wird jedoch von der Mehrheit der Nutzer akzeptiert, wenn sie kostenfreie Videoinhalte finanziert.[11]

6.1 Starke Zuwächse auf dem Online-Werbemarkt

Auch wenn der Online-Werbemarkt noch in der Entwicklung steckt, geben aktuelle Zahlen Anlass zum Optimismus: Die Ausgaben für Internetwerbung stiegen in Deutschland im Jahr 2008 um 27 % gegenüber dem Vorjahr auf knapp 1,5 Milliarden Euro an.[12] Zwar fielen die Zuwachsraten im ersten Quartal 2009 etwas geringer aus, die Entwicklung des Werbemarktes ist im Web aber immer noch deutlich stärker als in anderen Medien.[13]

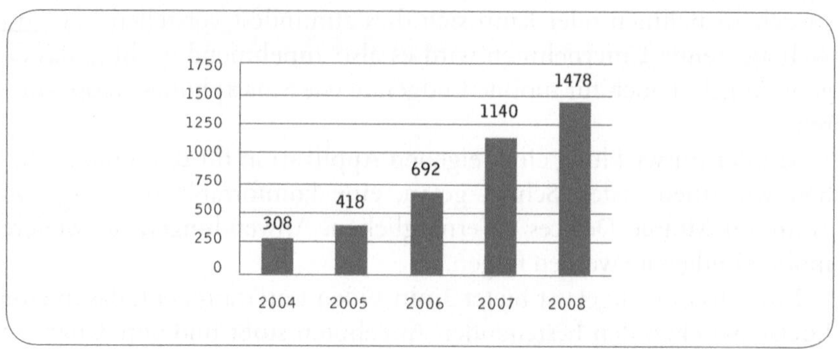

Abb. 3: Online-Werbeausgaben in Deutschland – Brutto-Spendings in Millionen Euro (eigene Darstellung; Zahlen: Tomorrow Focus AG)

Einer Studie der European Interactive Advertising Association zufolge wollen zudem 70 % der befragten Werbetreibenden in Europa ihre Online-Werbeausgaben in 2009 steigern und auch zukünftig verstärkt auf Onlinewerbung setzen.[14]

6.2 3min als Werbeträger

Das Potenzial von 3min als Werbeträger wird von uns aufgrund des noch nicht besetzten Wettbewerbsumfeldes im Bereich sowohl linear als auch on demand verfügbaren Professional Contents als Erfolg versprechend eingeschätzt.

3min bietet Werbetreibenden in diesem Umfeld die gängigsten Werbeformate wie Display- und Video-Ads an und arbeitet mit seinem Vermarkter Interactive Media an der Entwicklung neuer, innovativer Werbeformate und deren Einbindung in das Portal, um sich am Werbemarkt zu positionieren.

Durch Kooperationen mit starken Partnern wie Social Communities sowie Video- und General-Interest-Portalen sollen zudem Synergieeffekte genutzt werden. Gerade für die Kernzielgruppe der 14- bis 29-Jährigen gehören Social Networks, Video- und Fotoportale oder Communitys heute zum Onlinealltag, in den sich zunehmend auch klassische Funktionen wie Mailen oder Chatten verlagern. Die Kooperation mit derartigen Angeboten stellt für uns einen Weg dar, die Nutzer dort auf 3min aufmerksam zu machen, wo sie mehr und mehr Zeit verbringen[15] und wo sich auch das Angebot von 3min befindet – im Internet. Dies bietet die Möglichkeit, Reichweite und Zielgruppe zu erweitern, wovon auch Werbepartner profitieren können. Das Feedback der Werbetreibenden ist schon jetzt sehr positiv, der Onlinewerbemarkt ist jedoch trotz steigender Werbeaufwendungen hart umkämpft. Als erstes deutschsprachiges Webserien-Portal besitzt 3min jedoch ein großes Zuschauerpotenzial und stellt für Kunden eine attraktive Werbeplattform dar.

7 *Ausblick*

Noch dominiert das Fernsehen das Video-Entertainment, das Web jedoch holt als Unterhaltungsmedium auf. Als geeignete Strategie, mit Videoinhalten erfolgreich zu sein, erscheint es sinnvoll, Elemente beider Medien zu kombinieren: die Qualität professioneller, klassischer Film- und Videoproduktionen mit den neuen, viel fragmentierteren Nutzungsanforderungen an Webinhalte. Jugendliche verbringen heute schon mehr Zeit online als vor dem Fernseher. Noch ist nicht klar, ob dies nur Phänomen einer bestimmten Lebensphase ist oder ob sich hier langfristig ein neues und individualisiertes Medienverhalten etabliert. Man kann jedoch davon ausgehen, dass die multimediale Mediensozialisation der heutigen Jugendlichen die Erwartungen der Erwachsenen von morgen prägen wird. Jugendliche und junge Erwachsene begreifen das Web bereits als All-in-One-Medium. Noch sprechen zwei Aspekte dafür, dass diese Nutzergruppe auch zukünftig linear verbreiteten Inhalten den Vorzug geben wird: auf der einen Seite das Gewohnheits- und Vertrauensprinzip dem Fernsehen gegenüber. Dies wird sich durch die angesprochene Mediensozialisation jedoch zwangsläufig ändern. Ein zweiter Grund kann in der professionellen Aufbereitung und der Vorselektion klassischer Medien vermutet werden. Hier wird es darauf ankommen, den Konsumenten qualitativ hochwertige Videounterhaltung zu bieten und ihnen die Orientierung im Internet zu erleichtern, ohne dabei jedoch das Fernsehen nur zu kopieren. In der Ausdifferenzierung der Inhalte liegt die Herausforderung, aber auch die Chance für die erfolgreiche Onlinedistribution von Videounterhaltung.

Ein Blick in die Wohnzimmer der (nahen) Zukunft zeigt, wohin die Entwicklung gehen könnte (und wohl auch gehen wird): Die Verbreitung von Multimediageräten, mit denen es möglich ist, am TV-Gerät nicht nur fernzusehen, sondern auch zu surfen, chatten, mailen etc. stellt einen zweiten Schritt der Konvergenz von Web und TV dar (der erste war die Möglichkeit, TV-Inhalte auf dem PC verfolgen zu können). Diese Konvergenz wird aber wohl in erster Linie in den Endgeräten stattfinden, die in der Lage sein werden, sowohl klassische TV-Inhalte als auch neue Web-Formate zu empfangen und wiederzugeben, und weniger die Inhalte selbst betreffen.

Es geht also unserer Meinung nach weniger darum, ob das Web das klassische Fernsehen ersetzen wird. Vielmehr werden die Distributionswege von Videoinhalten und damit auch die Inhalte an sich in den Endgeräten zusammentreffen und gleichberechtigt nebeneinander existieren. Es geht also darum, hier komplementäre Angebote zu schaffen, das Angebot auszudifferenzieren und dem Konsumenten die Wahl zu geben,

wann und in welcher Situation er welche Angebote nutzt. Ein Portal, das exklusive

deutschsprachige Webserien zeigt, ist eines dieser Angebote.

8 *Zusammenfassung*

Zum Abschluss noch einmal die wichtigsten Stichpunkte in der Übersicht:

- Zunehmende Verbreitung von Breitbandanschlüssen, komfortable Nutzung datenintensiver Inhalte möglich
- Veränderte Funktionszuweisung des Webs: Unterhaltung statt Information; Internet All-in-One-Medium
- Nachfrage nach (kurzen) Webvideos steigt
- Neue, fragmentiertere Sehgewohnheiten; individuelles, (zeit- und orts-) flexibles Medienverhalten
- Neues Marktfeld zwischen (IP)TV, VoD und UGC; Webserien als neues, dem Medium angemessenes Format mit zielgruppenspezifischer Qualität
- Vorteile von Webserien: geringere Produktionskosten, Umsetzung neuer Ideen, Mut zum Risiko
- Orientierungsbedürfnis beim Nutzer vorhanden, Vorselektion und Bündelung der Angebote gefragt

- In Deutschland bislang kein Angebot für professionell produzierte serielle Videoinhalte
- Mobiles Internet mit großem Potenzial
- Vorteile 3min: kurze Folgen für zwischendurch, qualitativ hochwertige Produktionen, alles auf Deutsch, selbstbestimmte Nutzung wann und wo, für den User kostenlos, Nutzung auf Mobile Devices möglich
- Geringe Bezahlbereitschaft im „Umsonstmedium" Internet
- Onlinewerbung als Finanzierung kostenloser Videoinhalte von Mehrheit der Nutzer akzeptiert
- Online-Werbemarkt mit größeren Zuwächsen als andere Werbemärkte
- 3min als Angebot im nicht besetzten Wettbewerbsumfeld sowohl linear als auch on demand verfügbaren, professionellen Contents
- Synergieeffekte durch Kooperationen mit anderen Onlineanbietern (Social Networks, Videoportale, General Interest Portale)
- Multimediale Mediensozialisation Jugendlicher prägt Erwartungshaltung an Medien von morgen
- Internet als Komplementärangebot zum TV; Ausdifferenzierung der Inhalte
- Konvergenz von Distributionswegen und Inhalten in Multimediageräten

9 *Autorenfragen*

An welcher Stelle würden Sie gerne Ihren Lieblingsfilm stoppen und interaktiv eingreifen wollen?

Pulp Fiction: Bevor Uma Thurman eine Überdosis Kokain nimmt und die Spritze ins Herz bekommt.

Welches Bewegtbildangebot im Netz empfehlen Sie gerne weiter und warum?

www.vbs.tv - redaktionell ganz grandiose Geschichten.

Welche Vision verbinden Sie persönlich mit Onlinevideo?

Web TV Vision 2015: Die Media Spendings im Bereich Web TV/ Onlinevideo haben die TV Spendings an der Spitze des Mediamix abgelöst.

10 *Quellenverzeichnis*

1 Vgl. Eimeren v. B., Frees B.: Zudem stieg der Anteil von Flatrate-Abonennten in den letzten drei Jahren von 18 % auf 86 % der Internetnutzer, 2008a.
2 Fisch C.; Gscheidle, M.; S. 346.
3 Vgl. Eimeren v. B., Frees B.: In der absoluten Nutzungshäufigkeit (also unabhängig von der Art der Nutzung, hat das Internet bei den 20- bis 29-Jährigen das Fernsehen bereits überholt: 69 % nutzten das Web 2008 (mehrmals) täglich, 67 % das Fernsehen (von Eimeren/ Frees [2008b], S. 355).
4 Vgl. ARD/ZDF: Im März/April 2009 betrug der Anteil der neuesten ARD/ZDF-Onlinestudie zufolge bereits 62 %, 2009.
5 Vgl. ComScore, 2009.
6 Vgl. v. Eimeren; Frees, 2008b, S. 351.
7 Vgl. ComScore, 2009.
8 Vgl. Hesse, 2009.
9 Vgl. Ziel ist es nicht zuletzt, hier Synergien mit den Angeboten Videoload, T-Home Entertain und T-Online zu nutzen.
10 Vgl. Tellabs, 2009.
11 Vgl. Bundesverband Digitale Wirtschaft, 2009.
12 Vgl. AdMob.com: Weltweit werden einer Befragung des Werbevermarkters AdMob zufolge 33 % des Datenverkehrs übers Handy von iPhone-Nutzern verursacht, Februar 2009.
13 Vgl. Fittkau & Maaß Consulting, 2009.
14 Vgl. Rothstock 2008 und Nielsen 2009a.
15 Vgl. Nielsen 2009b.
16 Vgl. EIAA 2009.
17 V. Eimeren, B.; Frees, B.: Internetnutzer in Deutschland verbrachten 2008 durchschnittlich 120 Minuten am Tag online, 14- bis 29-Jährige sogar 159 Minuten, 2008, S. 340.

Weiterführende Literatur und Links

ARD/ZDF: ARD/ZDF-Onlinestudie 2009: Nachfrage nach Videos und Audios im Internet steigt weiter. Pressemitteilung, Frankfurt; Mainz (hrsg. 27. 05. 2009).

Berger, R. Strategy Consultants: WebTV insights and perspectives. A web 2.0 phenomenon is coining new TV usage patterns, 2008.

Bundesverband Digitale Wirtschaft: BVDW sieht starkes Wachstumspotenzial des mobilen Internets in Deutschland, Pressemitteilung, Düsseldorf (hrsg. 09. 04. 2009).

ComScore: Germany had 28 Million Online Video Viewers Watch More Than 3 Billion Videos in December 2008, London 2009.

Eimeren, v. B.; Frees, B.: Internetverbreitung: Größter Zuwachs bei Silver-Surfern, in: Media Perspektiven 07/2 008, Frankfurt am Main 2 008, S. 330–344.

Eimeren, v B.; Frees, B.: Bewegtbildnutzung im Internet; in: Media Perspektiven 07/2008,

Frankfurt am Main 2008, S. 350-355.

European Interactive Advertising Association: Europas Werbetreibende setzen in der Krise verstärkt auf Online-Werbung, Pressemitteilung, London (hrsg. 23. 04. 2009).

Fisch, M.; Gscheidle, C.: Mitmachnetz Web 2.0: Rege Beteiligung nur in Communitys; in: Media Perspektiven 07/2008, Frankfurt am Main 2008, S. 356–376.

Fittkau & Maaß Consulting: Mehrheit akzeptiert Video-Werbung im Internet, Pressemitteilung, Hamburg (hrsg. 25. 03. 2009).

Hesse, M.: Web Series Are Coming Into A Prime Time of Their Own; in: The Washington Post (hrsg. 17. 05. 2009). Vgl. www.washingtonpost.com (letzter Abruf 20.5.2009).

Nielsen Media Research: Nielsen veröffentlicht Bruttowerbeumsätze 2008 der Medien Online & At-Retail-Media. Pressemitteilung, Hamburg (hrsg. 19. 01. 2009).

Nielsen Media Research: Online-Werbemarkt spürt erste Folgen der Wirtschaftskrise, Online mit plus 15,1 Prozent im ersten Quartal 2009, Pressemitteilung, Hamburg (hrsg. 14. 04. 2009).

Rothstock, K.: Online Advertising Spending Report 2008; in: Tomorrow Focus AG, München 2009.

Tellabs: Mobile Internet will grow dramatically despite economic downturn, consumers say, Pressemitteilung, Barcelona (hrsg. 15. 02. 2009).

Case Study – Die Social Media Plattform MySpace

Christoph Urban, FOX Interactive Media, Berlin

Der Bewegtbildkonsum ändert sich gerade dramatisch. Ist dies bis vor Kurzem eine reine Domäne des Mediums TV gewesen, so findet die Videonutzung nun mehr und mehr im Internet statt. Eine besondere Rolle nehmen dabei Social Networks ein.

Dieser Beitrag soll die Schnittmenge von Social Media und Bewegtbild am Beispiel von MySpace beleuchten. MySpace verbindet Community und Bewegtbild zu einem ganz neuen Rezeptionserlebnis für den Nutzer. Dies schafft die Grundlage für ein neues Vermarktungsmodell für Videowerbung im Internet und damit verbunden nicht nur neue Werbeformen, sondern auch Finanzierungsmodelle für Social Networks. Am Beispiel der Showcases „Candygirls" und „Kavka vs. the Web" werden diese Wirkungsweisen erklärt und Erfolgsfaktoren für die Zukunft aufgestellt und definiert.

1 MySpace im Überblick

MySpace wurde in Los Angeles, USA von Tom Anderson und Chris DeWolfe gegründet. Ursprünglich ein Anbieter von kostenlosem Datenspeicher riefen die beiden im Juli 2003 eine Community ins Leben, die die Internetwelt so noch nicht gesehen hatte.

Das erste reinrassige Social Network war geboren. Das Besondere an MySpace ist der Schwerpunkt Musik. Anderson nutzte seine Kontakte zu Künstlern und Bands und überzeugte sie davon, sich „ihren MySpace" einzurichten. Damit wurde es möglich, dass Bands und Fans miteinander in Kontakt treten konnten – und das war nicht nur zu Beginn der größte Erfolgsfaktor der Website.

Im Juli 2005, also genau zwei Jahre nach der Gründung und nach einem explosionsartigen Wachstum, wurde MySpace von Rupert Murdochs News Corp. übernommen. Der Medienmogul sicherte sich MySpace zu einer für damalige Verhältnisse astronomischen Summe von 580 Mio. US-Dollar. Der Australier bewies wie so oft einen guten Riecher für das globale Mediengeschäft, denn kaum ein Jahr später wurde mit Google ein Deal unterschrieben, der für die Integration der Google-Suche und Google AdSense Zahlungen in Höhe von bis zu 900 Millionen US-Dollar in Aussicht stellte. Heute verzeichnet MySpace weltweit 123 Millionen monatliche Unique User[1], das sind tatsächliche Personen, die die Internetseite von MySpace mindestens einmal pro Monat besuchen. Insgesamt sind heute über 250 Millionen Accounts bei MySpace registriert, fast so viele Einwohner, wie es beispielsweise in den USA gibt. In Deutschland besuchen im ersten Quartal 2009 4,9 Millionen User MySpace und rufen im Schnitt knapp 800 Millionen Seiten ab.[2] Damit gehört MySpace zu dem illustren Kreis der 15 meistbesuchten Webseiten in Deutschland.

Im Gegensatz zu anderen Social Networks verfügt MySpace über mehrere Alleinstellungsmerkmale. Die User können auf MySpace nicht nur Mails oder Forenbeiträge schreiben, Kommentare hinterlassen, Fotos hochladen und sich zu Gruppen formieren, sondern auch ihre Profile individuell gestalten und personalisieren. Das mag sicherlich nicht jedermanns Sache sein, die oft grellen Profile sind zum Teil schlecht lesbar oder chaotisch gelayoutet, haben aber mittlerweile zu einer sehr eigenen MySpace-Bild-sprache geführt, die für jeden Internet-User geradezu unverwechselbar ist.

Besondere Audio- und Videofunktionen – Band-User können beispielsweise bis zu zehn Songs auf ihr Profil hochladen und eine unbegrenzte Anzahl Videos – machen MySpace zur bevorzugten Plattform aller Musiker und Bands, für die „ihr MySpace" zum Großteil die eigene Homepage ersetzt hat.

Dies führt dazu, dass die User von MySpace im Vergleich zu anderen demografisch spezialisierten Social Networks (wie z.B. SchülerVZ) eine relativ breite Altersstruktur aufweist. Der durchschnittliche MySpace-User ist 25 Jahre alt, die Jüngsten 13 Jahre und die Ältesten rund 60 Jahre.

2 *MySpace und Premium Video-Content*

Wie schon oben angedeutet definiert sich MySpace sehr stark über Inhalte. Die User können allein 400.000 deutsche Bands und Musikkünstler finden, die ihre Musik auf MySpace hochgeladen haben. Aber auch Videoinhalte genießen bei MySpace eine besondere Bedeutung. Die umfangreichen Videofunktionalitäten (User können Videos auf MySpace hochladen, eigene Videokanäle anlegen und personalisieren) machen MySpace in den USA nach YouTube zur Nummer zwei der meist abgerufenen Videoportale mit 120,8 Millionen abgespielten Video-Streams im Monat April 2009.[3]

Welche Art von Videoinhalten werden nun von den Usern genutzt? Laut einer Studie des Marktforschungsunternehmen eMarketer sind Comedy-Clips mit 37 % das beliebteste Genre, gefolgt von Musikvideos, User Generated Videos, News-Beiträgen und Kino-Trailern (siehe Abbildung)

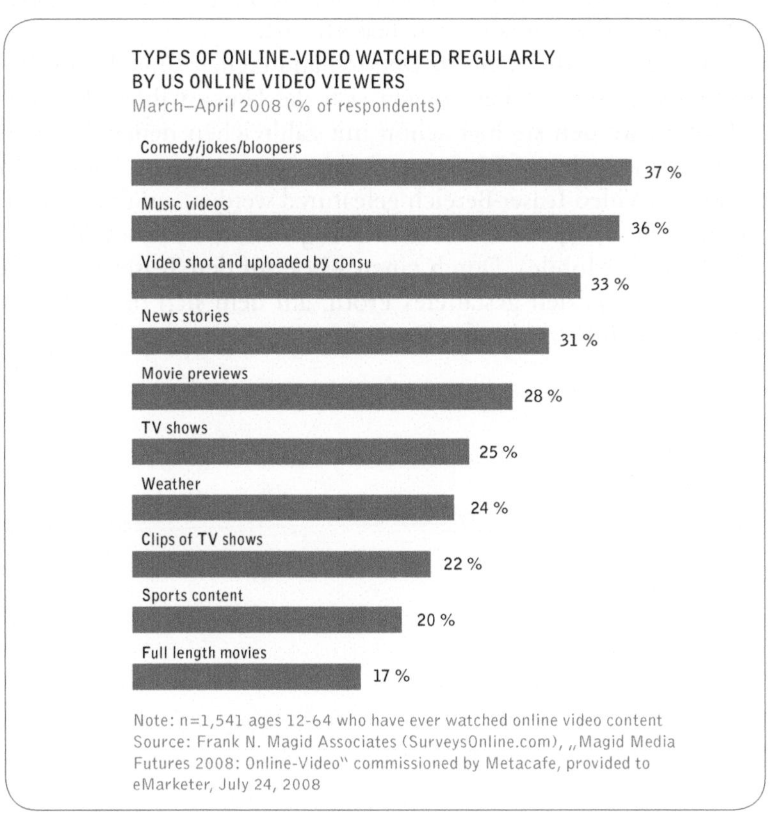

Abb. 1: Arten der Videonutzung in den USA

Kinofilme in voller Länge nehmen mit 17 % erstaunlicherweise den letzten Rang ein. Die Nutzer präferieren in erster Linie kurze Erzählformen, man spricht auch von Video-Snacking. Die durchschnittliche Abruflänge von Onlinevideos liegt laut Beratungsfirma HMR[4] in den USA bei 2,8 Minuten.

Natürlich finden die Nutzer bei MySpace nicht nur User Generated Content, sondern auch professionell erstellten Content, sogenannten Premium Content, von Anbietern wie der BBC, Fox Studios, bis hin zu Arte, NDR oder Radio Energy. Alle diese Inhalte können sogar von Usern genutzt werden, die nicht bei MySpace registriert sind.

Die besondere Positionierung von MySpace als „Social Portal", das Social Networking und Entertainment Content zusammenbringt, wird schon allein klar, wenn man einen Blick auf die Startseite www.myspac e.com mit ihren vielen inhaltlichen Teasern wirft.

Auf der Startseite, die allein in Deutschland täglich rund 1,5 Millionen Seitenabrufe verzeichnet, loggen sich die User in ihren Account ein, außerdem werden sie hier schon mit zahlreichen neuen Inhalten konfrontiert, die sich auf MySpace finden lassen. Videos können in einem eigenen Video-Teaser-Bereich gefeatured werden, außerdem auch sehr prominent im großen Teaser, der sogenannten Hero-Unit (vgl. Abb. 2, MySpace Mobile). Durch einen Klick auf den Teaser gelangen die User auf ein speziell gestaltetes Profil, auf dem sich dann die gewünschten Videoinhalte abrufen lassen.

Abb. 2: Die Startseite von MySpace

3 Strategien von Premium Video-Content bei MySpace

Content is King – das alte Mantra der Medienbranche scheint sich auch im Sektor Bewegtbild im Internet mehr und mehr durchzusetzen. Wie schon im vorigen Kapitel beschrieben zählen Musikvideos, Comedy-Clips und Newsbeiträge zu den beliebtesten Videoinhalten im Netz – alles mehr oder weniger aufwendige Inhalte-Produktionen von Content-Profis für einen explosionsartig wachsenden Markt. Fast alle Top-20-Seiten aus dem deutschen AGOF-Ranking bieten heute Video – Inhalte an – sei es Spiegel.de mit aktuellen News-Beträgen von Reuters oder Spiegel TV, RTL.de mit Long-Form Content bei RTL Now, also klassische TV-Serien und Filme in voller Länge, bis hin zu Boris Becker TV bei Bild.de. Die Gründe liegen auf der Hand. Onlinevideo ist (neben Social Networking) nicht nur einer der großen Treiber der Internetnutzung der letzten Jahre, sondern auch die am schnellsten wachsende Online-Werbegattung. eMarketer geht in der Studie „Television's New Picture" vom November 2008 davon aus, dass Onlinevideo-Werbung im Jahr 2009 um 48 % wachsen wird, im Jahr 2013 sogar um 70 %. Im gleichen Jahr wird der Onlinevideo-Werbemarkt in den USA 5,8 Milliarden US-Dollar groß sein und damit knapp 10 % des gesamten Online-Werbemarkts umfassen.

Aktuell finanziert sich MySpace nahezu vollständig durch Onlinewerbung. Deshalb ist es wichtig, für alle strategischen Geschäftsfelder eine entsprechende Gegenfinanzierung durch Werbung zu planen. MySpace ist auf dem Online-Werbemarkt in Deutschland als Lifestyle-/ Entertainment-Plattform positioniert. Nutzer der Plattform sind zum Großteil trendorientierte Opinion Leader, die sich über die Plattform nicht nur austauschen und kommunizieren, sondern Inhalte entdecken und Popkultur erleben. Die wichtigste Werbeform für MySpace Deutschland ist neben der klassischen Display-Vermarktung (grafische Anzeigen wie das klassische Banner, Medium Rectan- gle, etc.) die sogenannte Branded Community. Dies ist ein spezielles MySpace-Profil für Werbungtreibende wie z.B. Coca Cola, die dort ihren aktuellen Band-Contest „Coca Cola Soundwave Discovery Tour" stattfinden lassen. Der Werbungtreibende „pflanzt" sich so direkt in MySpace ein und nutzt verschiedenste Community-Tools wie z.B. Medien-Uploads oder Votings, um seine Werbeziele zu erreichen und in der Community mit der Zielgruppe zu kommunizieren.

MySpace verbindet Community und Bewegtbild zu einer neuen Form der Videowerbung und stellt nicht nur eine reine Übertragung des aktuellen TV-Geschäftsmodells auf Online dar.

Hier sind die wichtigsten viralen Tools zur Verbreitung von Videoinhalten kurz aufgelistet:

- User sehen, was ihre Freunde machen
  Social Networks funktionieren über Beziehungen zwischen einzelnen Usern. Bei MySpace können sich User untereinander anfreunden. Eine Freundesliste, über die jeder User auf kurz oder lang verfügt, ist das Kapital eines jeden Nutzers. Über seinen sogenannten Aktivitäten-Stream kann nun ein User erkennen, was ein anderer User, der mit ihm befreundet ist, gerade an Aktivitäten auf der Plattform durchgeführt hat. Er wird also informiert, wenn zum Beispiel ein Video von einem Freund hochgeladen wurde. Da alle Freunde dieses Users den Upload sehen und neugierig sein werden, welches

Video hochgeladen wurde, ist die Wahrscheinlichkeit hoch, dass sie dieses Video abrufen werden. Die Kommunikation muss also nicht mehr wie im Web-1.0-Zeitalter angestoßen werden (jeder kennt E-Mails mit mehr oder weniger witzigen Videolinks), sondern funktioniert quasi automatisch über den Aktivitäten-Stream.

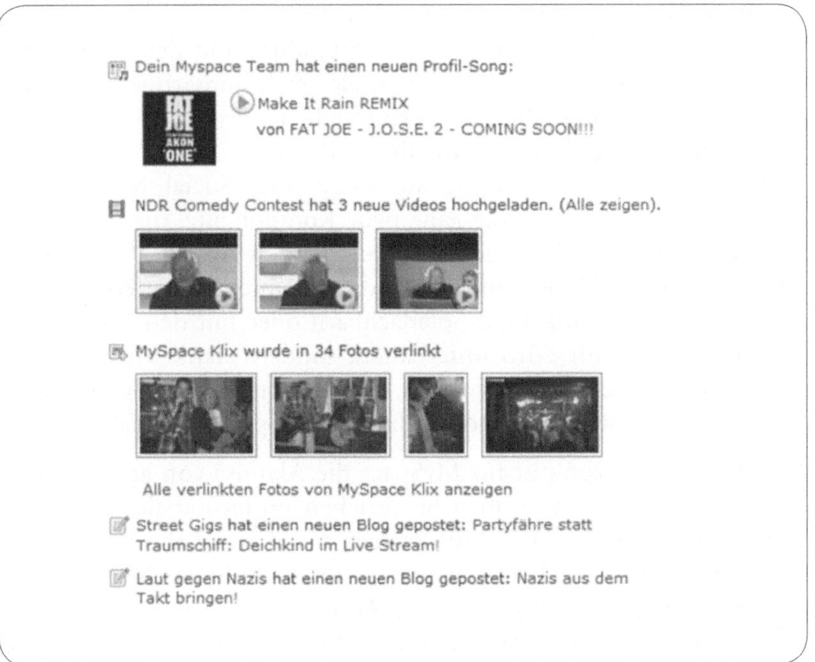

Abb. 3: Ausschnitt aus dem Aktivitäten-Stream von MySpace

- User geben ihrem Netzwerk Infos über Status und Stimmung
  Noch ein wenig unmittelbarer ist die Status- und Stimmung-Funktion. User werden aufgefordert zu schreiben, was sie gerade machen, und können gleich noch ihre aktuelle Stimmung dazu angeben (auch in Form von grafischen Smileys). Oftmals werden im Status auch Links gepostet, die auf Videos verlinken und so ebenfalls zu einer rasanten Verbreitung derartiger Inhalte führen können.
- User binden Videos in ihre Profile ein
  Die besondere Positionierung von MySpace erlaubt es den Usern, Videos in ihre Profile einzubinden. Der User muss die Inhalte nicht

zwangsläufig selbst hochgeladen haben, sondern kann sogar Videos von anderen Plattformen wie YouTube oder MyVideo auf seinem Profil spiegeln, das sogenannte „posten", in diesem Fall auch „embedden" genannt. Das heißt umgekehrt auch, dass der Videokonsum nicht nur im MySpace-Video-Bereich stattfindet. Internen Statistiken zufolge findet diese sogar zu 70 % nicht bei MySpace Video satt, sondern auf den einzelnen Userprofilen, die ihre Profile damit schmücken. Diese Funktion – in Verbindung mit den beiden oben genannten „Feeds" – macht eine virale, explosionsartige Verbreitung von Videoinhalten überhaupt erst möglich.

- User nehmen aktiv an den Inhalten teil
  Durch die besonderen Eigenschaften eines Social Networks bekommt Onlinevideo eine ganz neue Komponente, die es bisher so noch nicht gab: das sogenannte Social Viewing. Die User können sich heute nicht nur um das mediale Content-Lagerfeuer versammeln und sich mit ihren Sofanachbarn oder mit den Kollegen am nächsten Tag im Büro unterhalten, sondern dank MySpace kann man in Echtzeit kommentieren, andere Kommentare lesen und sehen, ob Freunde das Video auf ihrem Profil gespiegelt haben.

Eine Herausforderung ist für MySpace die Akquise von geeigneten Inhalten. Das können wie oben beschrieben professionelle Inhalte von Produzenten wie der BBC, Musikvideos der Platten-Labels, Kinotrailer etc. sein. Hieraus ergeben sich aber mehrere Problemfelder. Diese Inhalte werden von externen Content-Anbietern zur Verfügung gestellt, der inhaltliche Einfluss des Plattformbetreibers MySpace ist im Regelfall gleich null. Die Stoffe sind fertig produziert, wenn sie MySpace erreicht haben, die kompletten Rechte verbleiben bei den Produzenten, und die Inhalte sind meist nicht exklusiv, das heißt, die Contents finden sich auch auf anderen Videoplattformen wieder. MySpace als Plattformbetreiber bleibt zumeist nur die Auswertung durch Pre-Roll- oder Post-Roll-Werbung auf TKP-Basis, was langwierige Revenue Share Agreements mit den Produzenten voraussetzt. Bewegtbild-Akquisition wist deshalb nicht zuletzt ein an Personalressoucen intensives Geschäftsfeld.

Aber es gibt noch eine andere Möglichkeit, an Content zu gelangen. Der Startschuss in den USA war die fiktionale Serie „Roommates" (www.myspace.com/roommates), die im Jahr 2007 auf MySpace das Licht der Welt erblickte. „Roomates" erzählt die Geschichte von acht attraktiven College-Studentinnen, die in ein Haus in Los Angeles einziehen. Vier davon kommen aus L.A., und die anderen vier sind die „out- of-towners". Die soap-artige Reality-Handlung erzählt von ihrem täglichen Leben, Beziehungsstress, Männern etc. und war ein enormer Erfolg. Bis dato wurden die 65 „Roommates"-Videos über 13 Millionen Mal abgerufen.

4 Case-Study Candygirls I und Ii

Vorbild für die erste deutsche, professionell produzierte Fictionserie, die speziell für das Web hergestellt worden ist, war die oben beschriebene Serie „Roommates". Mit der 20-teiligen Websoap „They call us Candygirls" beschritt MySpace in Deutschland Neuland. Die Serie wurde im Auftrag von MySpace von der Berliner Produktionsfirma MME Moviement AG produziert. Das Format dreht sich um „vier Girls und deren Leben zwischen Dancefloor, Beziehungen, Liebe, Lügen und Großstadtszene". Die einzelnen Folgen sind zwischen fünf und acht Minuten lang und wurden hauptsächlich im ehemaligen Berliner Club „103" gedreht. Regie führte Miriam Dehne, bekannt z.B. durch die Kinofilme „Little Paris" oder „Stadt als Beute".

4.1 Zielbestimmung und Hintergründe

MySpace verfolgte mit den Candygirls mehrere Marketing- und Sales-Ziele.

- User-Akquisition
  Zentraler Bestandteil des Marketings von Social Networks ist die Akquisition von neuen Usern und damit verbunden neue Anmeldungen. Durch exklusive, attraktive Inhalte will MySpace Content-Leuchttürme schaffen, auf die auch User, die MySpace bisher nur als Musikplattform kennen, aufmerksam werden.
- Regelmäßige Aktivierung der User
  Ziel war es auch, die User nicht nur einmal dazu zu bewegen, eine Folge der Candygirls zu schauen. Im Idealfall sollten diese regelmäßig wiederkehren, um die neuen Folgen zu konsumieren. Für eine derartige Zuschauerbindung sind soap-artige Stoffe mit starken Charakteren mit hohem Identifikationsgrad für die Zielgruppe be-

sonders geeignet. Marketing-Zielgruppe waren deshalb in erster Linie weibliche Teenager im Alter von 17 bis 23 Jahren.

- Monetarisierung
  Ein weiteres Ziel war es, einen starken Werbepartner für die Candygirls zu finden. Die Candygirls sind Teil eines 360-Grad-Vermarktungspaketes mit Pre- und Post-Roll-Videos, Sponsoring-Hinweisen auf der Site, Launch-Event, Ausstattung der Serie, aber auch Gewinnspielen und Video-Specials für den Sponsor.

Script, Dreh und Post-Produktion wurde innerhalb von wenigen Monaten realisiert und die erste Folge am 19. Mai 2008 ausgestrahlt. Zwei Episoden pro Woche (Montag und Donnerstag) wurden bereitgestellt, um die oben erwähnte regelmäßige Zuschauerbindung herzustellen. Die letzte Folge war Ende Juli 2008 online. Besonderes Gewicht wurde bei der Produktion und Ausstrahlung auf die bereits beschriebene „Social Viewing"-Komponente zur Aktivierung der User gelegt. Neben einem „Candygirls"- Profil (siehe Screenshot), auf dem man die neuesten Episoden abrufen, zusätzliche Infos erhalten und die Serie kommentieren konnte, gab es für alle Cast-Mitglieder eigene User-Profile. Ziel war es, Realität und Fiktion verschwimmen zu lassen und den einzelnen Schauspielern in ihrer Serienrolle eine reale, authentische Internetidentität in Form eines MySpace-Profils zu geben. Auf diese Profile wurden Videotagebücher hochgeladen, die MySpace-Mitglieder konnten die Figuren zu ihren MySpace-Freunden hinzufügen, ihnen Nachrichten schreiben, zum Geburtstag gratulieren und Fotos oder Videos auf den eigenen Profilseiten einbinden.

Abb. 4.: „Candygirls"-Profi l auf MySpace

4.2 Ergebnis-Analyse

Der Launch des Formates wurde durch verschiedenste Kommunikationskampagnen auf MySpace begleitet. Aufmerksamkeitsstarke Platzierungen auf der MySpace-Homepage, MySpace-Newsletter an alle User, Display-Werbebanner, Video-Teaser; es wurde jedwede Form der Kommunikation auf MySpace genutzt, um die Candygirls bei den Usern bekannt zu machen. Aber auch TV-Spots auf MTV, VIVA und Comedy Central sorgten für mehr Sichtbarkeit der Serie. Darüber hinaus gab es inhaltliche Kooperationen mit Medienpartnern. Radio NRJ zeigte die Folgen auf ihrer Website und stellte die jeweils aktuelle Folge on air vor; auf Bild.de konnte man die erste Folge einen Tag vor Launch auf MySpace exklusiv sehen. Intensive PR, Search Engine Marketing und virale Spots auf anderen Videoplattformen rundeten die Marketingmaßnahmen ab.

Die einzelnen Videos wurden bis zum Ende der ersten Staffel über 1,5 Millionen Mal abgerufen. Der Werbeeffekt und die umfangreiche PR-Kampagne zum Start der Serie, die Abdrucke in der gesamten deutschen B2B- und B2C-Presse brachte (Spiegel, Süddeutsche Zeitung, FAZ, dpa, W&V, Horizont, YAM und deren Online-Derivate), hatten die ersten Folgen deutlich beflügelt. Besonders intensiv war die Nutzung der Serie in der Nachmittagszeit, was darauf zurückzuführen ist, dass die Serie den Nerv der 14–19-jährigen Zielgruppe, die zu dieser Zeit gerade von der Schule nach Hause kommt, sehr gut getroffen hat. Die Akzeptanz der Serie unterlag während der gesamten Laufzeit Schwankungen bei den Abrufzahlen (siehe Tab. 1). Ausreißer nach oben stellten z.B. die Folge 6 mit dem Titel „Katzen und Höschen" und die Folge 18 dar, die mit „Sex im Pool" betitelt wurde. Hierzu mehr im Kapitel 6: Erfolgsfaktoren und Learnings. Dennoch hatte sich schon nach kurzer Zeit eine Stammseherschaft von ca. 50.000 Sehern gebildet, was im Vergleich zu vergleichbaren amerikanischen Formaten erstaunlich ist. Dort war zu beobachten, dass die Abrufzahlen nach starken ersten Folgen recht zügig zurückgingen. Durch den geschickten Themenmix der Candygirls und die stark polarisierenden Inhalte, die knapp 15.000 Kommentare in der ersten Staffel erzeugte, ist dieser Effekt hier ausgeblieben. Außerdem verbuchte MySpace Deutschland in den ersten Wochen des Serien-Launches deutlich höhere Registrierungsraten von 15 % gegenüber den Tagen vor dem Serienstart.

Als Headsponsor der ersten Staffel konnte der amerikanische Bekleidungskonzern Levi's gewonnen werden. Levi's wurde in diesem Rahmen auf dem Serienprofil, auf der begleitenden Displaywerbung und als Pre-Roll-Sponsorhinweis in die einzelnen Folgen eingebaut. Außerdem trat der Jeans-Konzern als Ausstatter der Folgen in Erscheinung.

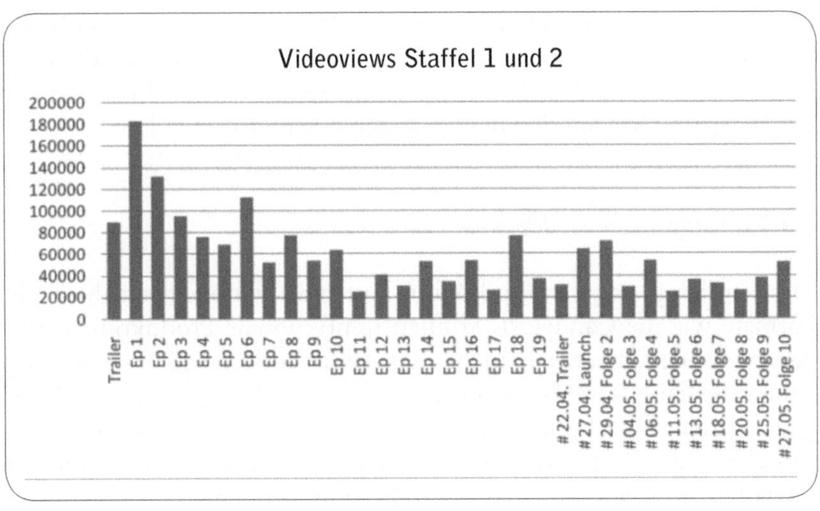

Tab. 1: Videoviews 1. und 2. Staffel „Candygirls" (Quelle: MySpace.com)

Im Mai 2009 gingen die Candygirls in die zweite Staffel. Der Themenmix rund um Liebe, Großstadt, Nachtleben und Musik wurde fortgesetzt, und neben neuen Schauspielern wurde der Autohersteller Ford als Marketingpartner gefunden. Schon im Vorfeld der Serie castete MySpace auf dem Ford-Profil nach dem fünften, neuen Candygirl. Teilnehmerinnen konnten sich mit Bild bewerben, die besten fünf wurden von den Usern gevotet und schließlich nach Berlin zum Schlusscasting eingeladen. Außerdem waren parallel zur Ausstrahlung der eigentlichen Serie Zusatzmaterial aus der Serie und ein Best-of auf dem Ford-Profil zu betrachten. Diese Maßnahmen dienten auch dazu, Traffic auf dem Profil des Autoherstellers zu erzeugen.

Die MME Moviement AG produzierte wie schon in der ersten Staffel die zehn neuen Folgen. Erst kurze Zeit nach dem Ende der zweiten Staffel lässt sich bilanzieren, dass die neuen Folgen etwa 35 % weniger Abrufe je Folge verzeichnen konnten als die der ersten Staffel. Nach internen Analysen könnte Ursache sein, dass das Genre Webserien für den User mittlerweile nichts Neues mehr darstellt, da die Wettbewerber nachgezogen haben und in der Zwischenzeit eigene Serien entwickelt haben, wie z.B. „Piet Show" bei StudiVZ oder „Deer Lucy" bei Bild.de. Dies machte sich auch in der Berichterstattung bemerkbar, die auf einem deutlich niedrigeren Niveau als noch bei der ersten Staffel lag. Zudem sind im Mai 2009 noch zwei andere serielle Formate bei

MySpace ausgestrahlt worden, nämlich „Wir sind grösser als GROSS" und „Kavka vs. the Web", von dem im nächsten Kapitel noch die Rede sein wird. Die Candygirls mussten sich deshalb die Aufmerksamkeit der MySpace-User mit den beiden anderen Sendungen teilen.

5 Case-Study Kavka vs. The Web

Mit deutlich geringeren Produktionskosten als fiktionale, erzählerische Formate wie die Candygirls können nonfiktionale Produktionen umgesetzt werden. Hierzu braucht man keine aufwendige Inszenierung, kein ausgefeiltes Drehbuch, keine Stäbe von Schauspielern und Komparsen oder lange Vorlauf- und Planungszeiten. Durch die Studio-Atmosphäre, die Konzentration auf einen Moderator mit wenigen Studiogästen und eine schlankere Produktion können somit die Kosten pro Produktionsminute deutlich gesenkt werden.

Abb. 6: "Kavka vs. the Web"-Profi l auf MySpace

„Kavka vs. the Web" wurde von MySpace zusammen mit der kleinen Produktionsfirma „The Burnbabyburn.com" entwickelt und stellt den ausgewiesenen Musikexperten und langjährigen VJ vom Musiksender MTV und VIVA 2 in den Mittelpunkt der Sendung und des Sendungstitels. „Kavka vs. the Web" ist ein Personality-Magazin und beinhaltet Musiktipps, User der Woche (hier werden die Menschen hinter ihren MySpace-Profilen vorstellt) bis hin zu Gaga 2.0, den besten und manchmal auch merkwürdigsten Fundstücken aus dem Internet. Als Rahmenhandlung werden in jeder neuen Folge comedyartige Sketche in die Sendung eingewoben. Auch die UserInteraktion wurde dabei nicht vergessen, man kann sich per Kommentar als User der Woche bewerben oder an Gewinnspielen teilnehmen. Durch die Integration von Stargästen aus dem Musik- und Schauspielumfeld konnte zusätzliche Aufmerksamkeit durch PR-Maßnahmen und virale Effekte auf Fanprofilen erzeugt werden. Als Marketingpartner konnte für die erste Staffel der Smartphone-Hersteller Blackberry gewonnen werden. Die dreizehn Folgen wurden von Ende Februar bis Ende Mai 2009 jeden Freitag zum Streaming bereitgestellt. Wie gewohnt wurde Blackberry auf dem Profil (siehe Screenshot des Profils „Kavka vs. the Web") und als Pre-Roll vor jede Folge eingebaut. Die Verpflichtung von Markus Kavka erwies sich als guter Schachzug, denn neben einem großen PR-Output gab der Moderator dem Format durch seine hohe musikalische Glaubwürdigkeit einen sehr authentischen Charakter, was wichtig bei einer musikaffinen Zielgruppe wie den MySpace-Usern ist. Berichte in vielen relevanten Medien wie der Süddeutschen Zeitung, Stern.de oder dem Spiegel mit über 70 Millionen PR-Kontakten waren das Ergebnis.

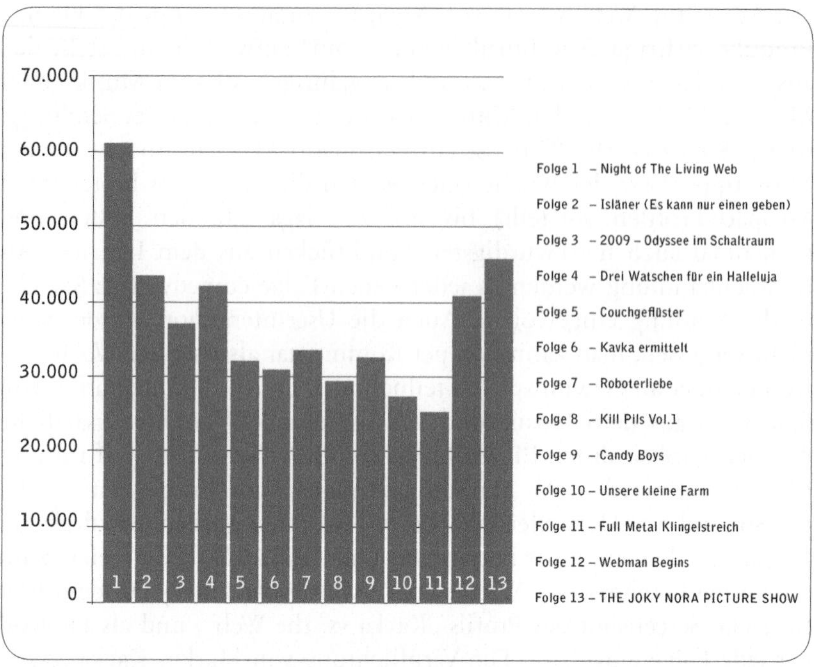

Tab 2.: Videoviews (Folge 1-13 von links nach rechts) „Kavka vs. the Web“, 1. Staffel (Quelle: MySpace.com)

Das Format fand auch unter den Usern schnell eine große Fangemeinde. Durch aufmerksamkeitsstarke Homepage- und Video-Teaser, Newsletter-Platzierungen, Bannerkampagnen etc. wurden die User auf das Format aufmerksam gemacht. Auch den registrierten Freunden von Moderator Markus Kavka (nicht weniger als 25.000) wurde die neue Sendung auf seinem Profil nicht vorenthalten. „Kavka vs. the Web" erreichte bis dato über 520.000 Views, wobei die erste Folge mit über 60.000 Abrufen nach wie vor die am meisten abgerufene Folge ist. Doch auch Folge 2, 4, 12 und 13 erreichten über 40.000 Abrufe. Trotzdem zeigt das Abrufprofil von „Kavka vs. the Web" (siehe Abbildung), dass das Format eine treue Seherschaft vor den Monitoren versammeln konnte und die Seherschaft konstant ohne größere Ausschläge blieb. Bei Folge 12 und 13 kamen Sondereffekte durch die doch recht prominenten Showgäste Sarah Kuttner und Nora Tschirner zum Tragen, was sich positiv auf die Views ausgewirkt hat.

6 *Erkenntnisse und Erfolgsfaktoren*

Im Folgenden möchte ich unter verschiedenen Gesichtspunkten eine Kurzzusammenfassung geben, welche Erkenntnisse MySpace aus den Erfahrungen mit seriellem Web TV-Content gezogen hat. Durch die vier Webserien, die wir in 2008 und 2009 realisierten, entsteht ein erstes Bild vom Markt und seinen Entwicklungsmöglichkeiten.

- Content Management (Videotitel, Thumbnails, Beschreibungstext, Release-Dates)
  Content Management klingt recht trivial und wird oft als nicht relevant angesehen. Aber das ist ein grober Fehler. Als Beispiel für das Reiz-Reaktions-Schema der Internetsurfer sei Folge 18 der ersten Staffel der Candygirls erwähnt. Die Episode „Sex im Pool" verzeichnete 132.000 Abrufe und damit mehr als doppelt so viele wie die vorherigen Folgen. Allerdings hatte die letzte Folge der ersten Staffel sogar noch mehr Video-Views (145.000), ganz ohne schlüpfrigen Titel. Ein Patentrezept sind kurze, knackige Titel, die das Interesse der User wecken, deshalb sicher nicht. Der Inhalt muss auch halten, was der Titel scheinbar verspricht, sonst kann es auch zu Reaktanzen kommen. Die Userin „Without You" kommentiert: „ah gut, die werben mit der riesen überschrift, sex im pool' und dann gibt es gar keinen sex im pool? XD selten dämlich".
  Auch die Auswahl der Video-Thumbnails, die Vorschaubilder auf die Videos, ist wichtig. Das Thumbnail gibt einen Vorgeschmack, was im Video zu erwarten ist, und ist im besten Falle der szenische Höhepunkt. Wir haben festgestellt, dass Beschreibungstexte, die meist etwas länger sind, vom User kaum beachtet werden. Die MySpace-Zielgruppe funktioniert eher intuitiv und visuell und hat kaum Zeit oder Lust, sich lange Texte durchzulesen. Den Beschreibungstexten hingegen kommt eine besondere Bedeutung im Rahmen der Search Engine Optimierung (SEO) zu. Der Beschreibungstext, der im Gegensatz zu Bildern von Google gelesen werden kann, sollte möglichst viele relevante Keywords enthalten, die dann von den Suchmaschinen verarbeitet werden und für eine bessere Auffindbarkeit sorgen.
  Wir haben außerdem festgestellt, dass die Veröffentlichungszeitpunkte (ReleaseDates) der Videos wichtig sind. Neue Folgen wurden bei uns schon vormittags um 10:00 Uhr eingestellt, um zur My-

Space-Peak-Nutzungszeit am Nachmittag zum Abruf bereitzustehen und schon vorher signifikante Abrufe generiert zu haben. Für viele Nutzer sind die Anzahl der Abrufe ein Qualitätssiegel.

- Inhalte müssen polarisieren und Lebensrealität und Lebenswünsche der Zielgruppe treffen
  Wie in den oberen Kapiteln angesprochen ist die große Stärke von Videoinhalten bei Social Networks wie MySpace, dass die Nutzung über den reinen Konsum der Inhalte bzw. Folgen hinausgeht. Die User können die Folgen kommentieren, sich über die Inhalte austauschen oder Lieblingsfolgen auf eigenen Profilen „embedden". Grundvoraussetzung dafür ist, dass die Inhalte den Nerv der Zielgruppe treffen, egal ob in positiver oder negativer Hinsicht. Gerade die Candygirls konnten eine Vielzahl von Nutzer-Kommentaren generieren (über 15.000) und wurden von Teilen der Userschaft sehr kritisch beäugt. Eines von vielen Beispielen ist z.B. der User „Tischler": „was soll man zu dieser 'serie'genau sagen. . . da ist kein inhalt, die kameraführung ist total doog, die dialoge. . . dazu muss ich auch nix sagen. . . sry, aber da sind ungelogen meine ollen filmchen für die schule aus der 9. klasse besser". Auf der anderen Seite gab es jedoch eine sehr große Fanbase, als Beispiel Userin „Lieschen": „tut uns einen gefallen candy-girls und lasst uns nich wieder ein jahr auf neue folgen warten. ich kann doch ohne euch nicht mehr, was soll ich sonst montag und mittwoch machen?? bitte!! bitte!!."
  Inhalte im Internet müssen polarisieren, um bei der Zielgruppe Emotionen zu erzeugen. Und nur diese Art von Gefühlen sorgt dafür, dass Social Viewing funktioniert. Die Fans wollen sich auch zwischen den Folgen unterhalten lassen. Hier kommen wir zum nächsten wichtigen Punkt.
- Zusätzlicher Content ist wichtig (Vlogs, Out-Takes, Bonusmaterial etc.)
  Bonus-Content wurde zeitlich zwischen der Premiere von neuen Folgen veröffentlicht, um die Handlung der Geschichte noch weiter zu treiben und aus einem anderen, persönlicheren Blickwinkel zu beleuchten. Auf den Profilen der einzelnen Protagonisten wurden so zusätzliche Out-Takes und Video-Logs veröffentlicht. Ein gutes Beispiel ist hier die Rolle des „Lemmy" in der Serie „Wir sind grösser als GROSS". Auf seinem Profil wurde das Video „Snoop Dogg in Neukölln" veröffentlicht, dass mittlerweile über 11.000 Mal angesehen wurde. Solche Videos ermöglichen den Usern einen noch priva-

teren Zugang zu den Rollen und machen sie anfassbarer. Auch für den Besuch der Profile der Marketingpartner schaffen Extra-Videos Anreize und runden die kommerzielle Einbindung in eine WebTV-Serie ab.

- Dauerhafte Inhalte-Promotion vs. Appointment-Viewing
  Der Begriff Appointment-Viewing ist bekannt aus dem klassischen Fernsehen und beschreibt die Fernsehnutzung zu einem bestimmten Zeitpunkt. Durch wiederholte und dauerhafte Programmierung von bestimmten Sendungen an festen Programmplätzen lernt der TV-Seher den Sendeplatz und trifft eine „Verabredung" mit dem Sender. Ein Beispiel ist die Tagesschau, von der jedes Kind weiß, dass diese an jedem Tag der Woche um 20:00 Uhr ausgestrahlt wird. Dass es ein schwieriges Unterfangen ist, eine über lange Jahre manifestierte Sehgewohnheit zu ändern, ist vielen Medienschaffenden noch in Erinnerung. Der Sender Sat.1 wollte vor knapp zehn Jahren den Start der TV-Primetime einfach von 20:15 Uhr auf 20:00 Uhr vorverlegen und stellte sein ganzes Sender-Schemata von einem Tag auf den anderen um, musste aber schon wenige Wochen später zurückrudern. Das Experiment war dem Zuseher nicht vermittelbar. Seitdem startet die Primetime in Deutschland wieder senderübergreifend um 20:15 Uhr.
  Beim Videokonsum im Internet funktionieren derartige Regeln nur sehr begrenzt. Alle Inhalte sind auf den üblichen Videoplattformen zu jeder Zeit on demand abrufbar, der Zuschauer ist sein eigener Programmdirektor und lässt sich nicht mehr vorgeben, wann er welche Inhalte zu nutzen hat.
  Natürlich wäre eine Option für MySpace gewesen, alle Inhalte von neuen Serien zum selben Zeitpunkt zu veröffentlichen und zu hoffen, dass alle Folgen einer Serie auf einmal genutzt werden. Im Internet buhlen allerdings nicht nur wie im klassischen Fernsehen 30 Sender um die Aufmerksamkeit der User, sondern unendlich viele. Hinzu kommt, dass die Aufmerksamkeit der User zeitlich begrenzt ist, für Videoinhalte liegt sie im Durchschnitt bei 2,8 Minuten. Die Lösung war, jede Folge am Tag der Veröffentlichung mit einem ähnlichem Aufwand bei den Usern zu bewerben und so die größtmögliche Aufmerksamkeit zu erzeugen. Neue Folgen wurden an den immer gleichen Tagen veröffentlicht (Candygirls z.B. immer Montag und Mittwoch, was auch bei jeder Gelegenheit kommuniziert wurde), was bei der Stammseherschaft eine zeitliche Sehgewohnheit

herstellen sollte.Dies hat funktioniert, denn der erste Tag der Veröffentlichung war zumeist auch der Nutzungs-Peak der einzelnen Folgen. Ein anderes Indiz, das diese Theorie bekräftigt, gibt uns die Userin „Zoey" in ihrem Kommentar: „Hey Girls ich dachte immer Mo und Do komm die neuen Folgen??? wo is dann die 17te??? lg Zoey"

- Fiktionale vs. non-fiktionale Inhalte?
  Welche Art von Inhalten funktioniert besser: fiktionale oder non-fiktionale Inhalte? Nun, es gibt zu dieser Frage keine generelle Antwort. Sicherlich haben fiktionale Inhalte, wenn sie richtig gemacht und die Schauspieler gut gecastet wurden, einen hohen Suchtfaktor. Unsere Erfahrungen zeigten aber auch, dass die zweite Staffel der „Candygirls", die Musik-Webserie „Wir sind grösser als GROSS" und das non-fiktionale Format „Kavka vs. the Web", die alle im Mai 2009 bei MySpace Premiere hatten, eine ähnliche große Anzahl von Zuschauern vor dem Computerschirm versammelte. Und auch der Marketingaufwand, den wir bei den MySpace-Usern dafür betrieben haben, war vergleichbar.
  Man muss betonen, dass eine Stichprobe von mehreren größeren Web-TV-Pro- jekten sicherlich nicht ausreicht, um diese Frage allumfassend zu beantworten. Es gibt viele Genres, die wir bisher noch gar nicht bedacht haben, wie z.B. Reality-Shows, Casting-Konzepte, Dating-Formate, die ein Mix aus beiden Genres darstellen. Und sicherlich lassen sich noch viele andere Möglichkeiten finden, den User am Programmgeschehen teilhaben zu lassen. Wir stehen noch ganz am Anfang einer medialen Entwicklung, die uns noch viele Jahre begleiten wird. Die Innovationskraft des Marktes ist enorm. Es wird spannend bleiben – für die Plattformbetreiber, die Inhalte-Produzenten und nicht zuletzt für uns alle, die Zuschauer. Denn im Internetzeitalter hat der Nutzer die Programmplanung selbst in der Hand und nicht nur die Fernbedienung.

7 *Autorenfragen*

An welcher Stelle würden Sie gerne Ihren Lieblingsfilm stoppen und interaktiv eingreifen wollen?

Mein Lieblingsfilm ist „Good Fellas" von Martin Scorsese. Da das eine gefährliche und auch ziemlich authentische Mafia-Geschichte ist, war es bisher nicht unbedingt mein Traum, in die Story interaktiv eingreifen zu wollen. Wenn Sie mich so fragen, würde ich wahrscheinlich Joe Pesci davon abhalten wollen, dem armen Kellner „Spider" in den Fuß zu schießen.

Welches Bewegtbildangebot im Netz empfehlen Sie gerne weiter und warum?

Hulu.com. Wenn immer ich es schaffe, meine IP auf USA umzustellen, weil die Inhalte über eine deutsche IP geblockt sind! Die neuesten Folgen der Simpsons und 30 Rock sind der Knaller.

Wie sieht Onlinevideo in 10 Jahren aus?

Meine Vision ist es nicht, dass Bewegtbild-Inhalte im Internet völlig interaktiv werden. Eine naheliegende Analogie sind die ersten Versuche von Fernsehshows in den Fünfzigerjahren. Da hat Fernsehen ausgesehen wie bebildertes Radio, klar – das Fernsehen wurde ja auch von Radioleuten gemacht. Heute, mitten im nächsten medialen Quantensprung, sehen Onlinevideos meist wie klassisches Fernsehen aus. Wie Online-Bewegtbild in zehn Jahren aussieht, weiß ich leider auch nicht, ich weiß nur eines: Ich freu mich drauf!

8 *Quellenverzeichnis*

1 Vgl. Comscore, April 2009
2 Vgl. AGOF, IVW, 2009. http://www.agof.de/aktuelle-rankings.586.html, (letzter Abruf 12. 05. 2009).

3 Vgl. http://www.nielsen-online.com/pr/pr_090615.pdf, (letzter Abruf 02. 08. 2009).
4 Vgl. HMR Studie: The Show Must Go Online, Köln, September 2008.

Links

Vgl. http://www.myspace.com/candygirls, (letzter Abruf 24. 08. 2009).
Vgl. http://www.myspace.com/kavkavstheweb, (letzter Abruf 19. 09. 2009).
Vgl. http://www.myspace.com/wirsindgroesseralsgross, (letzter Abruf 19. 09. 2009).

C GESTALTUNGSMERKMALE UND TECHNOLOGIEN

Multi.Touch TV: Designing TV-Interaktion

Wolfgang Henseler, Sensory Minds, Offenbach am Main

Der Mensch scheitert häufiger an seinen Vorstellungen, als an seinem Können.

Gedanken zum Fernsehen der Zukunft -

Kein Fließtext, sondern verknüpfte Gedanken (connected thoughts).

Es ist soweit: Die seit Jahren propagierte Verschmelzung von Internet, Handy und Fernsehen nimmt immer konkretere Formen an. Auch wenn diese zurzeit sichtbaren Ansätze noch immer sehr additive Charaktereigenschaften aufweisen – sprich eher einer Aneinanderreihung der existierenden Medienausprägungen darstellen, anstatt eine eigene mediale Sprache darzustellen – lässt sich zumindest im Mindset der Entwicklungsverantwortlichen eine hohe Relevanz für das Thema erkennen.

Schon heutzutage sehen wir allerorts die Koexistenz von TV, Print, Handy und Fernsehen. Menschen sitzen oder liegen entspannt auf ihrem Sofa, telefonieren mit ihren Freunden, während sie das Laptop auf dem Schoß im Internet zur im Hintergrund laufenden Fernsehsendung twittern. Eine Situation, die völlig natürlich ist, da wir Menschen von Natur aus multisensorisch und multimodal ausgelegt sind. Wir besitzen mehrere sinnliche Wahrnehmungsorgane, die es uns erlauben, unterschiedliche Arten von Daten in Echtzeit zu Informationen werden zu lassen, und wir können mehrere Dinge gleichzeitig tun. Unser zentrales Nervensystem steuert dabei all diese Vorgänge nach dem Prinzip der Relevanz. Nur das, was wirklich situativ-relevant ist, bekommt unsere kurzzeitige Aufmerksamkeit. Wie es schon George Bateson, der französische Informationswissenschaftler, formulierte: „Information ist jeder Unterschied, der einen Unterschied ausmacht."

Besitzen Medien keine kontext-sensitive Relevanz für uns Menschen, werden sie uns auch nicht bewusst.

1 Auf dem Weg zu einer neuen Sprache

Das Denken in den Dimensionen des Neuen.

Neue Technologien ermöglichen neue Anwendungsbereiche, deren Möglichkeiten von uns Menschen immer erst verstanden werden müssen, bevor wir in der Lage sind, etwas Eigenständiges daraus zu machen.

Folglich sahen die ersten Autos aus wie Kutschen, und das Internet basierte auf der Metaphorik der Seiten (man sprach von Webseiten) einer Analogie zum Buch.

Diesem klassischen Denkmodell folgend sehen die ersten Internetfernseher auch nicht aus, wie sie aussehen sollten, sondern bringen die Metaphorik des Internetdesigns auf den Fernsehbildschirm. Schauen wir uns die ersten Geräte an, wie sie beispielsweise von Loewe, Sony, Samsung, Panasonic oder Philips gerade auf den Markt gebracht werden, so lässt sich schnell erkennen, wovon hier die Rede ist (siehe Welt am Sonntag, Nr. 26, 28. Juni 2009). Alle Geräte sehen aus wie klassische Fernseher, verhalten sich wie klassische Fernseher und lassen sie auch nur wie klassische Fernseher bedienen. Das innovative Moment, Internet und Fernsehen zu verbinden, findet hier seine Ausprägung in einer wenig intuitiv nutzbaren Handhabung (betrachtet man beispielsweise die Fernbedienungen der genannten Geräte, so verstehen Sie sofort, wovon ich spreche) und einer äußerst unspannenden, dem neuen Medium meines Erachtens wenig gerecht werdenden, Benutzungsoberfläche.

Dabei gibt es längst Technologien wie Touch- oder Multitouch-sensitive Displays wie auch deren intuitive Nutzung durch gestenbasierte Steuerung mittels Natural User Interface Design à la iPhone oder Microsoft Surface.

Bemerkenswert hierbei ist, dass nicht nur auf die „Lieblingslektüre" von uns Menschen, dem Bedienungshandbuch, bei solchen Technologien verzichtet werden kann, sondern sowohl jüngere als auch ältere Nutzer sehr viel schneller, sprich intuitiver, mit den Geräten und deren Benutzungsoberfläche zurechtkommen. Darüber hinaus sind diese Geräte bis zu 30 Mal schneller, also nutzungseffizienter, in der Handhabung. Ganz zu schweigen von dem Mehrwert an Spaß, den diese Produkte zudem noch bewirken. AppleTV oder Microsoft X-BOX 360 Natal zeigen bereits heute, wie die intuitive multisensorische Verschmelzung von klassischem Fernsehen mit Internet und Handy und mit redaktionellen und partizipatorischen Inhalten aussehen kann.

Erste Ansätze, in welche Richtung sich die Entwicklung von Fernsehen und Internet bewegen kann, zeigt die X-BOX-360-Erweiterung Natal. Natal ist eine multisensorische Wahrnehmungseinheit, die mittels optischer und bewegungssensitiver Messsensoren Nutzer erkennt, deren Gesten und Sprache versteht, ohne dass zusätzliche Gerätschaften zur Steuerung benötigt werden als die dem Menschen angeborenen Handlungsorgane. Also ohne kryptische Fernbedienungen oder Hardware-Prothesen auskommt (Anm.: Das soll nicht heißen, dass wir Menschen diese nicht auch benutzen können, wir MÜSSEN diese aber eben nicht mehr benutzen, wenn wir nicht wollen). Hierbei ermöglicht das System sowohl unsere Lieblingsgewohnheit des reinen relaxierenden Lean-Back-TV als auch hohe physische und psychische Interaktionen mit den Inhalten oder Sendungen. Darüber hinaus besitzen Inhalte, deren Vermittlung auf multisensorische Art geschieht, wesentlich höhere Absatz- bzw. Kaufpotenziale bei uns Menschen, als dies klassische Medien tun.

Neben den beschriebenen Phänomenen zeichnen sich aber noch weitere Veränderungen im Umgang mit dem Computer ab, die unsere zukünftige Interaktion mit dem Medium verändern werden. Multiuser und Multiscreen sind zwei dieser Entwicklungen.

Unter Multiuser wird die Entwicklung verstanden, dass Computer in Zukunft zeitgleich von mehreren Nutzern benutzt werden können. Nutzer werden also simultan in der Lage sein, auf einem Rechner die gleichen oder unterschiedliche Aktionen ausführen zu können. Entsprechende Displays erlauben hierbei sogar, unterschiedliche Inhalte auf demselben Bildschirm darzustellen, sodass je nach Blickwinkel ein anderer Sehstoff angeboten werden kann.

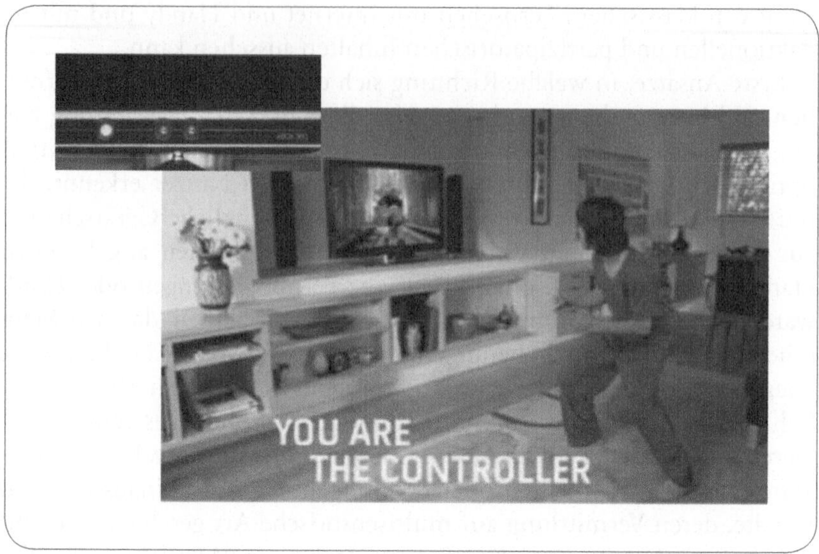

Abb. 1: X-BOX 360 Erweiterung Natal – Settop Box (links oben), multisensorische Gestenerkennung (rechts unten)

Abb. 2: X-BOX 360 Erweiterung Natal – Multiuser

Wie so etwas aussieht, veranschaulicht beispielsweise Microsofts Surface-Table – eine Art Computertisch, auf dem mehrere Nutzer synchron interagieren können. Die Möglichkeiten, die sich hieraus für das „Fernsehen der Zukunft" erschließen – vor allem im Bereich multidimensionaler Werbung –, sind immens.

Abb. 3: Microsoft Surface – Multiuser Interaktion

Das zweite angesprochene Phänomen ist das des Multiscreens. Hierunter wird die technologische Möglichkeit verstanden, Inhalte von einem Computer auf den nächsten zu ziehen, ohne dass Kabel oder sonstige Hardware benötigt werden. Was zunächst wie eine rein technologische Eigenschaft aussieht, eröffnet bei gründlichem Nachdenken jedoch ganz neuartige Möglichkeiten der Contentdistribution, des Contentsharings und der Werbevermittlung und damit vollkommen neue Wege, in Zukunft mit Content bzw. Werbung umgehen zu können.

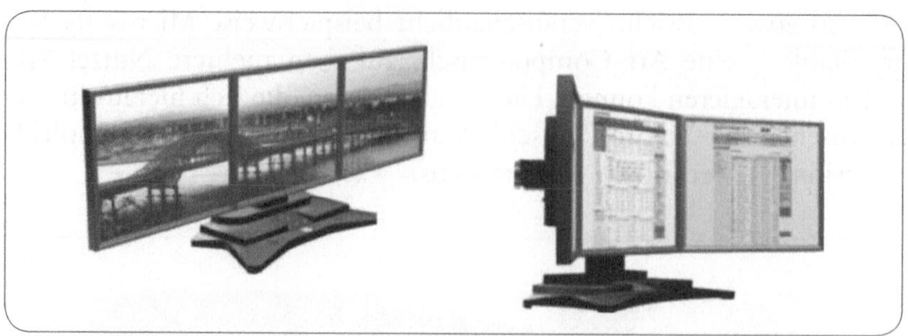

Abb. 4: Dz-Flex Multiscreen Display

2 Echtzeitjournalismus und partizipatorisches TV

Aus den technologischen Möglichkeiten heraus ergeben sich aber auch komplett neuartige Formen wirtschaftlicher, kultureller und gesellschaftlicher Art.

Schon heutzutage verändern Internetphänomene wie Google Wave, YouTube oder Facebook die Art und Weise, wie wir unser Business betreiben, gravierend und in ungeheurer Geschwindigkeit.

Echtzeit-Journalismus à la Twitter oder mittels Handy-Cam zeigt auf, dass die klassische Art der redaktionellen Medienerstellung und Medienverteilung starke Konkurrenz erhalten hat.

Open Source heißt hier das Schlagwort. Also die Möglichkeit, eine offene PlattformSchnittstelle zu bieten, um Inhalte aus unterschiedlichen Quellen einzustellen, zu bewerten, weiterzuleiten, zu teilen und syndizieren zu können.

Das große Vorbild nennt sich YouTube und zeigt mit mehr als 15.000 Video-Uploads am Tag, wie relevant das Medium für uns Menschen geworden ist. Dabei geht es aber nicht nur um die Einstellung von Videobeiträgen, deren Bewertung oder Verteilung.

Gemäß dem Motto „Prime Time is my Time" erlauben Community-Video-Plattformen, den Nutzern zur gewünschten Zeit (anytime), am gewünschten Ort (anywhere), im gewünschten Format (anything) in gewünschter Ausprägung (anyhow) Videoinhalte (content) prosumieren zu können. Dabei folgen diese Online-TV-Plattformen trotz innovativem Konzept in ihrer formalen Ausprägung noch immer traditionellen Aufbaustrukturen und sind also eher Hybride als schon „das

Neue". Hulu, Joost oder Zattoo erlauben mittels Web-2.0-Funktionalitäten in der Regel eine neue Art des Zugangs.

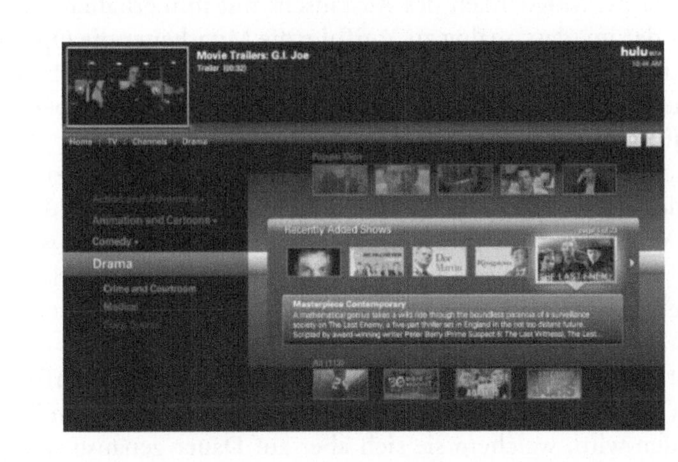

Abb. 6: Hulu Desktop

Einen wirklichen Schritt in die nächste Generation an Human-TV-Interaktion wird da schon eher „ARTE Creative", die Social-Media-Community für Kreative, aufweisen. Bei dieser Art von Open Source Community TV werden sowohl die multidimensionale Nutzung redaktionell und nutzergenerierten Contents als auch deren intuitive Distribution auf unterschiedliche Gerätschaften sichtbar. ARTE Creative wird beispielhaft aufzeigen, wie sich die Zukunft des Fernsehens darstellen könnte.

3 The End of Business TV

Einige Gedanken zum Thema.

Klassisches Business TV versus Corporate TV: Schon der Name macht den Unterschied, wenn man ihn denn dann auch zum Programm macht. So bedeutet Corporate „zusammen oder gemeinsam" und eben nicht von oben herab verordnet.

Ging es beim Business TV noch darum, die Mitarbeiter über neue Entwicklungen oder Anforderungen seitens des Unternehmens zu informieren, so versteht sich der Bereich Corporate TV als eine neue Art der unternehmensspezifischen Fernsehgattung. Hier geht es nicht nur darum, dass der Vorstandsvorsitzende ein Videoblog (Vlog) führt und Mitarbeiter die Möglichkeit des Austauschs mit ihm erhalten, sondern vielmehr darum, dass analog zu YouTube die Mitarbeiter die Option erhalten, eigene Beiträge erstellen, einstellen, austauschen oder bewerten zu können – eine Möglichkeit, die besonders im Bereich „Open Innovation" für Unternehmen immense Potenziale bieten wird.

Wie schon zuvor bildet auch hier die Art des Denkens den Unterschied, der einen Unterschied ausmacht. Stellen Sie sich nur die spannenden Möglichkeiten vor, die ein Corporate YouTube bieten wird. Allein der statistische Auswertungsbereich à la YouTube würde Bände zum Thema „Corporate Culture" und „Corporate Net Promoter Score" sprechen.

Ein Armageddon, welches bei denen, die nicht in dieser YouTube-Dimension denken können, sicherlich Angst erregende Vorstellungen hervorrufen wird, welchem sie sich aber auf Dauer genauso wenig erwehren können, wie die großen Enzyklopädie-Verlagshäuser dem Phänomen „Wikipedia".

4 Mind the Gap

Ein kurzes Resümee.

Wird das Fernsehen der Zukunft die Mischung aus Internet und heutigem TV sein? Sicherlich nicht. Das Ganze wird mehr sein als nur die Summe seiner Teile.

Bedienen wir unsere Fernsehgeräte und Computer meist noch mit Geräten wie Fernbedienungen oder Mäusen, so wird die Interaktion in Zukunft wesentlich direkter und intuitiver ablaufen. Natural User Interface Design wird hierbei unseren Umgang mit dem Computer und den Medien noch gravierender verändern, als dies der Paradigmenwechsel vom Command Line Computing à la MS DOS hin zur grafischen Benutzungsoberfläche à la MAC OS in den letzten 30 Jahren bereits bewirkt hat. Computer werden nicht mehr so aussehen, wie sie dies heutzutage tun, sondern werden Einzug halten in unsere Objekte des Alltags (wenn sie dies nicht schon längst überall getan haben). Pervasive Computing, also die „Allgegenwart von Computertechnologie" und der wesentlich natürlichere, intuitivere Umgang damit, wird unser

Verhalten, wie wir die Neuen Medien nutzen werden, in ungeahnten Dimensionen erweitern. Dabei ist es unsere innovative und kreative Vorstellungskraft, die uns die Geschwindigkeit des Verstehens und damit die medienadäquate Entwicklung ermöglichen wird. Eine Zukunft, die extrem spannend wird und deren Anfang sich gerade erst in unseren Köpfen erschließt.

5 *Checkliste für Erfolgsfaktoren echten Multi.Touch TV's*

- Denken Sie in natürlich-sprachlichen Gestaltungsdimensionen (Stichwort: iPhone): Finger anstatt Maus und nur keine Fernbedienung im klassischen Sinne.
- Denken Sie aus Sicht des Menschen – der Nutzer oder Konsumenten – und nicht aus den Möglichkeiten der Technologie heraus (Stichwort: iPhone).
- Machen Sie keine Trennung zwischen digitaler und realer Welt. Wir Menschen leben zeitgleich in beiden, und unsere Kinder würden diese Trennung sowieso nicht mehr verstehen.
- Entwickeln Sie ein Verständnis dafür, was für Menschen „Relevanz" bedeutet, und strukturieren Sie danach Ihre Plattform, Ihr Angebot oder Ihre Leistungen.
- Seien Sie kreativ und innovativ. Diese beiden Faktoren sind es, die unsere Wirtschaft treiben.
- Denken Sie in der Dimension der „Coopetition": Mit jedem Wettbewerber lässt sich kooperieren.
- Denken Sie unkonventionell. Steve Jobs dachte bei der Entwicklung des iPhones nicht an ein Smartphone, sondern an ein mobiles, intuitiv nutzbares modulares Interface.
- Denken Sie immer Zukunft und nicht Gegenwart.

6 *Autorenfragen*

An welcher Stelle würden Sie gerne Ihren Lieblingsfilm stoppen und interaktiv eingreifen wollen?

Eigentlich würde ich meinen Lieblingsfilm ungern stoppen wollen, sondern lieber teilnehmend eingreifen können. Wenn ich die Möglichkeit hierzu hätte, so würde ich gerne bei der Verfolgungsjagd in „Fluchtpunkt San Francisco" mit Paul Newman im Ford Mustang bei den Sprüngen durch die Straßen von San Francisco mitfahren. Was für ein Bauchgefühl ...

Welches Bewegtbildangebot im Netz empfehlen Sie gerne weiter und warum?

Vimeo oder in Zukunft ARTE Creative, weil beide ein Angebot an kreativen und innovativen Filmbeiträgen enthalten, aufzeigen, wohin sich eine Facette des Fernsehens in der Zukunft bewegen wird – nämlich zielgruppengenerierter und zielgruppenfokussierter Content – und beide darüber hinaus sehr inspirierend sind.

Welche Vision verbinden Sie persönlich mit Bewegtbild im Internet?

All images will be moving images. Es ist nur eine Frage der Zeit, bis wir die Qualität und Bandbreite erreicht haben, dass alle Bilder im Internet Bewegtbilder sein werden. Sobald das Bewegtbild bei den Standbildern diese Qualität erreicht hat, werden statische Bilder durch dynamische, zeitbasierte Bilder sukzessive ersetzt werden. Das liegt schon in der Natur des Menschen, Dinge bewegt sehen zu wollen, und begründet das enorme Wachstum von Videoplattformen wie YouTube, Hulu oder der ganzen Mediatheken im Internet. Natürlich müssen die Nutzer die Kontrolle darüber haben, ihren individuellen Vorlieben folgend Bewegtbilder stoppen oder starten zu können oder in gestoppte Bilder hineinzoomen zu können. Aber schauen Sie sich nur die Envision Videos von Microsoft auf YouTube an, dort sehen Sie, wie zukünftig aus Standbildern Bewegtbilder werden, wann immer es die Nutzer möchten. Und dieser Umgang ist äußerst angenehm und natürlich zugleich.

7 *Quellenverzeichnis*

Weiterführende Literatur und Links

Vgl. http://www.Youtube.com, (Stichwort „Microsoft Future eingeben), (letzter Abruf 03. 08. 2009).

Vgl. http://www.xbox.com:80/en-US/live/projectnatal, (letzter Abruf 03. 08. 2009).

Vgl. http://www.microsoft.com/surface, (letzter Abruf 03. 08. 2009).

Vgl. http://www.hulu.com, (letzter Abruf 03. 08. 2009).

Vgl. http://www.joost.com, (letzter Abruf 03. 08. 2009).

Vgl. http://www.sensory-minds.com, (letzter Abruf 03. 08. 2009).

Gesture Interface Engine: Mo, Z.: A Framework for Gesture Interface Design.

Designing Gestural Interfaces: Saffer, D.: Touchscreens and Interactive Devices, November 2008. iPhone Human Interface Guidelines Apple Inc. 2009.

Microsoft Surface Human Interface Guidelines, Microsoft Inc. 2009.

Bildquelle: Microsoft Cooperation Press.

Sound Branding - Instrument erfolgreicher audiovisueller Kommunikation

Ralf Drotleff, S12, München

1 Einleitung

Wenn ich Viktor Hugo wäre, hätte ich vor 150 Jahren folgenden Satz geschrieben:

„Musik drückt das aus, was nicht gesagt werden kann und worüber zu schweigen unmöglich ist."

Ich muss Sie enttäuschen, ich bin lediglich ein – sogenannter – Sound-Branding-Experte. In diesem Aufsatz habe ich es mir zur Aufgabe gemacht, diesen eindringlichen Satz des wahrscheinlich größten französischen Schriftstellers aus der Perspektive der strategischen akustischen Markenführung und Filmsynchronisation für Sie auszuleuchten.

Wie klingt eine Marke? Diese Frage wird die meisten Menschen überraschen. Die Befragten können in der Regel eher visuelle Markenelemente wie Logos, Bilder und Farben abrufen. Spontane, ungestützte akustische Markenelemente – abgesehen von der Telekom oder Nokia Sound Sequenz – werden eher schwach mit einer Marke in Erinnerung gebracht.

Und wie ist das mit Filmen? Wenn wir diese Probanden oder uns selbst fragen würden, wie denn eigentlich unsere Lieblingsserien und Lieblingsfilme klingen? Angenommen, Ihr Lieblingsfilm ist Der Weiße Hai von Steven Spielberg. Stellen Sie sich jetzt vor, wie Sie den Film erlebt haben, wie die bloße Melodie des Haies, das sogenannte Leitmotiv, auftauchte und augenblicklich Spannung und Angst aufkam, ohne dass wir nur eine Spur des Haies sahen. Und ohne uns dagegen wehren zu können.

Oder würden die Befragten geradewegs positive Assoziationen in ihren Köpfen produzieren? Etwa die Musik von Bonanza, eines Sergio-Leone-Westerns, Pulp Fiction, Stars Wars, James Bond 007, der Tagesschau? Um Bewegtbild-Sequenzen mit diesen positiven Stimmungen durch akustische Reize optimal aussteuern bzw. aufladen zu können, ist es wichtig, einen Überblick über bewusste und unbewusste Wirkungsmechanismen von Sound = Musik und alle Arten von Tönen zu geben. Daher ist eine interdisziplinäre Annäherung an dieses Thema unbedingt notwendig.

Zahlreiche Erkenntnisse aus Psychologie, Musikwissenschaft und Marketing werden in diesem Beitrag einen Leitfaden zu sinnvollen Zielsetzungen und konkreten, markenkonformen Sound-Branding-Maßnahmen, für Ihre tägliche Arbeit bei der erfolgreichen Synchronisation von Video- und Audioinhalten, ermöglichen, damit Sie schließlich ein effektiveres und wirtschaftlicheres Kommunikationsmittel für den Einsatz im WWW schaffen können.

2 *Sound Branding – Was ist das?*

2.1 *Branding*

Die Zielsetzungen aller Branding-Maßnahmen lassen sich grundsätzlich in zwei Dimensionen einteilen: in die funktionale und in die emotionale Dimension. Bei der funktionalen Dimension versucht der Branding Experte bzw. der Markenmanager, die Marke – soweit möglich – multisensorisch zu kennzeichnen. Sie also durch die Zuordnung von spezifischen visuellen (z.B. Farbe, Schrift, Bildern), taktilen (Material, Struktur), olfaktorischen (Geruch), auditiven (Musik, Sound, Töne) und geschmacklichen Elementen von anderen Marken signifikant zu unterscheiden. Bei der emotionalen Dimension wird der Markenverantwortliche anstreben, einen emotionalen Zusatznutzen der Marke in den Köpfen der Kunden zu verankern. Gute Beispiele aus der Praxis sind folgende Marken mit ihren emotionalen Zusatznutzen: Marlboro – Abenteuer, Nivea – Pflege, BMW – Freude am Fahren. Es entstehen Markenpersönlichkeiten mit entsprechenden Identitätsprofilen wie lebendige Menschen.

Unter Branding verstehen wir daher im Folgenden alle Kommunikationsmaßnahmen, die dazu geeignet sind, ein Produkt aus der Masse gleichartiger Produkte herauszuheben, und die eine eindeutige Zuordnung von Produkten zu einer bestimmten Marke ermöglichen.[1]

Die Bedeutung einer stimmigen Markenführung haben die meisten Unternehmen für sich erkannt. Dass dazu jedoch nicht nur die visuellen Elemente in punkto Wiedererkennung und emotionaler Aufladung zählen, haben die wenigsten realisiert. Das Potenzial, den visuellen Markenauftritt und impact durch die Erschaffung einer akustischen Seite der Marke zu verstärken, ist noch sehr hoch.

2.2 Sound Branding

Die strategische Entwicklung und der konsequente Einsatz von akustischen Reizen in der Markenführung können langfristig den Markenwert steigern. Im Unterschied zum bisherigen taktischen Einsatz von Musik in der Markenkommunikation (z.B. TV-Spot, Webfilm, Messe-Beschallung, Mobile) zeichnet sich Sound Branding vor allem durch einen strukturierten Kreationsprozess aus. Durch Situationsanalysen und diverse strategische Ableitungs- und Anpassungsprozesse versuchen Sound-Branding-Experten, die Marke optimal akustisch zu interpretieren, zu erschaffen.

Zur Erarbeitung einer akustischen Identität, die als Grundlage für die akustische Markenführung/Sound Branding fungiert, sollten am Anfang exakte und möglichst auch mess- und somit evaluierbare Ziele festgelegt werden, wie z.B. die Erhöhung der Markenbekanntheit um 10 %, die Erhöhung der Likeability für den Film um 15 %, die Kreation eines emotionalen Key Elementes etc.

3 Wirkungsmechanismen von Musik

Die Ohren lassen sich nicht verschließen.[2] Man kann nicht weghören, da das Ohr das schnellste, subtilste und damit umfassendste Sinnesorgan des Menschen ist. Das bedeutet im Umkehrschluss, dass jede Art von Musik oder Sound Event eines audiovisuellen Kommunikationsmittels wie z.B. eines Webfilms per se von den Rezipienten wahrgenommen und eine augenblickliche, automatisierte und im Zweifel unbewusste Verarbeitung dieses akustischen Reizes erfolgt. Um diese Wirkungsweisen zu verstehen und gezielt einsetzen zu können, folgt hier nun ein Überblick zu Wahrnehmung und Wirkung von Musik.

3.1 Wahrnehmung von Musik

Es gibt grundsätzlich drei Arten der Wahrnehmung von Musik:

- physisch
- psychisch
- physiologisch

Physikalisch bedeutet: Es wird Materie (wie die Saite einer Gitarre) zum Schwingen gebracht, und die freigesetzte Energie wird dann über die Luft übertragen, indem sie diese in sinusförmige, periodische Bewegungen versetzt.

Die psychologische Wahrnehmung ist durch Tonhöhe (Frequenz des Schalls), Lautstärke (Intensität) und Klangfarbe (Parameter eines einzelnen Tones; Bestimmung über Verlauf der Frequenz und der Lautstärke) determiniert.[3]

Physiologisch gelangen Musik oder Sounds durch die verschiedenen Teile des Ohres direkt in das limbische System. Dort werden vor allem die primären Bedürfnisse und der Hormonhaushalt eines Menschen gesteuert – und somit vermutlich auch seine Emotionen.[4] Erst danach kommt es zu einer bewussten, kognitiven Verarbeitung des akustischen Reizes in der Großhirnrinde.

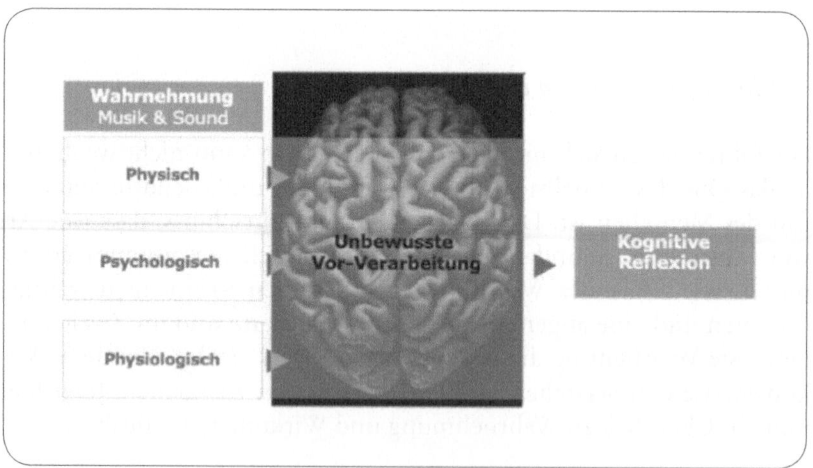

Abb. 1: Wahrnehmung von Musik und Sound im Hirn

3.2 Grundlagen der Musikpsychologie

Musik löst unterschiedliche messbare vegetative Reaktionen aus. Die meisten von uns können sich daran erinnern, schon einmal auf ein intensives Musikstück mit einer heißkalten Gänsehaut reagiert zu haben. Weitere physiologische Wirkungen sind Veränderungen der Atem- und Herzfrequenz, des Sauerstoffgehalts im Blut und das Schmerzempfinden. Auch die Ausschüttung von sogenannten Glückhormonen wie Endorphine kann durch das Hören von Musik aktiviert werden.

Psychologisch scheint Musik nach Diane Ackermann „spezielle Gefühlszustände hervorzurufen, die alle Menschen teilen". Die Grundemotionen Glück, Trauer und Angst werden unabhängig von dem kulturellen Hintergrund und den Persönlichkeitsmerkmalen weitgehend identisch bei unterschiedlichen Menschen ausgelöst. Man denke hierbei nur an Trommelsequenzen (Militär-Assoziation) oder an ein typisches französisches Akkordeon, das sofort ein Paris-Bild im Kopf erzeugt. Neben diesen Klangfarben spielen natürlich noch weitere Kompositionselemente wie Melodik, Rhythmik u.v.m. eine einflussreiche Rolle.

Darüber hinaus muss immer bedacht werden, dass die Wirkung auch entscheidend vom Zusammenspiel mit anderen Wirkungsparametern wie subjektiven Einstellungen (HipHop- oder doch Fußball-Fan), bisherigen Erfahrungen mit Musik (z.B. Klavierunterricht), dem Musikbildungsgrad oder dem sozio-kulturellen Umfeld abhängt. Es gibt keinen Masterplan für die Erstellung eines Musikstücks, welches mit manipulativer Absicht einen hundertprozentigen Wirkungsgrad entfaltet. Es gibt aber sehr wohl Regeln und Erkenntnisse, um unerwünschte Effekte bei der Wahrnehmung und Wirkung von Musik im Vorfeld zu verhindern.

4 Potenzial von Sound Branding

Das allgemeine Potenzial von Sound Branding in der Markenführung ist folgendermaßen strukturiert:

- Steigerung der Gesamtwahrnehmung der Marke
- Stimmigkeit zur Markenwelt
- Förderung eines ganzheitlichen, multisensorischen Markenerlebnisses

- Positive Aufladung der Marke in Richtung Sympathie und Attraktivität
- Ansprache heterogener Zielgruppen

Eine uns allen sehr wohl bekannte Marke, über zweitausend Jahre alt, international, aber auch lokal bei sehr unterschiedlichen Zielgruppen gut positioniert, hat dieses Potenzial schon vor sehr langer Zeit erkannt und erfolgreich genutzt: die Kirche – mit ihrer ganzheitlichen, „multisensorischen" Ansprache mit z.B. gesungenen oder gesprochenen Gebeten, Kirchenliedern, Duft- und Lichtkonzepten.

Wie all diese Wünsche und Ziele en détail für eine weltliche Marke – sei es in der Off- oder Onlinewelt – Realität werden können, wird im nächsten Kapitel dargestellt.

5.1 Die Elemente

In diesem Abschnitt sollen die grundlegenden Eigenschaften und Einsatzgebiete der
fünf wichtigsten Sound Branding-Elemente vorgestellt werden: Sound Scape, Sound
Logo, Brand Song, Sound Icons und Brand Voice.

- Das Sound Logo (oder Audio Logo) ist das oberste Element: der Zwilling des visuellen Logos (animiert oder statisch). In maximal 2–3 Sekunden wird dabei das visuelle Logo vertont, wie z.B. im Falle des Telekom-Logos. Es kann melodiebasiert sein, wie eben die pure Tonfolge der Telekom, es kann aber auch durch Geräusche, Sound-Effekte, wie z.B. dem Herzschlag des Audi-Sound-Logos, dominiert werden. Die Entscheidung, für welche Art von Sound-Logo-Mechanik- melodiebasiert (mit Gesang, Sprache, instrumental) oder soundbasiert – sich das Markenunternehmen entschließt, hängt hauptsächlich von der Relation der zwei möglichen Zielsetzungen ab: Steigerung der Bekanntheit oder doch mehr emotionale Aufladung?
- Sound Scape (oder Ambient Sound, Klangraum, Klanginstallation): Diese Art des akustischen Brandings beschreibt Marken auf sehr abstrakte Weise – atmosphärisch oder sogar künstlerisch. Es handelt sich in der Regel um längere (Dauer: 60 Sekunden bis 60 Minuten) Musik-Kompositionen, die die verschiedenen Facetten einer Marke

vertont, wie z.B. die Heritage, unterschiedliche Produkte oder ihr Umfeld. Sound Scapes können aber auch monothematisch konzipiert werden. Zum Beispiel setzte die Marke O2 konsequent einen 30minütigen Sound-Scape auf Messen (Cebit), in ihren Flagship-Stores usw. mit einer sphärischen, amorphen musikalischen Synchronisation ihrer Sauerstoff-Bläschen-Markenwelt ein. Weitere Einsatzmöglichkeiten wären Orte der Markenkommunikation, an denen ein ähnlich hoher Geräusch- oder Stresspegel herrscht, wie z.B. Events. Und dies verfolgt immer das Ziel, eine positive, unaufdringliche und hintergründige Stimmung zu erzeugen.

- Ein Brand Song ist dagegen ein sehr vordergründiges und prominentes SoundBranding-Element. Er ist mehrere Sekunden oder gar Minuten lang und kann in TV-, Funk-, Kino-, Online-Spots, Warteschleife, als Klingelton u.v.m eingesetzt werden. Der Brand Song stellt ein emotionales Markenelement aus konkreten, songüblichen Bausteinen wie u.a. Melodie, Vocals mit entsprechenden Textpassagen, Phrasierung dar. Zu den bekanntesten Brand Songs in Deutschland gehören z.B. der Langnese-Song „Like Ice in the Sunshine" und der Becks-Song „Sail away". Brand Songs werden langfristig über mehrere Jahre eingesetzt und entsprechend über ihren Lebenszyklus variiert, adaptiert oder modernisiert.
  Im Gegensatz zu sogenannten Brand Scores. Dieser Begriff stammt aus dem Filmbereich (vgl. den Score von „Der Weiße Hai", „Psycho") und definiert eine illustrativ gebrandete Musiksequenz. Unter der Schokoladenmarke Lindt gibt es z.B. zwei Produktlinien Lindor und Excellence. Für Lindt wurde 2008 ein Score produziert, der für die eher maskuline Produktlinie Excellence (hoher Kakaoanteil) entsprechend präziser und männlicher instrumentiert wurde. Dagegen wurde der Lindt-Brand-Score für die zartschmelzende Lindor-Linie weicher, femininer arrangiert. Ein maximaler Branding-Grad war bei diesem Sound Branding-Ansatz nicht das Ziel. Im Fokus stand die Kreation eines akustischen Key-Elements, das den emotionalen Nutzen der Marke („Moment for being me") neben dem subtilen Dachmarken-Sound-Branding effektiv hörbar und somit fühlbar macht.
- Sound Icons wurden z.B. in Deutschland von Coca-Cola Light eingesetzt. Hier wurden die visuellen Icons (Sauerstoffbläschen) akustisch vertont, um den Produkt-Nutzen Frische verstärkt zu inszenieren. Weitere Marken wie Wrigley's (das „Plopp" beim Öffnen der

Kaugummi-Dose), Bahlsen (Knack) oder Biermarken (Zischen, Zapfen) überlassen es ebenfalls nicht dem Zufall, wie ihr Produkt klingt. Wir befinden uns hier auf dem Weg zu einer klassischen Konditionierung à la Pawlow. In Zukunft könnte so der Appetit vor dem TV- oder PC-Schirm und damit ein augenblickliches Kaufbedürfnis signifikant gesteigert werden.

- Brand Voice ist die exklusiv für eine Marke ausgesuchte und von ihr langfristig besetze Stimme. Keine andere Marke sollte diese Stimme ebenfalls nutzen. Menschen reagieren am intensivsten auf Menschen. Dieser Grundsatz gilt bei Bildern und Stimmen. Der Charakter einer Brand Voice sollte dem Markencharakter entsprechen. Er wird über Intonation, Sprachrhythmus, Tempo und Betonung spezifiziert. Ein aktuelles Beispiel stellt der gesprochene VW-Claim „Das Auto" in der VW-Kommunikation dar. Weitere Merkmale wie das Herkunftsland oder Zugehörigkeit zu einer sozio-kulturellen Schicht können z.B. über den Einsatz von Akzenten zusätzlich branden. Ikea ist hier mit dem konsequenten Einsatz eines schwedischen Akzents bei den Off-Sprechern Vorbild.

5.2 Die Architektur

Die akustische Identität kann – wie oben gezeigt – aus mehreren unterschiedlichen Elementen bzw. aus der Kombination der verschiedenen Formen entstehen. Dabei sollte der Markenverantwortliche den Einsatz dieser Branding-Elemente nicht willkürlich z.B. den verschiedenen Abteilungen (Online, Klassik, Vertrieb etc.) überlassen, sondern vielmehr selbst eine strategische Rangfolge zu Einsatzfeldern und Relation der jeweils zur Verfügung stehenden Elemente definieren. Dies erfolgt in der sogenannten Sound Branding-Architektur.

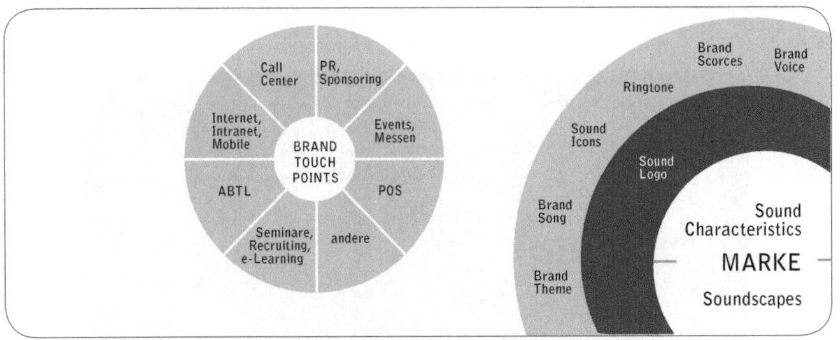

Abb. 2: Sound Branding-Architektur

Hier kann z.B. bestimmt werden, dass das Sound Logo das oberste Element ist und in jedem weiteren Element zitiert werden muss. Das würde für den Brand Song bedeuten, dass z.B. die Melodie des Sound-Logos Leitmotiv wird oder zum Leitmotiv verlängert werden muss. Die Sound Icons würden sich beispielsweise der Klangfarben des Sound Logos bedienen. Bei Audi könnte dies der Herzschlag als stand alone Sound Icon sein, z.B. für Web-Sounds.

Nachdem diese Strukturierung abgeschlossen ist, können die Elemente nach strategisch definierten Sound Guidelines in alle relevanten Brand Touch Points integriert werden:

- Stand alone: z.B. wird in den Sound Guidelines festgelegt, dass ausschließlich der Brand Song im Internet oder der Kunden-Hotline läuft.
- in Kombination mit non-exklusiver Musik, d.h. Musik, die am freien Markt erhältlich ist und über z.B. Gema-Lizensierung am Point of Sale ausgespielt werden kann. Im Bereich Online hat z.B. T-Mobile vor zwei Jahren das electronicbeats.fm Online und Mobile Radio gelauncht. Hier werden sogenannte T-Mobile-gebrandete Station IDs mit exklusiven DJ Mixes on-demand als Podcast angeboten.

Abb. 3: Screenshot www.electronicbeats.de

5.3 Der Kreationsprozess

Für eine wirkungsvolle und marken-authentische Sound-Identität sollte im Idealfall ein en détail vorgegebener Prozess beim markenführenden Unternehmen vor die Produktion der Sound Branding-Elemente geschaltet sein.

Zu Beginn müssen exakte Ziele definiert werden. Auf was soll das voll integrierte Sound Branding später „einzahlen"? Auf Steigerung der Markenbekanntheit, Sympathie, Schaffung eines neuen Marken-Lifestyles? In Abhängigkeit von welchem primären Ziel wird die Strategie entsprechend definiert?

Ein effektiver Kreationsprozess besteht aus drei Phasen:

- Analyse-Phase: Hier werden Markenmodelle, Zielgruppen, Positionierung, Brand Touch Points auf Übersetzungspotenziale in Musik und Umsetzungsszenarios hin analysiert. So kann man aus den gewonnenen Erkenntnissen den musikalischen Rahmen, die sogenannten Action Standards, kondensieren und die Kreationsergebnisse danach evaluieren.

- Konzeptionsphase: Hier findet ein strukturierter Kreativprozess statt. Im Idealfall sind das auftraggebende Unternehmen und die Lead-Agentur der Marke an dem mehrstufigen Workshop beteiligt. Angenommen, die Marke Sky würde durch diesen Sound Branding-Prozess gehen wollen, und es stände nach rein verbalen Übungen und der Priorisierung von Markenwerten und Zielgruppenszenarios Leidenschaft als wichtigstes Sound-Character-Merkmal für die finale Kreation als Ergebnis fest. Dann müsste im zweiten Schritt musikalisch geklärt werden, welche Art von Leidenschaft produziert werden muss. Klingt die Sky-Leidenschaft eher nach Leidenschaft, wie wir sie aus dem Sport kennen, also z.B. nach Sport-freunde-Stiller-Hymnen, nach einer Leidenschaft eines Entdeckers, Pioniers oder klingt die Marke Sky nach verführerischer Leidenschaft à la Hollywood? Nachdem entsprechende Sound-Beispiele als Collagen ausgewählt worden sind, werden formale Parameter definiert, wie z.B. dass die Sky-Sound-Branding-Elemente Premium anmuten müssen. Dies impliziert z.B. einen hohen Qualitätsanspruch an das Arrangement. Ein weiterer formaler Parameter könnte z.B. der Frequenzbereich sein – je nach gewünschtem Einsatzbereich. Tiefe Frequenzen eignen sich beispielsweise nicht für den Einsatz in Hallen, Stadien oder Hotlines.
- Produktionsphase und Roll-out: In dieser Phase werden die definierten Sound Branding-Elemente final produziert. Nach Freigabe werden sie dann i.d.R. digital in den entsprechenden Markenportalen online zu Verfügung gestellt – im Idealfall mit entsprechenden Sound Guidelines für den markenkonformen Einsatz und einer in regelmäßigen Abständen durchgeführten qualitativen Marktforschung.

6 *Beschreibung von Sound Branding-Erfolgsfaktoren*

Sound Branding ist Exklusivität. Um effektive akustische Branding-Instrumente zu entwickeln, haben sich in der internationalen Praxis die folgenden Erfolgsfaktoren etabliert. Je nach Zielsetzung (z.B. Wiedererkennbarkeit, emotionale Aufladung) sollte der Markenverantwortliche die relative Gewichtung der Parameter definieren:

- concise

Die Aussage oder das Leitmotiv eines Sound Branding-Elements sollte klar und prägnant erkennbar sein.

- Memorable
  Eine gute Einprägsamkeit ist die Basis für das erwünschte Hervorrufen von markenkonformen Assoziationen. Das kann beispielsweise über eine besonders unique Klangfarbe/Instrumentierung erfolgen oder über eine einprägsame Melodie.
- Distinct
  Das einzelne Sound Branding-Element sollte sich eindeutig vom Wettbewerb unterscheiden. Um sein eigenes Profil zu schärfen, sollte man im Vorfeld entsprechende Wettbewerbs- und Marktanalysen durchgeführt haben. So können Cluster, Benchmarks und Zielnischen definiert werden. Um sich vor Nachahmern zu schützen, sollten die Elemente – soweit möglich – bei den zuständigen nationalen und internationalen Patentämtern eingetragen werden.
- Flexible
  Effektives Sound Branding zeichnet sich langfristig durch eine technische und musikalische Flexibilität aus. Technische Flexibilität bedeutet, dass der Klang bei einem 360°-Einsatz in der Markenkommunikation in jedem einzelnen Kommunikationskanal nicht verfälscht werden darf. Musikalische Flexibilität heißt dagegen, dass einzelne Sound Branding-Elemente, z.B. ein Score oder Brand Song, in verschiedenen Längen für unterschiedliche Adaptionen (TV-Spot, Webfilm, Hotline) funktionieren müssen oder – wenn gewünscht – thematisch auf einen Film variiert werden. Das geschieht über eine thematische Anpassung der Instrumentierung an den Plot oder über eine Anpassung des Melodieverlaufs an das Drama des Films.
- Brand Fit
  Das Sound Branding sollte im Idealfall – wie oben beschrieben – in einem strukturierten Kreationsprozess aus der Marke mit ihren Werten, ihrer Tonalität und ihrem Lifestyle entwickelt werden und somit im finalen Ergebnis den Charakter der Marke akustisch widerspiegeln. Der Grad des Brand Fits kann in qualitativen und quantitativen Tests überprüft werden. Ein negativer Fit führt in der Regel dazu, dass die Markenbotschaft noch schlechter transportiert wird, als wenn keine Musik eingesetzt werden würde. Zu diesem Ergebnis kommen z.B. unterschiedliche Studien von Prof. Esch oder North/Hargreaves.

7 *Autorenfragen*

An welcher Stelle würden Sie gerne Ihren Lieblingsfilm stoppen und interaktiv eingreifen wollen?

In dem Film Müllers Büro, in der letzten Szene. Wenn die Protagonisten in den Sonnenaufgang fahren und erschossen werden.

Welches Bewegtbildangebot im Netz empfehlen Sie gerne weiter und warum?

www.arte.tv, weil es mit hohem redaktionellem Talent auch mal in die kulturelle Gosse geht. Und das in beeindruckender Qualität auch ins Netzt stellt.

Welche Vision verbinden Sie persönlich mit Bewegtbild im Netz?

Endlich eine Konvergenz der Medien mit ihren Inhalten zu bekommen.

8 *Quellenverzeichnis*

1 Esch, F.R.: Moderne Markenführung 2. Auflage, Wiesbaden 1999.
2 Vgl. Raffaseder, H.: Klangmarken und Markenklänge; in: Die Bedeutung der Klangfarbe im Audio-Branding, München 2007, S. 249–259.
3 Vgl. Zimbardo, P.G. und Gerrig R.: Psychologie, München 2004.
4 Vgl. Raffaseder, H.: Audiodesign, Leipzig 2002, S. 89.
5 Koelsch, S.; Schröger, E.: Neurowissenschaftliche Grundlagen der Musikwahrnehmung, Hamburg 2008, S. 408.

Weiterführende Literatur

Ackermann, D.: Die schöne Macht der Sinne, 1991.

Esch, F.R.: Strategie und Technik der Markenführung 2. Auflage, München 2004.

Jackson, D.: Sonic Branding, New York 2 003.

Meffert H.: Markenmanagement, Wiesbaden 2008.

La Motte Habers, H. de; Emons, H.: Filmmusik eine systematische Beschreibung, München 1980.

Tauchnitz, J.: Werbung mit Musik, Hamburg 1990.

Neue Video-Technologien als Grundlage für Distribution, Targeting und Seeding

Christian Borsi, TVNEXT Solutions, Berlin
Nicolas Westermann, TVNEXT Solutions, Berlin

Die Realisierung von Projekten im Medium Internet erfordert eine Vielzahl an Entscheidungsprozessen über komplexe Themen, die dem zumeist branchenfremden Initiator häufig nebensächlich erscheinen. Der Komplexitätsgrad nimmt besonders dann exponentiell zu, wenn Videocontent Bestandteil oder sogar Hauptbestandteil des zu realisierenden Projektes wird.

Anlässe für Videoprojekte finden sich heute viele: von der besseren Präsentation der eigenen Produkte über die Inszenierung von Marken durch Branded Entertainment bis hin zur Umsetzung von neuen Geschäftsfeldern – beispielsweise in den Bereichen eCommerce oder Social Communities. Für alle ist Videocontent der zentrale Dreh- und Angelpunkt der über Breitband surfenden Zielgruppen, die es zu erreichen gilt. Kaum eine Website wird zukünftig ohne Video-Content auskommen.

Um sich den Umsetzungsmöglichkeiten von komplexen Videoprojekten anzunähern, ist die richtige Verwendung von Technologie und deren Verständnis maßgeblich.

1 Technologie als Grundlage für (kosten-)effiziente Projekte

Videoportale und Webportale mit Videoinhalten erfordern in der Projektierungs- und Realisierungsphase mehr Kenntnisse in der technischen Umsetzung als herkömmliche Webseiten. Ist in der klassischen Webprogrammierung hauptsächlich Know-how in Programmiersprachen wie PHP, HTML und Flash relevant, kommen bei Videoplattformen weitere Felder hinzu. Dazu gehören vor allem Wissen und Erfahrung in Videodatenübertragung, Encoding, Playerprogrammierung und Servertechnologien. Eine interne Abteilung oder externe Agentur, die sich hauptsächlich mit der Erstellung und Programmierung von

Webseiten beschäftigt, muss also nicht zwangsläufig in der Lage sein, auch Videoportale herzustellen.

Natürlich gibt es aber viele Dienstleister, die in dieses Feld vorgedrungen sind und Videoprojekte in ihr Leistungsportfolio mit aufgenommen haben. Neben den Agenturen sind dies auch Softwarehersteller, die den Bedarf an Lösungen erkannt haben und in ihren Produkten und Technologien widerspiegeln. Hier erleben wir eine ähnliche Entwicklung wie beispielsweise im eCommerce-Segment vor ca. zehn Jahren, als das erste professionell hergestellte Shopsystem auf den Markt kam. Zuvor wurde jeder Onlineshop manuell programmiert, jede Funktion wie etwa ein Warenkorb neu geschrieben. Diese Neuentwicklung einer jeden Funktion von Grund auf wird im Allgemeinen als Individualentwicklung bezeichnet.

Die Individualentwicklung ist zugleich die erste Möglichkeit für einen Projektinitiator, sein Video-Projekt umzusetzen: Die gesamte Plattform wird von Grund auf individuell programmiert. Diese Herangehensweise schlägt sich allerdings nicht nur in einem wesentlich längeren Umsetzungszeitraum nieder, sondern auch in den Her- stellungs- und laufenden Betriebskosten, die parallel zur Zeit ansteigen. Ebenfalls sollte die Komplexität nicht außer Acht gelassen werden, die sich hinter einer solchen „Neuerfindung des Rads" verbirgt. Die technischen und redaktionellen Prozesse, die hier neu durchdacht und geschaffen werden, müssen bis ins kleinste Detail konzipiert und eventuelle Hilfsmittel, wie z.B. Schnittstellen oder redaktionelle Oberflächen, mit erstellt werden. Dabei wird bewusst oder unbewusst auf erprobte Zuverlässigkeit, Zukunftssicherheit oder auch auf durchlaufene Lernkurven verzichtet. Der hierbei zunächst versteckte Kostenanteil sprengt meist jeden Projektrahmen, da er in der Regel den nachträglichen Aufwand in Wartung und Betreuung des fertigen Portals drastisch erhöht.

Die effizientere Möglichkeit zur Realisierung eines Videoprojektes ist die Nutzung von existierender Technologie – von fertigen Produkten, die einen Großteil der erwünschten Funktionen bereits abdecken. Diese Produkte sind in der Regel durch eine Bündelung von Funktionswünschen unterschiedlichster Kunden entstanden und haben somit verschiedenste Konzeptionsansätze bereits durchdacht und integriert. Im Gegensatz zur Individualentwicklung kann die Technologie deshalb eine Projektlaufzeit um ein Vielfaches verkürzen und damit auch das Projektbudget entlasten.

Diese Folge tritt leider aber auch nicht immer ein, da fertige Produkte nur selten das gesamte Spektrum der erwünschten und geplanten Features abdecken. Hier trennt sich dann auch die sprichwörtliche Spreu vom Weizen. Starre und unflexible Software spart vielleicht während der Projektherstellung Kosten ein, auf lange Sicht kann sich das aber durch unzählige Nachbesserungen und Ausbauarbeiten umkehren, wenn diese durch Individualentwicklungen aufgefangen werden müssen. Hersteller von Softwareprodukten haben aber in der Regel, sofern es sich um schon länger bestehende Technologien handelt, bereits erhebliche Lernkurven durchlaufen und ihre Produkte entsprechend überarbeitet, um genau diese Nachbesserungen auszuschließen oder zumindest zu minimieren.

Natürlich kann aber auch die flexibelste Software nicht alle Anforderungen eines jeden Projektes vorhersehen und abbilden. Ein gewisser Teil wird also immer – auch beim Einsatz von Software – aus Individualentwicklung bestehen, allein um eine Abgrenzung unter den konkurrierenden Portalen zu schaffen. Dieser Teil sollte aber aus Effizienzgründen so gering wie nötig ausfallen. Für die Relevanz der Technologie kann man auf folgenden Leitsatz schließen:

Je effizienter die Technologie, desto weniger Individualentwicklung!

Die Güte oder Qualität der Technologie ist aber nicht allein entscheidend dafür, ob eine bestimmte Software die richtige Wahl ist. Im Onlinevideo-Segment haben in den letzten Jahren verschiedene Anbieter die unterschiedlichsten Produkte auf den Markt gebracht. Welches davon für das jeweilige Projekt das beste Kosten-/Nutzenverhältnis aufweist, hängt wesentlich von dem Ziel ab, das die Auftraggeber mit ihrem Projekt verbinden.

1.1 Strategische Positionierung des Videoportals als Kriterium der Technologiewahl

So vielfältig die Beweggründe für die Bereitstellung von Videocontent sind, so unterschiedlich sind auch die Ausprägungen von Projekten. Je nach Zielstellung einer Plattform unterscheiden sich die Anforderungen an eine Technologie. Vereinfacht dargestellt lassen sich Videoprojekte in die Kategorien Geschäftsmodell, Image-Steigerung und Corporate Communication einteilen, inklusive möglicher Überschneidungen. Die jeweiligen Zielstellungen haben Einfluss auf die Ausgestaltung der Portale und damit auf die Technologiewahl.

Das Maß für den Erfolg aller Modelle bildet primär das Erreichen einer maximalen Reichweite innerhalb der anvisierten Zielgruppe, seien es beispielsweise werberelevante User (Geschäftsmodell), potenzielle Kunden (Image) oder Angestellte oder Journalisten (Corporate). An dieser Reichweite wird der letztendliche Erfolg des Projektes gemessen, sei es durch Werbeeinnahmen, durch nachweisbare Imagesteigerungen oder durch Zufriedenheit und Feedback der Angestellten.

Die Erfolgsfaktoren für diese maximale Reichweite werden maßgeblich schon durch die strategische Ausrichtung beeinflusst. Allen voran steht die Frage nach dem Verhältnis zwischen Content und Positionierung. Eine Plattform, die exklusiv über die neusten Blockbuster im Netz verfügt, wird ihr Augenmerk weniger auf eine Abgrenzung durch z.B. Optik richten müssen. Ein Mitarbeiterportal mit Vorstandsvideos wird hingegen wahrscheinlich nicht die innovativste Nutzerführung erfordern.

Die Wahl der richtigen Technologie korrespondiert mit verschiedenen Entscheidungen für das Projekt. Die grundlegende Frage in diesem Zusammenhang ist die nach der Differenzierung zum Wettbewerb. Inwieweit muss sich ein Portal – unabhängig vom Inhalt – von anderen funktional, haptisch oder optisch unterscheiden. Für manche Projekte kann ein „me too"-Prinzip gelten, meistens jedoch ist eine Abgrenzung zu anderen Plattformen gewünscht, wenn nicht sogar Pflicht. Andernfalls würde vermutlich die gesamte Plattformwelt aus YouTubes bestehen, die sich lediglich durch Farbe und Hintergrunddesign unterscheiden.

1.2 Die richtige Technologie für das richtige Vorhaben

Zwei Formen von Software-Anbietern für die Realisierung von Videoplattformen haben sich herauskristallisiert, die den diversen Anforderungen Rechnung tragen wollen. Auf der einen Seite stehen die Anbieter sogenannter Whitelabel-Produkte. Gemeint sind Baukastensysteme, die die verschiedenen Anforderungen ihrer Kunden in einzelnen Bausteinen umsetzen und als fertige Teile anbieten. Diese Module erstrecken sich über die gesamte Bandbreite an Plattformfunktionen, von

Playermodulen über Steuerungsoberflächen bis hin zum Hosting des Portals.

Allen Whitelabel-Anbietern gemein ist, dass meist nur diejenigen Funktionen Bestandteil des Angebots sind, die als Basisfunktionen eines Portals verstanden werden und somit bei nahezu allen möglichen Kunden Anwendung finden. Eine Abgrenzung zu anderen Portalen auf Basis derselben Software ist meist nur marginal, z.B. durch optische Anpassungen, möglich. Whitelabel-Software lässt sich gut mit einem Fertighaus-Prinzip vergleichen: Wände lassen sich innen zwar verschieben, die Fassade lässt sich anders streichen, die Abstände der Fenster und die Form des Hauses sind aber fest in der Technologie verankert.

Was für die Funktionen des Portals zutrifft, gilt meistens auch für die Infrastruktur dahinter. Das Hosting sowie der Traffic werden meistens ebenfalls über das technische Backend des Whitelabel-Anbieters abgebildet. Dieser bündelt mehrere Kunden auf einem System, sodass eine gewisse Flexibilität und zudem der Zugang zum Wettbewerb im Hosting- und Streaming-Markt ausgeschlossen wird. Gerade der Traffic ist jedoch einer der wesentlichen Kostenfaktoren im Betrieb eines Portals. Hier nicht den vollen Preiskampf der Anbieter ausnutzen zu können, kann die Rentabilität mancher Geschäftsmodelle beeinträchtigen.

Die Möglichkeiten der im Markt angebotenen Whitelabel-Angebote unterscheiden sich in der Regel nur unwesentlich. Ob ein solches Modell in Betracht gezogen werden kann, hängt von den Projektzielen und den zur Verfügung stehenden Mitteln ab. Oft sind solche Angebote schon für ein kleines Budget nutzbar und eignen sich gerade für Start-ups zur Umsetzung ihrer Geschäftsstrategien. Im Umkehrschluss muss man sich immer fragen, ob man sich über ein Whitelabel-Angebot ausreichend differenzieren kann – schließlich erkennt man ein Fertighaus in der Regel auch auf den ersten Blick.

Den Gegenpart zu den Whitelabel-Modellen bieten die Softwareframeworks. Hierunter versteht man Rahmentechnologien, die zwar auch fertige Funktionen beinhalten, aber höchst flexibel sind und keinerlei genaue Anordnung vorgeben. Um in der Metapher des Hausbaus zu bleiben, lassen sich Frameworks mit Fertigteilen ohne Aussehen vergleichen. Ein Framework könnte beispielsweise ein Fenster oder eine Tür beinhalten, ohne dabei die genaue Position, Größe oder die genaue Optik festzulegen.

Je nach Anbieter erreichen die Frameworks unterschiedliche Umfänge, daher wird eine genaue Auseinandersetzung mit der Leistungsfähigkeit notwendig, bevor eine Wahl getroffen werden kann. Das T VN EXT Softwareframework beispielsweise umfasst neben Frontend-Funktionen wie Videoplayer und vielfältige Darstellungsfunktionen auch Community- und Content-Management-Module. Das Design und Konzept eines Portals bleibt dabei vollständig frei gestaltbar. Die Freiheit gilt auch für den bereits angesprochenen Zugang zum Wettbewerb der Hosting- und Content-Delivery-Anbieter. Einige Rahmenwerke sind so konzipiert, dass sie auf jedem beliebigen System installiert und betrieben werden können. Andere Framework-Anbieter folgen den Whitelabel-Anbietern und bieten eigenes Hosting und Streaming an, eine Wahlmöglichkeit ist damit ausgeschlossen.

Die Folge der Design- und Konzeptfreiheit in der Arbeit mit Frameworks schlägt sich auf zwei Arten nieder. Einerseits besteht dadurch für eine Plattform die Möglichkeit, sich selbst optisch und haptisch von anderen abzugrenzen, andererseits kommt man um einen gewissen Teil an individueller Programmierung nicht herum. Gerade im Design eines Portals kann auch ein Framework nicht alle Anforderungen vorhersehen. Die Aufgabe für die Hersteller besteht deshalb darin, für Designumsetzungen eine gute Basis zu schaffen, um das notwendige Maß an Aufwand so gering wie möglich zu halten.

Um den Unterschied zwischen Whitelabel und Framework noch einmal zusammenzufassen, lässt sich folgende Definition formulieren:

- Whitelabel-Angebote sind Baukastensysteme mit vielen Basisfunktionen, die zwar meist kostengünstig, aber bei individuellen Anpassungen meist eingeschränkt sind.
- Frameworks sind im Gegensatz Basistechnologien und Werkzeuge für den Aufbau von Videoplattformen, die zwar ein Mindestmaß an Individualentwicklung erfordern, aber ein Höchstmaß an Einzigartigkeit erreichen können.

Welche Technologie letztendlich für ein Videoprojekt infrage kommt, hängt also insbesondere von der Positionierung und Differenzierung des Vorhabens, dem Grad der Anpassung an interne Arbeitsabläufe sowie von dem zur Verfügung stehenden Budget ab.

TECHNOLOGIE KURZZUSAMMENFASSUNG TV NEXT

FRAMEWORK	WHITELABEL	INDIVIDUAL
· hoher Individualitätsgrad	· geringer Individualitätsgrad	· hoher Individualitätsgrad
· Qualitätssicherung	· ggf. Qualitätssicherung	· keine Qualitätssicherung
· Kauf- oder Mietsoftware	· Mietsoftware	· keine Software
· anpassbar an interne Arbeitsabläufe	· weitgehend festgelegte Arbeitsabläufe	· keine integrierten Arbeitsabläufe
· erweiterbar	· begrenzt erweiterbar	· erweiterbar nach vorheriger Berücksichtigung
· Serverumgebung frei wählbar	· Serverumgebung nicht wählbar	· Serverumgebung frei wählbar
· Zukunftssicherheit durch Updates	· Zukunftssicherheit nicht transparent	· nicht Zukunftssicher
· Standardschnittstellen nach außen	· geringe Projektkosten	· hohe Projektkosten
· mittlere Projektkosten		

Abb. 1: Technologie Kurzzusammenfassung

1.3 Das Zusammenspiel zwischen Kosten und Technik

Die finanzielle Seite bei der Realisierung von Videoprojekten ist ähnlich komplex wie die der strategischen Ausrichtung und Konzeption. Je nach Art der Umsetzung – ob individual oder unter Zuhilfenahme von Whitelabel-Produkten oder Frameworks – liegen die Budgetbelastungen entweder eher im Bereich der Projektrealisierung oder in der laufenden Betreuung. Es kristallisieren sich fünf budgetrelevante Positionen heraus, die sich in jedem Videoprojekt auf die eine oder andere Art wiederfinden. Vordergründig wird der Auftraggeber meist zuerst auf die Position der Initialerstellung des Frontends stoßen, also der eigentlichen späteren Web- oder Portalseite. Das Frontend nimmt entsprechend der Relevanz für das Projekt meist den Löwenanteil der Kosten ein. Umso wichtiger wird hier die Art der Umsetzung, um diesen Teil so gering wie möglich zu halten.

Die Individualentwicklung kann hier auf keinerlei Vorarbeiten zurückgreifen, außer die beauftragte Agentur hat bereits ein vergleichbares Projekt umgesetzt und kann davon Teile wiederverwerten. Solche Recyclingvorgänge sollten aber möglichst vermieden werden, denn sie haben oft erhebliche Auswirkungen auf die programmiertechnische Umsetzungsqualität und werden dem Auftraggeber langfristig kaum finanzielle Einsparungen einbringen. Frameworks bieten hier einen guten Ansatz zur Aufwandsminimierung, wenn sie die Vielzahl der gewünschten Funktionen in der Basis bereits enthalten. Umzusetzen sind dann lediglich das Design und die genaue Anordnung der Funktionen und ihrer Beziehungen untereinander, wodurch der Kostenrahmen entsprechend kleiner wird.

Bei der Nutzung eines Whitelabel-Produktes scheint durch die Existenz vieler vordefinierter Funktionen und deren Anordnung der Aufwand zur Erstellung des Front- ends am niedrigsten zu sein. Meist ergeben sich aber starke Einschränkungen bei den einsetzbaren Features. Entweder verzichtet hier der Auftraggeber auf einen Teil an gewünschten Funktionen oder er lässt diese im individuellen Projekt erweitern. Dadurch geht allerdings der Kostenvorteil gegenüber den anderen Umsetzungsarten verloren.

Mit der Umsetzung des Frontends geht die zweite Position, die Initialerstellung des Backends, unmittelbar einher, sofern dieses überhaupt notwendig und erwünscht ist. Bei kleineren Projekten ist oft überhaupt kein Backend im Einsatz. Die für das Frontend zur Anzeige notwendigen Daten werden direkt auf Servern abgelegt, ohne eine redaktionelle Oberfläche oder Metadatenverwaltung zu erlauben. Dies hat zur Folge, dass die dritte Position, der redaktionelle Betrieb einer solchen Plattform, erheblich mehr Aufwand erfordert. Je nach Umfang des Portals entwickelt sich dieser dann oft zu einer unverhältnismäßig großen, regelmäßigen Kostenposition. In der Individualentwicklung werden aus diesem Grund häufig Backends auf Open-Source-Basis eingesetzt. Damit verbunden ist einerseits ein hoher Anpassungsaufwand, da diese Backends nur selten allen Anforderungen gerecht werden, und andererseits eine ungewisse Zukunft, was die Fehlerbehebung und Weiterentwicklung angeht. Whitelabel- und FrameworkProdukte beinhalten üblicherweise dagegen bereits Backends, die sich nahtlos an die Frontend-Komponenten anschließen lassen.

Im Gegensatz zur Individualentwicklung unterliegen aber die Backend- und FrontendKomponenten der Technologieanbieter Nutzungs- oder Lizenzgebühren und beinhalten damit die vierte Kostenposition, die anderweitig nicht anfällt. Ob diese Gebühren einen einmaligen oder regelmäßigen Posten ausmachen, unterscheidet sich von Anbieter zu Anbieter.

Die fünfte budgetrelevante Position lässt sich unter dem technischen Betrieb zusammenfassen. Gemeint sind regelmäßige Kosten für Serverhardware und Datenübertragung, dem sogenannten Traffic. Letzterer steigt mit dem wachsenden Erfolg eines Portals und kann zu einer nicht einschätzbaren Größe ansteigen. Umso wichtiger sind eine umfassende Transparenz und die Nutzung des marktüblichen Wettbewerbs, um die Traffic-Kosten so gering wie möglich zu halten, ohne die Qualität einzuschränken. Auch die Wartung des Backends und Frontends kann über den technischen Betrieb erfasst werden.

Diese fünf bei jedem Projekt zu berücksichtigenden Kostenpositionen beinhalten natürlich eine große Menge an Ausprägungsformen. Zwischen fast allen bestehen

Beziehungen, deren tatsächliche Größenordnungen von den Faktoren Uniqueness und Zielsetzung abhängig sind. Im Zusammenhang mit der Technologiewahl ergibt sich dadurch ein allenfalls grobes Schema, anhand dessen sich das für ein Vorhaben effektivste Modell erkennen lässt.

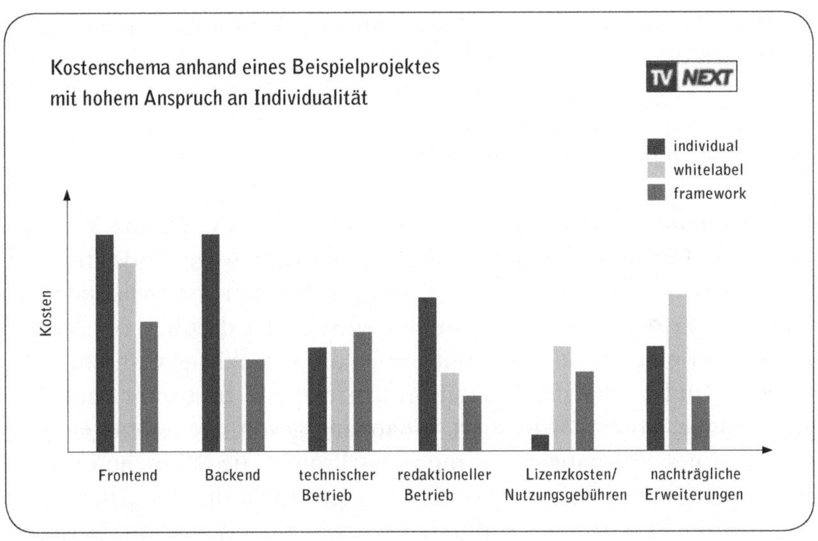

Abb. 2: Kostenschema anhand eines Beispielprojektes mit hohem Anspruch an Individualität

2 *Anforderungen an aktuelle Technologien*

Vor dem Hintergrund des Einflusses auf die Ausgestaltung von Portalen und die Umsetzungsgeschwindigkeit stellt sich die Frage, was man grundsätzlich von Technologie erwarten kann. Natürlich muss eine Technologie – in der Regel in Form eines Lizenzpreises – ihr Geld wert sein, unabhängig davon, ob Whitelabel-Angebote oder Frameworks gemeint sind.

Der Umfang, den Technologien z.B. im Frontend umfassen können, lässt sich leicht an aktuellen Portalen festmachen. Dieser umfasst aber nur einen kleinen Teil der Anforderungen an Videoprojekte. Für den Auftraggeber eines Videoportals sind vielmehr alle diejenigen Features relevant, die ihm eine größtmögliche Flexibilität in der Funktionalität bei gleichbleibenden Initialkosten der Herstellung und niedrigen laufenden Kosten in der Pflege einbringen. Nicht nur die Frontend-Funktionen sind also relevant, sondern in Zeiten der steigenden Videointeraktion gerade auch das Backend, das Interaktionen über die Bedienung eines Players hinaus überhaupt erst ermöglicht. Die Anforderungen steigen noch weiter an, wenn das Portal nicht nur Videos für seine User bereitstellt, sondern weitere Dienste wie eine Community oder eCommerce Teil des Geschäftsmodells sind.

2.1 Design- und Konzeptionsfreiheit

Das Frontend bildet das Gesicht eines Videoportals. Welche Möglichkeiten ein User hat, sich durch das Angebot zu bewegen, oder mit welcher grafischen Qualität er es wahrnimmt, können entscheidende Faktoren des Erfolgs sein. Das Frontend entscheidet darüber, ob sich ein Nutzer auf einer Seite wohlfühlt, ob er die von ihm gewünschten Inhalte vorfindet oder die Navigation begreift und bestimmt damit das Wesentliche: ob er wiederkehrt. Unabhängig von der jeweiligen Zielgruppe eines Videoangebotes muss das Projekt die Wünsche und Ansprüche der User erfüllen. In erster Linie geschieht dies natürlich durch die Inhalte selbst, in zweiter durch die Art ihrer Präsentation. Es ist also Aufgabe der Technologie, einen möglichst genauen Zuschnitt des Designs und der Usability des Portals für die jeweilige Zielgruppe zu ermöglichen. Es gibt immer Benchmarks gut navigierbarer Portale mit annehmbarem Design, an denen ein Videoprojekt nicht nur gemessen wird, sondern die es zu übertreffen gilt, wenn User angeworben und gehalten werden wollen. Die Herausforderung an Technologie muss neben der Bereitstellung von bekannten Funktionen und der freien Designbarkeit auch die schnelle Entwicklungsmöglichkeit von neuen, unbekannten Features oder neuen Arten der Bedienung sein. Differenzierung und Individualität sind wesentliche Faktoren, mit denen sich auch heute noch User für neue Portale gewinnen lassen. Der Anspruch an die Technologie liegt daher in der Möglichkeit der freien Konzeption und Gestaltung von Plattformen, ohne dabei den Aspekt der Zeitersparnis und damit der Produktionskostensenkung aufzugeben.

2.2 *Contentsteuerung*

Die Freiheit, Videocontent optimal darzustellen, wird natürlich nicht nur durch ein grenzenloses Design und Konzept bestimmt, sondern auch durch die Möglichkeiten zur Verschlagwortung und Kategorisierung des Contents. Eine gute Konzeption hilft nichts, solange der Content nicht dort platziert werden kann, wo er dargestellt werden soll. Eine Technologie, die ein höchst individuelles Frontend ermöglicht, muss deshalb auch ein entsprechend flexibles Backend für die Bereiche Kategorisierung, Verfügbarkeit und Verschlagwortung bereitstellen. Freie Contentsteuerung bedeutet die Kontrolle über das Wo, Wann und Wie: Wo wird der Content platziert (Kategorien, Channel), wann ist der Content verfügbar (Aktivzeiten) und wie wird der Content gefunden (Tags, Keywords). Eine eingeschränkte Steuerung oder eine komplexe redaktionelle Bedienung führt zu schwer navigierbaren Portalen, z.B. mit zu vielen Videos in einer Kategorie, oder zu sinnlosen Suchfunktionen, z.B. durch keine, wenig aussagekräftige oder zu viele Suchergebnisse.

Die aktuellen Softwaresysteme sollten heute in der Lage sein, die Einteilung von Inhalten ebenso frei zu handhaben wie deren optische Präsentation auf dem Portal. Begrenzte Kategorien oder eingeschränkte Hierarchiebäume finden sich aber leider noch zu oft gerade im Whitelabel-Segment.

2.3 *Anpassung an redaktionelle Prozesse*

Eine vollkommen freie Handhabung von Metadaten wie Kategorien oder Verschlagwortung birgt aber auch eine Gefahr. Der redaktionelle Aufwand zur Pflege des Portals kann exponentiell ansteigen. Die personellen Ressourcen sind allerdings unter den Portalen sehr unterschiedlich ausgeprägt. Während manche aus eigenem Anspruch heraus ganze Redaktionen im Hintergrund haben, werden andere nur durch einige wenige Hände betreut. Hieraus ergeben sich die Anforderungen an die Softwareherstellung, die redaktionellen Prozesse in beiden Varianten weder einzuschränken noch zu komplizieren. Technologie sollte heute vielmehr so konzipiert sein, dass sie sich dem Redaktionsprozess anpassen kann, unabhängig davon, ob dieser aus einer Einzelperson oder einem hierarchischen Workflow aus mehreren Personen besteht.

Ein vielfacher Wunsch zahlreicher Redaktionen, der aber selten in Produkten zu finden ist, ist ein Freigabeprozess, der in der redaktionellen Betreuung auch gleichzeitig eine Aufgabenteilung erlaubt. Grundgedanke dabei ist, dass jeder Redakteur nur für bestimmte Aufgaben berechtigt ist. Somit lassen sich Doppelbearbeitungen vermeiden und Abnahmeprozesse einrichten. Eine Rechte- und Rollenverwaltung macht diese Aufgabenzuteilung erst möglich. Technische Systeme handhaben diese Freigabeprozesse unterschiedlich; für einige sind sie kaum produktrelevant, andere ermöglichen eine nahezu grenzenlose Verwaltung von verschiedensten Rechten für eine ebenso unbegrenzte Anzahl an Redakteuren.

Eine weitere Möglichkeit, die Prozesse zu vereinfachen, ist die Automatisierung. Jeder redaktionelle Prozess hat bestimmte sich wiederholende Muster, die bestenfalls nie verändert werden. Dies kann zum Beispiel das Einstellen eines neuen Videos in das System sein, das immer nach demselben Schema abläuft. Eine ausgereifte Technologie kann diese Prozesse verkürzen, indem Metadaten automatisch ermittelt und eingepflegt werden oder der gesamte Videoimport über Schnittstellen vollständig automatisiert wird. Die Arten der Prozessvereinfachung sind zwar in der Startphase des Projekts aufwendiger zu definieren, die langfristige Einsparung von Zeit und Personal wird aber oftmals stark unterschätzt.

2.4 Multichannel und Seeding

Eine strategische Zielsetzung kann es sein – gerade im Bereich von Branded Entertainment oder Brandportalen –, User nicht nur auf das eigene Portal zu ziehen und dort zu halten, sondern vielmehr ein Video zu seeden (streuen). Das heißt: Ein Video soll möglichst häufig angesehen werden, unabhängig davon, auf welchem Portal.

Möglichkeiten, den eigenen Content im Web zu platzieren, gibt es genug – von der Platzierung bei YouTube bis zu eigenen Kanälen auf sevenload, MySpace und Co. Die Herausforderung einer solchen Streuung von Content (Seeding) ist die qualitative und die statistische Kontrolle darüber, was mit den Inhalten genau passiert. Der Marketingeffekt stellt sich nur dann ein, wenn die Qualität des Contents dem angestrebten Image entspricht und die Wirksamkeit auch nachgewiesen werden kann. Der redaktionelle Aufwand, ein Video auf diversen Plattformen einzustellen und nachzuverfolgen, darf auch hier nicht unbeachtet bleiben.

Der Anspruch an ausgereifte Videotechnologie bedeutet in diesem Zusammenhang, den Content nicht nur auf dem eigenen Portal zu publizieren, sondern ihn auch weiter im Netz verbreiten zu können. Hierfür werden in erster Line Embed Player verwendet, die einzelne Videos oder ganze Videobereiche auf anderen Seiten integrierbar machen. Vorteil hierbei ist vor allem, dass nicht nur die Qualität des Contents und die Abrufanzahl kontrolliert, sondern auch das Design des Embed Players an das eigene (absendende) Portal angeglichen werden kann. Somit wird nicht nur Content portalübergreifend verbreitet, sondern auch das eigene Corporate Design.

Die Funktionalität von Embed Playern ist grundsätzlich nicht begrenzt. So können auch ganze Portalableger auf anderen Seiten platziert werden. Die Technologie kann aber auch dafür genutzt werden, grundsätzlich mehrere ganze Portale mit einem System zu betreiben. Als Beispiel lassen sich einige Verlage anführen, die auf Basis eines Backends unterschiedliche Frontends für die jeweiligen Titel veröffentlichen. Vorteile sind neben dem zentralen Management des Contents auch eine zentrale Auswertung der Nutzung, sofern die Technologie selbst dieses Feature unterstützt.

Im Zuge der Entwicklung von internetfähigen mobilen Endgeräten und dem Einzug von Breitbandanschlüssen in die Privathaushalte werden aber nicht nur Webplattformen für das Seeding interessant, sondern auch andere Ausspielkanäle. Die Softwaresysteme für Videoplattformen entwickeln sich auch in diese Richtung weiter und bieten mittlerweile verschiedene Möglichkeiten an, andere Endgeräte zu bespielen, angefangen von der Datenhaltung des Contents in den benötigten Formaten bis hin zu fertigen Schnittstellen zu anderen Dienstleistern.

Je mehr ein System in Bezug auf Multichannelfähigkeit leisten muss, desto wichtiger wird die Qualität und Zukunftssicherheit, mit der es hergestellt und erweitert wird. Auffällig werden diese Punkte besonders, wenn ein Projekt nicht mit einem endgültigen Umfang gestartet, sondern in Phasen gelauncht wird. Der nachträgliche Ausbau eines Angebots sollte von Anfang an in der Technologie Berücksichtigung finden.

2.5 Skalierung und Erweiterung

In der Regel sind alle Webseiten wie auch Videoportale einer ständigen Anpassung unterworfen. Neue Funktionen werden erforderlich, Navigationsstrukturen überarbeitet und die Hardware den Lastanforderungen angepasst. Dies führt zu einer laufenden Bearbeitung von kleineren Änderungen und Grundüberarbeitungen in regelmäßigen Abständen.

Technologien – und hier gerade die Frameworks – können auch in diesem Bereich Verbesserungen herbeiführen. Einerseits kann der Aufwand für kleinere Änderungen minimiert, anderseits die Integration für neue Funktionen vereinfacht werden. So kann beispielsweise die Aufrüstung von Serverkapazitäten mit einem skalierbaren Backend eine rein administrative Aufgabe darstellen.

Voraussetzung für diese Vereinfachungen ist die darauf ausgerichtete Architektur der jeweiligen Technologie. Je nachdem, wie flexibel die Software selbst in ihrem Aufbau gehalten wird, ist auch der Portalausbau mehr oder weniger aufwendig.

Aktuelle Framework-Technologien haben diese Anforderung aufgenommen und verfolgen einen Ansatz, der auf unterschiedlichen, voneinander vollkommen getrennten Applikationen beruht. Jede Applikation, also jeder Teil des Systems ist für sich unabhängig erweiterbar, ohne dabei Auswirkungen auf andere zu haben. Im Gegensatz dazu findet man in Individualentwicklungen stark verwobene Module, bei denen die Erweiterung eines Teils gleichzeitig die Veränderung der anderen Teile nach sich zieht.

Bestimmte Technologien können also heute mit der Plattform gemeinsam wachsen. Mehr Benutzer bedeuten mehr Last und mehr Server, die diese Last bedienen können. Ein System, das mit dieser Last mitwachsen kann, ist auch in der Lage, klein zu beginnen. Für viele Projekte – gerade für noch unerprobte Geschäftsmodelle – kann dies ein entscheidendes Kriterium sein, damit das Projekt überhaupt realisiert wird.

2.6 Erfolgsmessung und Targeting

Den Erfolg eines Portals kann man nur messen und beurteilen, wenn die Zielstellungen messbar sind, gleichwohl, ob es sich um ein Brandportal oder einen videogestützten Onlineshop handelt. Welche Kennzahlen für die Auswertung herangezogen werden, hängt von der Zielstellung und Ausrichtung des Projektes ab. Werbefinanzierte Portale stützen sich v.a. auf die werberelevanten „Page Impressions", wohingegen für Marketingseiten die „unique Video Views" von entscheidender Bedeutung sind. Mit dem Einzug von Videowerbung im Internet verschmelzen diese Relevanzen allerdings zusehends in Richtung der tatsächlich gesehenen Inhalte und der Sehdauer, und die Bewegung des Users auf dem Portal wird weniger wichtig. Welche Kennzahlen für das jeweilige Portal aber auch immer notwendig sind, diese verlässlich zu ermitteln kann Aufgabe der Portaltechnologie sein. Zwar zählen Streamingdienstleister, Vermarkter oder andere Projektbeteiligte auch ein Reporting mit zu ihren Aufgaben, doch verdienen diese Beteiligten mit den gemessenen Größen ihr Geld, worin durchaus eine Rechtfertigung für eine zweite, unparteiische Beurteilung liegen kann.

Für einen Systemhersteller gehört eine verlässliche statistische Auswertung zu den notwendigen Grundbausteinen, die an spezifische Wünsche der Auftraggeber angepasst werden kann.

Die Datenerhebung kann in der Technologie aber nicht nur für die Erfolgsmessung genutzt werden, sondern auch für eine mögliche Eingrenzung der Zielgruppe, der Wahrung von Lizenzrechten bis hin zur Ausgestaltung einer Community. Dabei muss sich die Technologie besonders der Verpflichtungen des Datenschutzes bewusst sein, die solche Erhebungen mit sich bringen, wie z.B. der Anonymisierung von Userdaten und das umgehende Löschen von eindeutigen Adressen. Ein Beispiel für lizenzbezogene Einschränkungen liegt vor, wenn Internetrechte für einzelne Inhalte nur länderbezogen gegeben sind.

Die Verbindung von Userdaten mit personalisierter Werbung ist im Videosegment zwar technisch möglich, aber nicht unbedingt Aufgabe der Videoportaltechnologie. Dafür werden normalerweise „Behavioral-Targeting-Systeme" eingesetzt, die diese Daten aus einer Vielzahl von Portalen beziehen und auswerten.

Die unabhängige Messung der Portalnutzung und die Bereitstellung von lizenzrechtlich relevanten Daten wie die regionale Herkunft kann aber als Anforderung an die Portaltechnologie verstanden werden. Wie allerdings die einzelnen Anbieter mit diesen Anforderungen umgehen, ist sehr unterschiedlich ausgeprägt.

3 *Exkurs: Casestudy am Beispiel des interaktiven Web-Senders WDWIP*

Seit Anfang 2007 sendet der Internetfernsehsender WDWIP „Welt der Wunder" sein Programm in Ergänzung zu der Ausstrahlung im klassischen Fernsehen erfolgreich im Netz unter www.wdwip.tv. Das Konzept wie auch die Umsetzung unterscheiden sich wesentlich von allen sonstigen Fernsehstationen im Internet.

Die Idee hinter dem Projekt wird von den Betreibern selbst als „internetbasiertes Dialogfernsehen" beschrieben und verfolgt das Ziel einer aktiven Beteiligung der Nutzerschaft während der ausgestrahlten Inhalte. Diese bestehen als Zugpferd aus einer ein- bis zweistündigen Livesendung, die von vorproduzierten Beiträgen ganztägig umrahmt wird. Neben dieser in Zeiten des On-Demand-Fernsehens unüblichen Programmstruktur liegt die Besonderheit in einer medienbruchfreien Beteiligung während der Livesendung. Per E-mail, Chat, Blog, Foren etc. sind die Zuschauer in die Vorbereitung, in die Sendung selbst und auch in die Nachbereitung integriert. Während der Sendung können die User über Chat und Kommentare direkt mit den Moderatoren der Sendung kommunizieren, ohne das Videofenster verlassen oder ein anderes Medium verwenden zu müssen. Das Programm wird begleitet durch eine Reihe an weiterführenden Informationen, die in Echtzeit passend zum aktuellen Thema auf dem Portal erscheinen.

Technische Grundlage des Projektes ist das TVNEXT Software Framework, das neben den Frontend-Komponenten auch die komplexen Systeme zur Sendeplanung und Livesteuerung umfasst. Auf wdwip.tv wird das gesamte Videoportal und nicht nur der im Player dargestellte Inhalt zum Content, der vorab geplant oder in Echtzeit durch Redaktion und Moderatoren gesteuert wird. Die Interaktion der User mit den Moderatoren wird ebenfalls über das Backend gesteuert. Nicht sendungsrelevante Aussagen werden redaktionell gefiltert, um den Sendungsverlauf nicht zu behindern. Die Framework-Technologie ermöglicht hier ein höchst individuelles und interaktives Geschäftsmodell mit einer intuitiven und einfachen redaktionellen Bedienung.

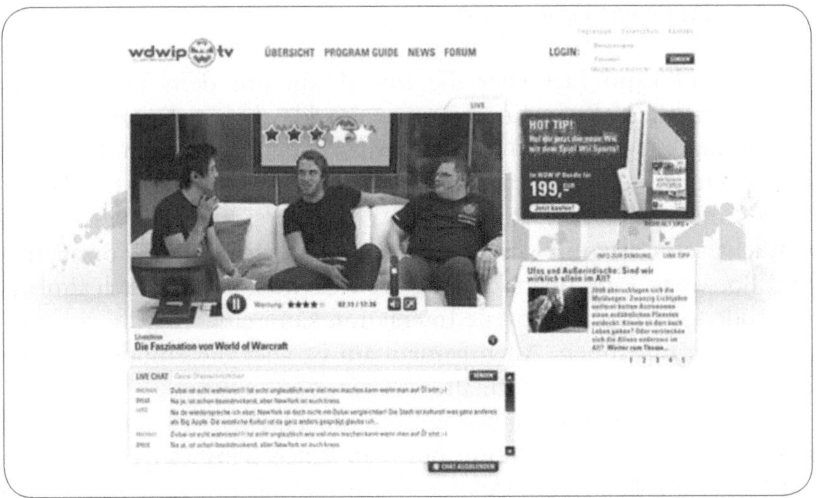

Abb. 3: Screenshot Welt der Wunder (www.wdwip.tv)

4 Ausblick: Kommende Features für eine interaktive Zielgruppe

Die wachsende Medienkompetenz im Jugendalter und das zunehmende Verlangen nach Interaktion mit Medien lassen sich nicht nur an erfolgreichen Portalen wie wdwip feststellen. Auch wenn die Zielgruppen dieser Portale noch relativ klein sind, wachsen sie beständig und werden zunehmend relevanter.

Für diese Zielgruppen ist die Funktionalität eines Videoportals mindestens ebenso wesentlich wie das Design. Als Folge davon versuchen sich diverse Portale durch eine interaktive Funktionalität abzugrenzen. Interaktion ist allerdings ein sehr weites Feld und kann auf unterschiedliche Arten Einzug in Videoplattformen finden. Allen voran steht die klassische Interaktion der User untereinander in Form von Foren, Blogs und Gästebüchern. Einem Videoportal wird es nichts bringen, nur den großen sozialen Netzwerken einfach nachzueifern, denn die User werden nur ungern ihre gewohnten Umgebungen für diese Interaktionen wie Twitter oder Facebook verlassen, noch erwarten sie diese Art von Austausch auf einem Videoportal.

4.1 Interaktion mit Videocontent

Zielführend kann hier eher die Interaktion mit dem Videocontent selbst sein, allenfalls in Kombination mit klassischen Konzepten. Die Videointeraktion lässt sich in zwei Dimensionen unterteilen. Die soziale Interaktion steht für den bereits heute üblichen Umgang mit Videos im Rahmen einer Bewertung und Weiterverbreitung. Ein User veröffentlicht seine Meinung über ein Video mittels Rating, Kommentar und Bookmar- king oder verbreitet den Content selbst durch Embedding oder Sharing. Die soziale Interaktion kann eine Vielzahl von Ausprägungen annehmen. Allen gemeinsam ist aber die emotionale Auseinandersetzung mit dem Inhalt.

Die mediale Interaktion beginnt erst, ihr Potenzial zu entfalten. Der Begriff umfasst die Interaktion mit dem Video selbst, angefangen von der Steuerung des Videos (Spulen, Pausieren) bis hin zum Klicken auf das Video oder auf Objekte innerhalb des Videos. Ihren ersten großen Einsatz erfährt die mediale Interaktion derzeit bei YouTube in Form der Annotations, darunter versteht man auf dem Video zu einer bestimmten Zeit angezeigte Kommentare, die einen klickbaren Text enthalten können.

Die Interaktion mit dem Content selbst ist sicherlich eine der innovationsträchtigsten Arten der Videonutzung. Großes Potenzial beinhaltet sie vor allem für die Werbung oder für eCommerce-Projekte, wenn zukünftig einzelne Produkte in Videos geklickt und gekauft werden können.

4.2 Surface Tags als innovative Form der Interaktion

Die Schwierigkeit bei der Verwendung von medialer Interaktion ist vor allem die Herstellung von entsprechendem Content. Die technischen Videoformate sind bis heute nicht in der Lage, interaktive Elemente mit aufzunehmen und wiederzugeben. Die Möglichkeit zur Interaktion muss also in der Plattformtechnologie angesiedelt werden und die Inhalte unsichtbar überlagern.

Mit den Surface Tags beinhaltet das TVNEXT Software Framework als erste Technologie eine Möglichkeit, die Mediale Interaktion auf Basis von flexibler Portalsoftware zu nutzen. Surface Tags verstehen sich dabei als klickbare Flächen, die über beliebigen Objekten im Videobild liegen und deren Bewegungen folgen und sie automatisch skalieren.

Die Tags werden als Layer synchron mit dem Video abgespielt. Der User interagiert also in Wahrheit mit einem Surface Tag, nimmt diesen aber als Bestandteil des Videos wahr. Einzelne Formen innerhalb des Videos werden über einen grafischen Editor im Vorfeld redaktionell definiert. Surface Tags können vielseitig für Portale eingesetzt werden, die Auswirkungen eines Klicks auf einen „Tag" sind frei konzipierbar. Im eCommerce-Umfeld lassen sich beispielsweise einzelne Produkte innerhalb von Videos „vertaggen" und können dadurch vom Käufer direkt geklickt oder sogar in den Warenkorb gelegt werden. Denkbar sind aber auch andere Anwendungen, wie die Anzeige von Zusatzinformationen zu einem Objekt oder sogar die Navigation zu anderen Inhalten eines Portals.

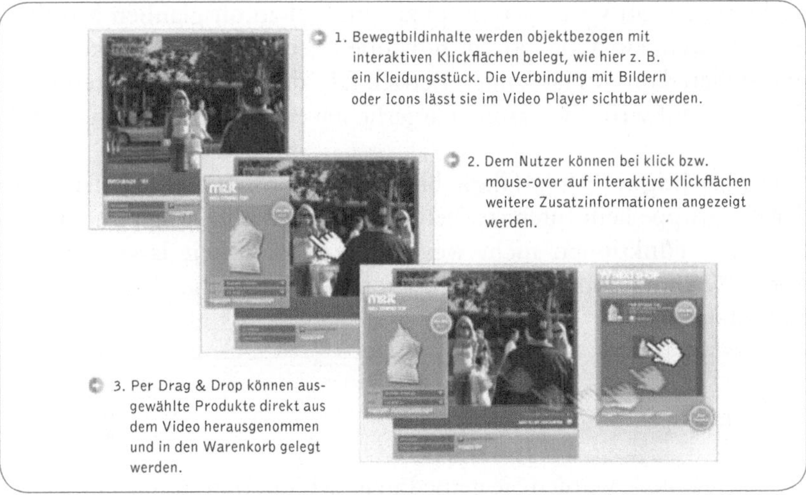

Abb. 4: Videoshopping Demo/Surface Tags – siehe auch unter www.surface-tags.de

5 Fazit: Erfolgsfaktoren für eine Videoplattform

Die Ursachen für den Erfolg eines Portals sind nicht immer greifbar. Häufig führen neue, bis dato unbekannte Features zu einer großen Beliebtheit einer Plattform. Grundlegend für den Erfolg ist die Einzigartigkeit eines Portals, sei es durch Inhalt, Design oder Funktionsumfang. Die Individualität einer Plattform ist die Voraussetzung für eine Differenzierung in den Augen des Users, die zu einer Wiedererkennung und Identifikation mit dem Portal führen, wobei die Unterschiede in Design und in der Funktionalität je nach Zielgruppe anders zu gewichten sind.

Die Wahl der Technologie hat einen wesentlichen Einfluss, unter anderem auf die Kosten und auf die Individualität. Sie sollte gut auf das strategische Ziel abgestimmt sein, um das Budget auf kurze wie auf lange Sicht so wenig wie möglich zu belasten und im Erfolgsfall keine Steine in den Weg zu legen. Ausbaubarkeit und Stabilität sind wichtige Merkmale von Portalsoftware, die sich bereits bewährt hat. Oft unterschätzt wird auch die Handhabung der redaktionellen Oberflächen und des Backends. Technologie soll die Prozesse vereinfachen und erleichtern, anstatt sie zu verkomplizieren. Viel zu oft glauben Multimediaagenturen, ein Videoportal individuell neu entwickeln zu können – und stellen dann im laufenden Betrieb fest, dass dies nicht selten große Probleme aufwirft, die dann zu ärgerlichen Budget-Erweiterungen führen

Der wichtigste Erfolgsfaktor bleibt aber der Content. Findet er bei der Zielgruppe kein Interesse, helfen auch das beste Design und die beliebtesten Funktionen nicht weiter. Die Bekanntheit lässt sich zwar durch Werbung und soziale Interaktionen steigern, die Qualität der Inhalte aber nicht.

6 *Autorenfragen*

An welcher Stelle würden Sie gerne Ihren Lieblingsfilm stoppen und interaktiv eingreifen wollen?

Westermann: Ein Lieblingsfilm zeichnet sich doch gerade durch die Zufriedenheit mit der Handlung aus, weshalb wir hierauf nicht eingehen wollen. Im Fall von Sportübertragungen oder Wahlen kann ich mir einen interaktiven Eingriff aber als sehr wünschenswert vorstellen, besonders wenn ein Ergebnis nicht das erhoffte ist.

Welches Bewegtbildangebot im Netz empfehlen Sie gerne weiter und warum?

Westermann: Empfehlenswert ist natürlich das Bewegtbildangebot der Audi AG. Unter www.audi.tv finden interessierte Zuschauer Eigenproduktionen und Berichte rund um die Automobilmarke in elegantem, zeitlosem Design und mit allen Funktionen, die ein Videoportal heute haben sollte.

Was bedeutet Linearität im Web TV?

Westermann: Lineare Kanäle, also ein redaktionelles Programm, auf das der Zuschauer keinen Einfluss nehmen kann, bilden eine absolute Besonderheit im Web. Was Video-On-Demand für das klassische Fernsehen ist, stellt das lineare 24/7 Programm für das Internetfernsehen dar: Eine Besonderheit und die Möglichkeit sich abzuheben. Sicherlich nicht als einziges Videoangebot, aber als redaktionelles Empfehlungsangebot zu On-Demand-Archiven.

D RECHTSFRAGEN UND AUSBLICK

Rechtliche Rahmenbedingungen von IPTV

Alexandra Heyn Rechtsanwältin, HK Krüger Rechtsanwälte, München

Die technischen Möglichkeiten der Produktion und Verbreitung von Bewegtbildinhalten entwickeln sich mit einer enormen Geschwindigkeit. Aus juristischer Sicht stellt sich die Frage, wie diese Angebote rechtlich zu bewerten sind. Im Nachfolgenden sollen die derzeit geltenden rechtlichen regulatorischen Rahmenbedingungen vorgestellt werden (Kapitel 1) und ein Überblick über anstehende Gesetzesänderungen gegeben werden (Kapitel 2), bevor in Kapitel 3 einige Punkte zusammengefasst sind, an die Anbieter von audiovisuellen Inhalten im Internet denken sollten.

1 Rechtliche Rahmenbedingungen

Zentrale Frage für jeden Anbieter von Bewegtbildern im Internet muss sein, ob sein Angebot als Rundfunk oder als Telemedium einzustufen ist, da Rundfunkanbieter eine Rundfunklizenz benötigen und für sie strengere Anforderungen gelten als für Anbieter von Telemedien, beispielsweise im Hinblick auf Werbevorgaben und Jugendschutz.

1.1 Der europarechtliche Rahmen

Wichtigste Grundlage für die deutschen Regelungen ist im Hinblick auf Bewegtbildin- halte die Richtlinie über audiovisuelle Mediendienste 2007/65/EG vom 11. Dezember 2007 (Richtlinie für audiovisuelle Medien, AVMD-Richtlinie)[1]. Diese Richtlinie ändert die Richtlinie 89/552/EWG vom 3. Oktober 1989 (Fernsehrichtlinie) und weitet ihren Anwendungsbereich auf Anbieter von fernsehähnlichen Diensten aus. Unter Letztere fallen beispielsweise Internet-Live-Streams oder als Webcast übertragene Programme sowie Video-on-Demand-Dienste und Mobile-TV.

Im Hinblick auf die Regulierung der einzelnen Angebote unterscheidet die Richtlinie zwischen linearen und nicht linearen Diensten. Bei nicht linearen Diensten bestimmt der Nutzer den Zeitpunkt des Abrufs, während lineare Dienste für den zeitgleichen Empfang auf der Grundlage eines Sendeplans bestimmt sind. Insbesondere die Vorgaben hinsichtlich Werbung, Jugendschutz und Anbieterkennzeichnung sind für nicht lineare Dienste weniger streng als für lineare Dienste.

1.2 Die deutschen Regelungen

Die Vorgaben der AVMD-Richtlinie sind bis zum 19. Dezember 2009 in den Mitgliedstaaten umzusetzen. In Deutschland sind von der AVMD-Richtlinie in erster Linie die Regelungen des Rundfunkstaatsvertrags (RStV) und des Telemediengesetzes (TMG) betroffen.

Seit Inkrafttreten der AVMD-Richtlinie hat es bereits einige Änderungen des Rundfunkstaatsvertrags gegeben. Für audiovisuelle Inhalte sind aber vor allem die Änderungen des 12. Rundfunkänderungsstaatsvertrags (RÄndStV) relevant, der am 1. Juni 2009 in Kraft getreten ist. Der geänderte Rundfunkstaatsvertrag enthält eine neue Fassung des Rundfunkbegriffs.

- Gem. § 2 Abs. 1 RStV ist „Rundfunk"
  „[...] ein linearer Informations- und Kommunikationsdienst; er ist die für die Allgemeinheit und zum zeitgleichen Empfang bestimmte Veranstaltung und Verbreitung von Angeboten in Bewegtbild oder Ton entlang eines Sendeplans unter Benutzung elektromagnetischer Schwingungen. Der Begriff schließt Angebote ein, die verschlüsselt verbreitet werden oder gegen besonderes Entgelt empfangbar sind."

Damit fallen unter den Rundfunkbegriff zunächst sämtliche linearen Bewegtbildangebote, unabhängig davon, ob ihnen eine Bedeutsamkeit für die öffentliche Meinungsbildung zukommt, wie dies nach den vorherigen Fassungen des Rundfunkstaatsvertrags Voraussetzung war. Nicht lineare Angebote fallen nicht unter den Rundfunkbegriff, auch wenn solche Angebote mittlerweile durchaus meinungsbildungsrelevant sein können.

- § 2 Abs. 3 RStV enthält Regelungen, die weitere Ausnahmen vom Rundfunkbegriff definieren. Kein Rundfunk sind demnach Angebote, die
  1. „jedenfalls weniger als 500 potenziellen Nutzern zum zeitgleichen Empfang angeboten werden,
  2. zur unmittelbaren Wiedergabe aus Speichern von Empfangsgeräten bestimmt sind,
  3. ausschließlich persönlichen oder familiären Zwecken dienen,
  4. nicht journalistisch-redaktionell gestaltet sind,
  5. aus Sendungen bestehen, die jeweils gegen Einzelentgelt freigeschaltet werden oder
  6. Eigenwerbekanäle sind."

Für kommerzielle Anbieter von IPTV sind vor allem die Ausnahmen in Nr. 1, 4 und 6 relevant, da bei Vorliegen dieser Voraussetzungen kein Rundfunk vorliegt, auch wenn es sich um ein lineares Programm handelt.

Umfassend diskutiert worden ist die Grenze der 500 potenziell möglichen Zugriffe, wie sie Nr. 1 vorsieht. Denn aufgrund der technischen Gegebenheiten ist es ohne Weiteres möglich, deutlich mehr potenziell mögliche Zugriffe zu erzielen. Immerhin ist diese Grenze eine absolute Untergrenze, was aus der Verwendung des Wortes „jedenfalls" folgt. Ist ein Angebot mehr als 500 potenziellen Nutzern zugänglich, besteht immer die Möglichkeit einer Einzelbewertung aufgrund der Kriterien von § 2 Abs. 1 RStV durch die Kommission für Zulassung und Aufsicht (ZAK).[2] Diese Bewertung erfolgt anhand des Kriteriums der Meinungsbildungsrelevanz, das bislang für die Einstufung eines Angebots als Rundfunk herangezogen wurde.[3] Um zu beurteilen, ob ein Angebot meinungsbildungsrelevant ist, ist daher wie bislang auf die vom Bundesverfassungsgericht aufgestellten Kriterien Breitenwirkung, Aktualität und Suggestivkraft des Angebots abzustellen.[4]

Nicht als Rundfunk einzustufen sind gem. Nr. 4 ferner Angebote, die nicht journalistisch-redaktionell gestaltet sind. Dies würde grundsätzlich bedeuten, dass etwa Teleshopping-Angebote nicht als Rundfunk einzuordnen sind, wie dies nach den Kriterien vor Einführung des 12. RÄndStV der Fall war.[5] Nach dem neuen Rundfunkst aatsvertrag sind Teleshopping-Angebote allerdings zukünftig Rundfunk.[6] Immerhin gelten gem. Artikel 7 Abs. 2 RÄndStV Teleshoppingkanäle, die zum Zeitpunkt des Inkrafttretens des neuen Rundfunkstaatsvertrags verbreitet werden, für die Dauer von zehn Jahren als zugelassen. Danach gelten die gleichen Zulassungsbestimmungen wie für Rundfunkangebote.

Für Anbieter von Corporate TV spielt Nr. 6 eine wichtige Rolle, denn diese nimmt Eigenwerbekanäle vom Rundfunkbegriff aus. Voraussetzung ist nach der Begründung allerdings, dass die Angebote erkennbar einem Unternehmen zuzuordnen sind und ausschließlich der Bewerbung eigener Produkte, Dienstleistungen oder Angebote dienen dürfen. Sobald im Rahmen von Corporate TV auch nicht unternehmensbezogene Inhalte gesendet werden, die nicht der Bewerbung eigener Produkte, Dienstleistungen oder Angebote dienen, ist Vorsicht geboten, wobei ein geringfügiger Anteil solcher Sendungen unschädlich sein dürfte.

2 Anstehende Gesetzesänderungen

Am 30. Oktober 2009 haben die Ministerpräsidenten den 13. RÄndStV unterschrieben, der nach der Verabschiedung durch die Landesparlamente am 1. April 2010 in Kraft treten soll.[7] Darüber hinaus liegt ein Gesetzesentwurf zur Änderung des TMG[8] vor.

2.1 Der 13. Rundfunkänderungsstaatsvertrag

Der 13. RÄndStV enthält in erster Linie neue Regelungen für die Rundfunkwerbung. Zwar wird an den Bestimmungen über den Umfang der Werbung grundsätzlich festgehalten. Gleichwohl gibt es Lockerungen für die Einfügung von Werbung. Insbesondere enthält der 13. RÄndStV Regelungen zur Produktplatzierung.

Hier sieht der 13. RÄndStV eine Liberalisierung vor. Bislang war Produktplatzierung unzulässig. Der 13. RÄndStV sieht in Bezug auf private Rundfunkveranstalter vor, dass bezahlte Produktplatzierung zulässig ist in Kinofilmen, TV-Filmen und Serien, Sportsendungen und Sendungen der leichten Unterhaltung, sofern es sich bei Letzteren nicht um Sendungen für Kinder handelt. Produktplatzierungen in Form der kostenlosen Bereitstellung von Waren oder Dienstleistungen (Produktionshilfen) sind ebenfalls zulässig.[9] Voraussetzung für die Zulässigkeit ist immer, dass die redaktionelle Verantwortung des Veranstalters unberührt bleibt, die Produktplatzierung nicht zu Kauf, Miete oder Pacht der Waren und Dienstleistungen auffordert und das Produkt nicht zu stark herausgestellt wird. Sofern die Sendung vom Veranstalter selbst oder in seinem Auftrag produziert wurde, ist auf die Produktplatzierung eindeutig hinzuweisen, nämlich am Beginn und Ende der Sendung und bei Fortsetzung nach Werbeunterbrechungen. Die in der ARD zusammengeschlossenen Landesrundfunkanstalten, das ZDF und die Landesmedienanstalten legen eine einheitliche Kennzeichnung fest.

Entgegen der Vorentwürfe enthält der 13. RÄndStV keine erneute Änderung des Rundfunkbegriffes. Ursprünglich sollte § 2 Abs. 1 RStV folgender neuer Satz 4 hinzugefügt werden:

> „Zu den Telemedien zählen auch audiovisuelle Mediendienste auf Abruf im Sinne der Richtlinie 89/552/EWG, soweit sie nicht Rundfunk sind."

Aus diesem Satz wurde deutlich, dass auch nicht lineare Angebote zukünftig als Rundfunk hätten eingestuft werden können. Dies ist zwar nun nicht explizit im neuen RÄndStV enthalten. Gleichwohl dürfte – auch aufgrund verfassungsrechtlicher Gesichtspunkte – grundsätzlich die Möglichkeit bestehen, Abrufangebote als Rundfunk einzustufen, wenn diese die Kriterien von Rundfunk erfüllen. Allerdings dürften nur wenige Abrufangebote die Rundfunkkriterien erfüllen.

2.2 *Änderungen des Telemediengesetzes*

Eine weitere Gesetzesänderung liegt derzeit in dem Entwurf für ein Gesetz zur Fortentwicklung des Rechtsrahmens im Bereich der neuen Dienste vor, welcher auch Änderungen des TMG enthält. Nach diesem Entwurf soll im TMG eine neue Kategorie eingefügt werden, nämlich „audiovisuelle Mediendienste auf Abruf". Darunter fallen Telemedien zum individuellen Abruf, die fernsehähnlich sind, aber nicht unter den Rundfunkbegriff fallen. Near-Video-on-Demand-Angebote fallen hingegen nicht unter die Definition und verbleiben im ausschließlichen Anwendungsbereich des Rundfunkstaatsvertrags.

Für audiovisuelle Mediendienste gilt zusätzlich zu den ohnehin bestehenden Werbevorgaben wie Trennungsgebot und Anbieterkennzeichnung, dass Nutzer eindeutig auf das Bestehen einer Sponsoring-Vereinbarung mit dem Diensteanbieter hingewiesen werden müssen, sofern eine solche besteht.

3 Von Der Idee zur Umsetzung

Anbieter von audiovisuellen Angeboten müssen sich somit aus regulatorischer Sicht folgende Fragen stellen:

- Handelt es sich bei dem Angebot um Rundfunk? (sieheunter 3.1)
- Wo ist die Lizenz zu beantragen? (siehe unter 3.2)
- Welche Zulässigkeitsvoraussetzungen gibt es? (siehe unter3.3)
- Mit welchen Kosten ist zu rechnen? (siehe unter 3.4)
- Welche Vorgaben sind für die Inhalte zu berücksichtigen? (siehe unter 3.5)

3.1 Einstufung als Rundfunk

Die generellen Voraussetzungen, unter denen ein Angebot unter den Rundfunkbegriff fällt, wurden bereits oben angesprochen (s. Kapitel 1.2). Da die quantitativen Vorgaben für die Einstufung eines Angebots als Rundfunk schnell erreicht sind, wird es, wie ausgeführt, meist wieder auf die Meinungsbildungsrelevanz und damit Breitenwirkung, Aktualität und Suggestivkraft ankommen.

Das Kriterium der Breitenwirkung wird jedes lineare audiovisuelle Internetangebot erfüllen.[10] Denn es ist möglich, das Angebot einer großen Vielzahl von Menschen zeitgleich zu vermitteln und damit auf einen großen Empfängerkreis in kurzer Zeit Einfluss zu nehmen. Bei nicht linearen audiovisuellen Angeboten kann es an der Breitenwirkung scheitern. Wahrscheinlich werden nur wirklich große bekannte Anbieter eine ähnliche Breitenwirkung mit ihren nicht linearen Angeboten erzielen können wie Anbieter linearer Angebote.

Viele Anbieter – sowohl von linearen als auch von nicht linearen Angeboten – werden das Kriterium der Aktualität erfüllen. Denn die Verbreitungstechnik von Onlineangeboten ermöglicht ein aktuelles Angebot, das dem Empfänger den Eindruck vermittelt, aktuell am Geschehen teilzunehmen und sich damit auseinanderzusetzen.

Damit wird es entscheidend auf die Suggestivkraft ankommen. Hierbei spielt neben dem Eindruck der Authentizität der Darstellung auch die Qualität der Darstellung eine Rolle. Gerade qualitativ hochwertige Angebote können eine ähnliche Suggestivkraft haben wie klassische TV-Angebote. Insofern wird die Abgrenzung, ob nun zulassungspflichtiger Rundfunk oder ein nicht-zulassungspflichtiger Informations- und

Kommunikationsdienst vorliegt, in vielen Fällen nicht ganz einfach sein und vom Einzelfall abhängen. Bislang gibt es keine Leitlinien zur Beurteilung von audiovisuellen Angeboten im Internet. In der Vergangenheit wurden viele Angebote noch als Telemedien eingestuft, weil es ihnen wegen der geringen Auflösung an Suggestivkraft fehlte. Dies dürfte sich indes, nicht zuletzt aufgrund der raschen technischen Entwicklung, in der nächsten Zeit ändern. Anbieter von Informations- und Kommunikationsdiensten werden daher i.d.R. nicht umhinkommen, eine Rundfunklizenz zu beantragen.

In Zweifelsfällen existiert ein einfacherer und kostengünstigerer Weg, um Rechtssicherheit zu erlangen, nämlich die rundfunkrechtliche Unbedenklichkeitsbescheinigung. Eine Unbedenklichkeitsbescheinigung bestätigt, dass das Angebot, wie es im Antrag beschrieben ist, nicht dem Rundfunk zuzuordnen ist. Liegt eine solche Unbedenklichkeitsbescheinigung vor, ist die Verbreitung des Angebots nicht mit dem Risiko eines Bußgelds verbunden. Andernfalls kann der Anbieter mit erheblichen Bußgeldern belegt werden, sofern die Landesmedienanstalt bei einer Prüfung zu der Auffassung gelangt, dass es sich bei dem Angebot um Rundfunk handelt, da die Verbreitung von Rundfunk ohne eine Lizenz nicht erlaubt ist.

Nicht jedes Rundfunkzulassungsverfahren ist gleich aufwendig. Es ist auch ein vereinfachtes Zulassungsverfahren möglich, sofern ein Angebot lediglich lokale bzw. regionale Inhalte enthält. Im Rahmen eines vereinfachten Zulassungsverfahrens wird beispielsweise auf eine Wirtschaftlichkeitsprüfung des Angebots verzichtet. Je nach Bundesland ist für die Durchführung des vereinfachten Zulassungsverfahrens die Reichweite von Relevanz. So kommt in Bayern beispielsweise ein vereinfachtes Zulassungsverfahren nur bei Angeboten, auf die nicht mehr als 10.000 zeitgleiche Zugriffe möglich sind, in Betracht.[11]

3.2 Zuständige Stelle

Die meisten audiovisuellen Inhalte, die über das Internet verbreitet werden, sind allerdings bundesweit verbreitete Inhalte. Über Anträge auf Erteilung einer Rundfunklizenz für bundesweit verbreitete Inhalte entscheidet die ZAK. Allerdings kann der Antrag auch bei einer Landesmedienanstalt gestellt werden, die diesen Antrag dann zur Entscheidung an die ZAK weiterleitet. An welche Landesmedienanstalt man sich wendet, liegt im Belieben des Antragstellers. Es wird sich hingegen meist anbieten, den Antrag bei der Landesmedienanstalt in dem Bundesland zu stellen, in dem der Anbieter seinen Sitz hat.

Über Anträge auf Erteilung einer rundfunkrechtlichen Unbedenklichkeitsbescheinigung entscheidet die Landesmedienanstalt selbst. Ebenfalls entscheiden die Landesmedienanstalten selbst über die Zulassung von Angeboten, die nur an bestimmte Regionen adressiert sind.

3.3 Zulässigkeitsvoraussetzungen

Der Rundfunkstaatsvertrag enthält in § 20a Vorgaben darüber, wer berechtigt ist, eine Rundfunklizenz zu beantragen. Danach wird eine Zulassung nur erteilt an eine natürliche oder juristische Person, die

- unbeschränkt geschäftsfähig ist,
- die Fähigkeit, öffentliche Ämter zu bekleiden, nicht durch Richterspruch verloren hat,
- das Grundrecht der freien Meinungsäußerung nicht nach Artikel 18 des Grundgesetzes verwirkt hat,
- als Vereinigung nicht verboten ist,
- ihren Wohnsitz oder Sitz in der Bundesrepublik Deutschland, einem sonstigen Mitgliedstaat der Europäischen Union oder einem anderen Vertragsstaat des Abkommens über den Europäischen Wirtschaftsraum hat und gerichtlich verfolgt werden kann sowie
- die Gewähr dafür bietet, dass sie unter Beachtung der gesetzlichen Vorschriften und der auf dieser Grundlage erlassenen Verwaltungsakte Rundfunk veranstaltet.

Für Aktiengesellschaften enthält § 20a Abs. 2 RStV die weitere Anforderung, dass nur dann eine Lizenz zu erteilen ist, wenn in der Satzung der Aktiengesellschaft bestimmt ist, dass die Aktien nur als Namensaktien oder als Namensaktien und stimmrechtslose Vorzugsaktien ausgegeben werden dürfen.

Den Antragsteller treffen ferner bestimmte Auskunftspflichten gem. § 21 RStV.

Der Antrag sollte daher folgende Angaben und Nachweise beinhalten:

- Allgemeine Angaben zum Antragsteller wie Name, Firma, Rechtsform, Sitz, Geschäftsführung, Adresse mit Telefon- und Faxnummer,

E-Mail-Adresse, gesetzlicher Vertreter; vorzulegen sind je nach Landemedienanstalt ein polizeiliches Führungszeugnis des Antragstellers oder seines gesetzlichen/ satzungsgemäßen Vertreters oder der Nachweis auf Stellung eines Antrags auf Erteilung eines Führungszeugnisses sowie ein aktueller Handels- oder Vereinsregisterauszug

- Angaben zum Geltungsbereich der Zulassung
- Offenlegung der Beteiligungsverhältnisse: Vorzulegen sind ein notariell beurkundeter Gesellschaftsvertrag bzw. eine Satzung. Ferner sind die Beteili-gungsverhältnisse durch Vorlage der Gesellschafterliste mit Beteiligungshöhe nachzuweisen und alle unmittelbaren und mittelbaren Rechtsbeziehungen zu Gebietskörperschaften, Rundfunkveranstaltern und Unternehmen im Medienbereich darzustellen.
- Wirtschaftliche und finanzielle Angaben: Voraussetzung ist ein detaillierter Finanzierungsplan, der beispielsweise Nachweise und Angaben über Eigen- und Fremdmittel, geplante Werbeeinnahmen und Sponsoringeinnahmen enthält.
- Angaben zum geplanten Programm wie Sendestart, inhaltliche Schwerpunkte, Umfang, Inhalt und Struktur der eigenproduzierten Sendungen

Weitere Antragsvoraussetzungen können den Merkblättern der Landesmedienanstalten entnommen werden.

3.4 Kosten

Die Kosten sind in den jeweiligen Gebührensatzungen der Länder festgelegt und daher von Bundesland zu Bundesland unterschiedlich.

Derzeit sehen viele Gebührensatzungen der Länder für die Zulassung von audiovisuellen Inhalten, die ausschließlich über das Internet verbreitet werden, noch gar keine Gebührentatbestände vor. Bayern hat allerdings bereits Internetangebote in die Gebührensatzung aufgenommen. Danach ist die Erteilung einer bundesweiten Lizenz für ausschließlich über das Internet verbreitete Angebote mit Kosten zwischen 1.000 bis 10.000 Euro verbunden, was sich nach dem konkreten Bearbeitungsaufwand richtet. Hat ein Angebot lediglich regionale Inhalte und übersteigt die gleichzeitige Abrufbarkeit des Angebots nicht 10.000 Nutzer, reduziert sich die Gebühr auf 500 bis 2.500 Euro.

Die Gebührensatzungen der Länder werden allerdings angepasst werden müssen. Für bundesweit verbreitete Angebote wird auf Grundlage von § 35 Abs. 11 RStV an einer bundeseinheitlichen Gebührensatzung gearbeitet. Es bleibt abzuwarten, ob diese noch 2009 in Kraft tritt. Angesichts der unklaren Gebührensituation enthalten Kostenbescheide momentan lediglich den Hinweis, dass eine Gebührenpflicht besteht. Die Höhe der Gebühren bleibt einem weiteren Bescheid vorbehalten.

Für die Erteilung einer Unbedenklichkeitsbescheinigung unterscheidet sich der Kostenrahmen in den jeweiligen Bundesländern momentan ebenfalls erheblich. Während einige Bundesländer einen festen Betrag ansetzen,[12] gibt es in anderen Bundesländern eine Spanne, die einen Rahmen bis zu 10.000 Euro vorsieht.[13] Auch dies soll allerdings bundesweit vereinheitlicht werden.

3.5 *Vorgaben bezüglich der Inhalte*

Die Vorgaben die Inhalte betreffend sind für Rundfunkveranstalter strenger als für Anbieter von Telemedien. Gleichwohl bewegt man sich auch als Anbieter von Teleme- dien nicht im rechtsfreien Raum, auch wenn Telemedien zulassungs- und anmeldefrei sind (vgl. § 4 TMG).

So gelten für Telemedien beispielsweise folgende Vorgaben:

- Neben den allgemeinen Impressumspflichten, die in § 5 TMG genannt sind (beispielsweise Name, Anschrift, Telefon- und Faxnummer, E-Mail-Adresse, Umsatzsteueridentifikationsnummer, Handelsregisternummer), sowie den Vorgaben des § 6 TMG für kommerzielle Kommunikation enthält § 55 Abs. 2 RStV weitere Informationspflichten, wie z.B. die Benennung eines Verantwortlichen für die Inhalte.
- Werbung muss klar erkennbar und von den übrigen Inhalten des Angebots eindeutig getrennt sein, vgl. § 58 RStV.
- Im Fall von unrichtigen Inhalten besteht unter den Voraussetzungen des § 56 RStV eine Gegendarstellungspflicht.
- Im Hinblick auf den Jugendschutz gelten die Vorgaben des Jugendmedienschutzstaatsvertrags. Jugendgefährdende Inhalte beispielsweise sind zulässig, wenn der Anbieter sicherstellt, dass sie nur Erwachsenen zugänglich gemacht werden.

Für den Rundfunk existieren ebenfalls Vorgaben für Werbung, Gegendarstellung und Jugendschutz:

- Für Werbung gilt neben den Vorgaben über die Einfügung von Werbung nach § 44 RStV die Werbezeitenbegrenzung gem. § 45 RStV. Wie unter Kapitel 2.1 dargestellt, sind derzeit Produktplatzierungen zwar noch unzulässig. Dies soll sich jedoch ändern.
- Die Pflicht zu Gegendarstellung und Richtigstellung ergibt sich aus den Mediengesetzen der Länder.
- Jugendgefährdende und bestimmte pornografische Inhalte sind unzulässig.

Darüber hinaus gilt im Rundfunkbereich der Grundsatz der Sicherung der Meinungsvielfalt. Aus diesem Grund kann Angeboten von Anbietern, die bestimmte Reichweiten erzielen bzw. überschreiten oder die einen bestimmten Marktanteil haben, eine Rundfunklizenz versagt werden. Weiterhin können Rundfunkveranstalter mit Vorgaben für Maßnahmen zur Sicherung der Programmvielfalt belegt werden, etwa dahingehend, dass sie unabhängigen Dritten Sendezeiten einräumen müssen. Auch wenn diese Vorgaben derzeit die meisten Anbieter von audiovisuellen Inhalten nicht treffen, ist es im Zuge der Konvergenz der Medien und der immer größer werdenden Medienkonzerne nicht unwahrscheinlich, dass diese Vorgaben zum Tragen kommen.

4 Zusammenfassung

Sowohl aufseiten der Anbieter als auch der Landesmedienanstalten besteht im Moment teilweise erhebliche Unsicherheit darüber, welche Angebote als Rundfunk und welche als Mediendienst einzustufen sind. Es besteht bei einigen Anbietern audiovisueller Angebote zudem die Angst vor einer zu großen Regulierung und Beaufsichtigung ihrer Angebote und einer damit einhergehenden Einschränkung. Teilweise schrecken Anbieter auch vor den Kosten einer Rundfunklizenz zurück, auch wenn diese im Vergleich zu den Kosten, die für die Angebote aufzuwenden sind, häufig marginal sind. Diese (teilweise unbegründeten) Vorbehalte sind nicht ungewöhnlich für neue Angebote und sollten daher nicht davon abhalten, audiovisuelle Inhalte im Internet anzubieten.

5 Autorenfragen

An welcher Stelle würden Sie gerne Ihren Lieblingsfilm stoppen und interaktiv eingreifen wollen?

Ein Lieblingsfilm ist für mich auch deshalb ein Lieblingsfilm, weil er perfekt ist und keines Eingriffs bedarf. Für mich stellt sich die Frage daher eher: An welcher Stelle würde ich gerne in den Film einsteigen und dabei sein? Und das ist bei „Drei Farben – Blau" unbedingt an allen Stellen der Fall, in denen Juliette Binoche begleitet von der wunderbaren Musik ins Wasser springt. Aber ich fürchte, so weitgehend wird Interaktivität nie möglich sein ...

Welches Bewegtbildangebot im Netz empfehlen Sie gerne weiter und warum?

Jedes Angebot, das guten Content bietet und übersichtlich aufgebaut ist.

Welche Vision verbinden Sie persönlich mit Bewegtbild im Internet?

Ich möchte zu sämtlichen Gegenständen, die ich in Filmen sehe und die mir gefallen, per Fernbedienung alle Informationen bekommen und sie am besten gleich bestellen können.

6 Quellenverzeichnis

1 Vgl. http://eur-lex.europa.eu/LexUriServ/site/de/oj/2 007/l_332/l_332 2 0071218de002 70045.pdf, (letzter Abruf 23. 10. 2009).
2 Amtliche Begründung zum 12. RÄndStV zu Nummer 3. Vgl. http://www.rlp.de/fileadmin/staatskanzlei/rlp.de/downloads/medien/begruendung_12_ ungsstaatsver- trag.pdf, (letzter Abruf 22. 10. 2009).
3 Amtliche Begründung zum 12. RÄndStV zu Nummer 3.
4 BVerfGE 90, 60, 87; Amtliche Begründung zum 12. RÄndStV zu Nummer 3.
5 Drittes Strukturpapier der Landesmedienanstalten zur Unterscheidung von Rundfunk und Mediendiensten. Vgl. http://www.alm.de/f

ileadmin/user_upload/3Strukturpapier.pdf, (letzter Abruf 22. 10. 2009).

6 Begründung zum 12. RÄndStV, Artikel 1 zu Nummer 6.

7 Vgl. http://www.rlp.de/ministerpraesident/staatskanzlei/medien, (letzter Abruf 29. 09. 2009).

8 Entwurf eines Gesetzes zur Fortentwicklung des Rechtsrahmens im Bereich der neuen Dienste. Vgl. http://www.bmwi.de/BMWi/Redaktion/PDF/Gesetz/entwurf-gesetzes-fortentwicklung-bereich-neuer-dienste,property=pdf,bereich = bmwi,sprache=de,rwb=true.pdf, (letzter Abruf 22. 10. 2009).

9 Vgl. § 44 RStV-E.

10 Vgl. Drittes Strukturpapier der Landesmedienanstalten zur Unterscheidung von Rundfunk und Mediendiensten.

11 § 10 Abs. 4 der Bayerischen Fernsehsatzung.

12 Bspw. Bayern mit 500 Euro, Ziffer 9.1 der Anlage zur Satzung über die Erhebung von Gebühren und Auslagen nach dem Bayerischen Mediengesetz .

13 Ziffer 11.1 des Anhangs zur Satzung der Medienanstalt Hamburg/Schleswig-Holstein (MA HSH) über die Erhebung von Verwaltungsgebühren, Auslagen und Abgaben.

Bewegtbild-Werbung - Ein Ausblick auf Potenziale und Gefahren

Leif Pellikan, W&V, München

Vorab – Ein Blick in die Zukunft

In zehn Jahren werden klassisches Fernsehen und Internet zusammengewachsen sein. Das ist keine gewagte Hypothese, sondern längst eine immer wiederholte Phrase. Der Vollzug der Konvergenz rückt zwar so immer ein wenig in die Ferne. Aber letztlich ist es nicht von Bedeutung, wann die Fusion der beiden Medien stattgefunden haben wird, entscheidend ist der Weg dorthin. Denn wer unterwegs ins Straucheln gerät, kommt womöglich nicht mehr auf die Beine. Für Stolperfallen im Bereich der werbefinanzierten Angebote sorgen etablierte Marktmechaniken, weitere Hürden stellen die Branchenriesen, allen voran Google, und nicht zuletzt die großen Mediaagenturen auf.

Die Grenzen und Barrieren zwischen den klassischen Medienkanälen verschwimmen im Web längst. Im Internet konkurrieren alle Medienunternehmen quer über alle Gattungen hinweg – und nahezu alle Anbieter bauen auf Videos. Damit muss auch der Bewegtbildbereich den Spielregeln des gesamten Onlinemarktes folgen, auch wenn er im Moment angesichts des enormen Wachstums noch eine Sonderrolle einnimmt. Aber es ist ein altes Phänomen: Kurzfristig tendieren neue Trends dazu, überbewertet zu werden, die langfristigen Auswirkungen werden unterschätzt. Ein stabiles Marktumfeld mit einem Gleichgewicht zwischen Angebot und Nachfrage ist im Bewegtbildbereich noch nicht in Sicht.

1 Wechsel der Konsumgewohnheiten – Fernsehen vs. Web TV

Im Kern wollen die Konsumenten nichts grundlegend Neues, auch kein „neues Fernsehen": „Auch auf den neuen Plattformen suchen Menschen vorwiegend das, was sie vom TV im Wohnzimmer kennen, nämlich Informationen und Unterhaltung in bewegten Bildern. Von

Verdrängung kann keine Rede sein", betont etwa Marcus Englert, Diversifikations-Vorstand von ProSiebenSat.1.[1] Die Folge: Fernsehen wird künftig schlichtweg über diverse verschiedene Bildschirme empfangen und nicht mehr nur über das Gerät im Wohnzimmer.

Für die wachsende Bedeutung des Webs spricht der vergleichsweise harte Indikator der routinierten, habitualisierten Nutzung von Video- und Audiodateien. Laut der aktuellen ARD/ZDF-Onlinestudie 2009 sehen bereits 34 Prozent mindestens einmal pro Woche Videos, Fernsehsendungen oder Ausschnitte auf Videoportalen und Mediatheken via Internet.[2] In der Tendenz dürfte der Online-Bewegtbildkonsum weiter kräftig zunehmen. Denn der Wert entspricht einem Zuwachs von satten zehn Prozentpunkten gegenüber dem Vorjahr (s. Tab. 1).

Abruf von Video- und Audiodateien 2008 und 2009
„mindestens einmal pro Woche genutzt"
Angaben in Prozent

	2008	2009
Bewegtbild (netto) gesamt	24	34
davon:		
Videoportale	21	26
Fernsehsendungen/Videos zeitversetzt	5	7
live fernsehen im Internet	3	6
abonnierte Videopodcasts	2	2
Audio (netto) gesamt	19	29
davon:		
Radioprogramme live im Internet	10	12
Audios von Radiosendungen zeitversetzt	3	4
Musikdateien	10	13
andere Audiodateien	7	5
abonnierte Audiopodcasts	1	2

Tab. 1: Basis: Onlinenutzer ab 14 Jahren in Deutschland (2009: n=1 212, 2008: n=1186). (Quelle: ARD/ZDF-Onlinestudien 2008 und 2009)

Zugegeben, der größte Anteil der Nutzung entfällt laut den ARD/ZDF-Daten im Moment noch auf nette kleine Clips: singende Möchtegernstars von morgen, tanzende Katzen oder Amateur-Comedy, gestellt oder aus dem realen Leben. Über solche Konkurrenz dürfte sich in den beiden großen TV-Konzernen kaum jemand den Kopf zerbrechen. Im Gegenteil: ProSiebenSat.1 profitiert über seine Plattform MyVideo von dem Boom solcher Angebote, RTL ist mit Clipfish dabei.

Was eher Besorgnis auslösen dürfte, ist der Anstieg von zeitversetztem Fernsehen und das regelmäßige Ansehen von Livestreams im Internet. Das heißt, professionelle Inhalte werden von immer mehr Usern über das Internet konsumiert. Das beinhaltet zwar zum einen Fernsehsendungen, die im Netz nur parallel oder zeitversetzt zur linearen Fernsehausstrahlung angeboten werden. Aber auch gänzlich andere Sender und Formate sehen sich die User inzwischen an, hinter denen nicht ein deutscher privater oder öffentlich-rechtlicher Fernsehanbieter stehen muss. YouTube, sevenload und Co. sind voll davon. Absender sind durchaus auch Unternehmen, wie etwa BMW mit seinem Kanal BMW-TV, der als YouTube-Channel und eigenständige Website angeboten wird.

2 *Etablierte Business-Modelle werden sich ändern*

Wenn Unternehmen, die sonst zu den Kunden der TV-Sender gehören, plötzlich selbst Absender von Videoinhalten werden, bedeutet dies – zusammen mit all den semi- und nichtprofessionellen Anbietern im Web – nichts anderes als viel neue Konkurrenz. Die Folge: Etablierte Business-Modelle, Marktverhältnisse und -mechanismen im Fernsehgeschäft verändern sich.

Noch dürften sich YouTube und Co. sowie die Videoangebote auf Portalen wie Spiegel Online nicht auf die wirtschaftliche Situation im klassischen TV-Geschäft auswirken. Dafür ist der Medienkonsum im Bereich der bewegten Bilder immer noch zu gering. Aber: Web TV wird den etablierten TV-Playern unmittelbar Konkurrenz machen, sobald es sich auch auf dem Fernsehbildschirm etabliert hat. Und schon heute nehme Web-TV eine Schlüsselrolle im Entertainment-Bereich ein. Ab dann sehen sich die etablierten Free-TV- und Pay-Modelle vor neue, ernsthafte Herausforderungen gestellt. Sowohl Werbegeld als auch die Budgets der Konsumenten verteilen sich schlagartig auf deutlich mehr Anbieter.

Bis dahin stellt sich für alle Anbieter die Frage, ob der Markt schnell genug wachsen wird, damit sich veritable Geschäftsmodelle entwickeln können. Manch einer war schlicht zu früh dran, etwa die seinerzeitige Telekom-Tochter T-Online mit der Mo- del-Soap „90sechzig90", die bereits 2000 im Web zu sehen war. Aber selbst jüngere Beispiele wie „Candygirls", mit der MySpace 2008 laut eigenen Angaben über 1,9 Millionen Abrufe in Deutschland erzielte, dürften im Moment nur Vorzeigeprojekte sein. Nach Fernsehmaßstäben sind solche Zahlen bescheiden. Vergleichbare Millionenreichweiten erzielt eine Soap im TV allemal – und zwar mit jeder Folge. Gleichzeitig zeigt das MySpace-Projekt, dass die Online-Abrufzahlen durchaus in die Größenordnung von TV-Reichweiten wachsen können.

3 Werbung als zentrale Einnahmequelle

Werbeeinnahmen aller Sender auf netto 4,036 Milliarden Euro.[3] Dem standen im Bereich Onlinevideo-Advertising je nach Schätzung Netto-Erlöse in der Größenordnung von 10 bis 15 Millionen Euro gegenüber. Eine direkte Gefahr für den TV-Markt ist durch das Web also noch nicht zu erkennen, allerdings dürfte sich das mit der Konvergenz zwischen klassischem Fernsehen und Internet sehr bald ändern. Angesichts der enormen Summe, die sich auf nur eine Handvoll Anbieter verteilt, ist die Fantasie der Onliner natürlich groß.

3.1 Starkes Wachstum des Segments im stagnierenden Markt

Am weiteren Boom der Onlinevideowerbung zweifelt seit diesem Jahr niemand. „Mit jährlichen Wachstumsraten von 250 bis 300 Prozent ist die Umsatzentwicklung äußerst vielversprechend", erklärt Paul Mudter, Geschäftsleiter Interactive beim RTL- Vermarkter IP Deutschland und Vorsitzender des Online Vermarkter Kreises (OVK) im Bundesverband Digitale Wirtschaft (BVDW).[4] Bei IP Deutschland liegt der Videoanteil, gemessen an den Gesamt-Online-Umsätzen, laut Mudter mittlerweile in einem guten zweistelligen Prozentbereich. Allerdings ist zu bedenken, dass der Gesamtmarkt für Display-Werbung (brutto 1,48 Milliarden Euro im Jahr 2008) im Moment nicht mehr kräftig wächst. Das zeigen die Brutto-Zahlen von Nielsen[5] (s. Abb. 1).

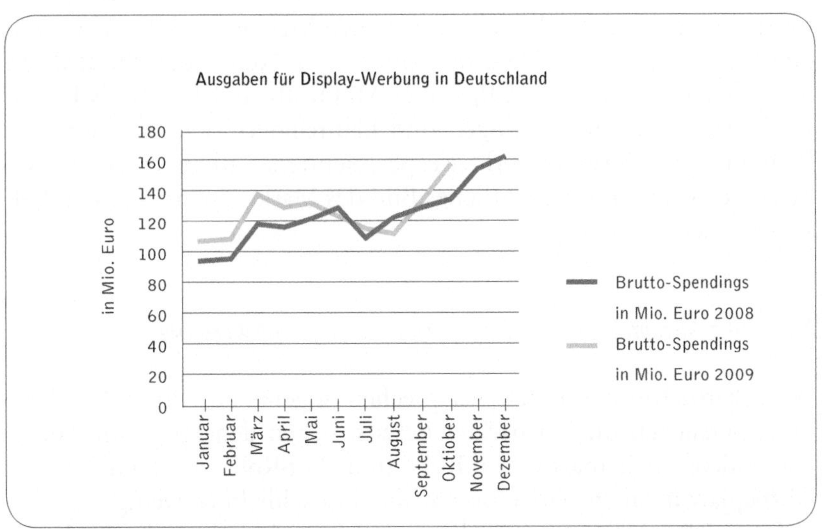

Abb. 1: Ausgaben für Display-Werbung (Quelle: Nielsen Media Research vom 11. 11. 2009. Die Umsätze werden von den Online-Vermarktern im OVK gemeldet. Die Summe steht in etwa für 75 % der Brutto-Spendings im Markt. Zeitraum: 01. 01. 2008 – 31. 10. 2009).

Das betont die durchaus hohen Erwartungen der Werbevermarkter in die Videowerbung. Im Jahr 2009 könnte die Summe laut Aussage des OVK auf ein Marktvolumen von 50 Millionen Euro netto anwachsen.[6] Allerdings prognostizieren andere Marktteilnehmer deutlich verhaltener und sprechen von 25 Millionen.

Vermutlich treffen beide Prognosen ein. Denn ein genauer Wert für den Internet-Video-Werbemarkt lässt sich schlicht nicht ermitteln. Zum einen ist der Markt angesichts der vielen Teilnehmer unübersichtlich. Zudem scheitert die Bestimmung des Marktvolumens an einer philosophischen Komponente: Werbe-Spots im Internet müssen nicht zwangsläufig in Bewegtbildinhalte integriert sein. Schon heute sind mehr als die Hälfte aller Werbemittel im Web animiert. Schriften blinken, Teile bewegen sich und der ein oder andere komplette Clip ist in Standard-Formaten wie den quadratischen Rectangle-Ads zu finden.

Zudem kommt in bewegten Inhalten eine Vielzahl von Werbeformaten zum Einsatz. Von Spots über Banner neben den Video-Playern bis hin zu Laufbändern und Einblendungen, die von Usern angeklickt werden können. Eine ähnlich verwirrende Vielfalt herrscht auch unter den Werbeformaten in bewegten Umfeldern. Neben den Pre-Roll- Video-Ads zu Beginn eines Clips über Mid-Rolls und Post-Rolls bis hin zu Splitscreens, Einblendungen und Laufbändern oder flankierenden Bannern – die Werbevermarkter experimentieren mit einer ganzen Reihe an Formaten. Ein einheitliches Bild des Marktes wird es also auf absehbare Zeit nicht geben.

3.2 Hohe Akzeptanz und Wirkung von Online-Spot-Werbung

Wirtschaftlich am meisten versprechen sogenannte Pre-Rolls. Allerdings versuchen die Vermarkter bereits, neben den Spots am Anfang von Videos auch massiv Mid-Rolls und Post-Rolls zu etablieren. Ein Werbeplatz in einem Videoumfeld allein ist schlicht zu wenig.

Für solche Online-Spot-Werbung spricht nicht zuletzt die Werbewirkung. „Video-Ads werden von allen Werbeformen im Internet die größte Aufmerksamkeit erzielen", sagte Klaus Ahrens, Geschäftsführer von Pilot 1/0, einer der größten Online-Mediaagenturen in Deutschland.[7] Das kann sich im Web zum entscheidenden Vorteil mausern, wenn herkömmliche Banner und andere Standard-Werbeformate allein durch die schiere Masse weiter an Attraktivität für Werbekunden und User verlieren.

Jemand, der vor seinem Rechner in reiner „lean-forward-position" aktiv surft und einen Clip auswählt, wird einen vorgeschalteten Spot auch ansehen und die Botschaft wahrnehmen. In welchem Maße beispielsweise Pre-Rolls besser funktionieren als TV-Spots in Werbeblöcken, muss jedoch erst nachgewiesen werden. Erste Vorarbeit hat die Forschungsgemeinschaft Zukunft Digital geleistet. Demnach liegt die Akzeptanz von Video-Werbung in etwa auf dem Niveau von Bannerwerbung, jedoch deutlich vor den Werten für Werbespots im TV (s. Tab. 2).

Werbeakzeptanz im Kanalvergleich

stört mich gar nicht (6)					stört mich extrem (1)
Anteil Befragten in Prozent						
Werbung im Kino	21 %	22 %	25 %	16 %	9 %	8 %
Sponsorenwerbung im Fernsehen*	20 %	20 %	24 %	17 %	9 %	11 %
Bannerwerbung im Internet*	12 %	16 %	22 %	21 %	14 %	15 %
Video-Werbung im Internet	8 %	14 %	28 %	24 %	15 %	12 %
Werbung im Fernsehen	5 %	9 %	20 %	23 %	21 %	23 %
Popup- und Layer-Werbung im Web*	4 %	4 %	7 %	10 %	15 %	60 %

*Tab. 2: Werbeakzeptanz im Kanalvergleich Frage: „Wie sehr stören Sie im Allgemeinen folgende Arten von Werbung?" I Einfachwahl I * mit Erläuterungen für besseres Verständnis. Insgesamt wurden 5000 User befragt. (Quelle8)*

Wie viel Werbung Videoinhalte vertragen, ist allerdings noch weitgehend offen. User reagieren bereits empfindlich, wenn Spots eine gewisse Länge überschreiten – von mehreren Werbeunterbrechungen ganz zu schweigen. Alles, was länger als 10 bis 15 Sekunden dauert, verursacht laut Video-Sites wie sevenload und MyVideo massive Abbruchraten, die schnell 20 oder 50 % und mehr erreichen. Das heißt, anders als im Fernsehen empfinden Konsumenten Spots von 20 oder gar 30 Sekunden, die im TV gerade wegen ihrer Länge als attraktive Formate gelten, im Web als massiv störend. Sehr viel Werbung passt also nicht in Video-Content.

3.3 Stabile Preise für Web-Video-Werbung

Während die Display-Preise generell unter Druck geraten sind, bleiben die Preise für die Video-Ads vergleichsweise stabil. Laut den Video-Vermarktern ist unter 20 Euro kaum ein Spot zu haben. Bestenfalls Video-Communitys agieren im User-generated- Content-Bereich mit Preisen um zehn Euro. Der Grund für die geringe Preiselastizität liegt im vergleichsweise geringen Inventar: „Da Angebote schnell ausgebucht sind, spielen Volumenrabatte fast keine Rolle", erklärt Jörg Blumtritt, European Operations Officer vom Video-Vermarkter Tremor Media.[9]

Mittelfristig dürfte sich der Videobereich jedoch nicht dem Abwärtstrend im Markt entziehen können. Es handelt sich nur um eine weitere Werbeform im Internet. Und dort drücken das stetig steigende Angebot an Werbeplätzen, der Verdrängungswettbewerb der Vermarkter und nicht zuletzt der Kampf um jeden Euro in der Krise auf die Preise. Die Rabatte, bezogen auf die offiziellen Listenpreise, betragen inzwischen nicht selten 90 % und mehr. In Billigkategorien ist Werbung ab 15 Cent zu haben. In diesen Bereich fallen alle Banner, die ohne konkrete Umfelder im Portfolio eines Vermarkters gebucht werden oder über Restplatzanbieter verkauft werden. Nur der Premium-Bereich (sprich hochwertige redaktionelle Umfelder) kann sein Preisniveau halten.

3.4 Einkaufsmacht der großen Mediaagenturen steigt

Generell dürften alle Online-Werbepreise weiter unter Druck geraten, zumal die Einkaufmacht der großen Mediaagenturen weiter zunimmt. 2008 gaben die sechs Mediariesen GroupM (Teil des WPP-Konzerns), Aegis Media, Omnicom, Publicis VivaKi, Interpublic Mediabrands und Havas Media insgesamt 10,7 Milliarden Euro in Deutschland aus, wie die Auswertung des französischen Marktforschungsinstituts Recma zeigt.[10] Das bedeutet, die Agentur-Netzwerke kontrollieren die Hälfte der gesamten Werbeausgaben, die im vergangenen Jahr laut ZAW 20,357 Milliarden Euro betrugen.[11] Und allein auf die GroupM entfielen rund 20 % aller Mediaspendings.

Im Onlinebereich herrscht zwar noch eine etwas größere Vielfalt an Agenturen. Die GroupM-Agenturen und deren Network-Konkurrenten dürften jedoch zusammen mit den größeren unabhängigen Online-Mediaagenturen Pilot 1/0 (Pilot Group) und Plan.Net (Mediaplus/ Serviceplan) schneller wachsen als der Rest. Dafür spricht nicht nur die Einkaufsmacht, sondern auch der steigende Aufwand. Die inzwischen notwendige Technik, um Onlinewerbung effizient einsetzen zu können, verursacht Kosten, die in der Regel nur große Agenturen schultern können.

3.5 Targeting wird Onlinewerbung aufwerten

Kern aller Bestrebungen in der Onlinewerbung ist die zielgruppengenaue Ansprache – das Zauberwort hierzu lautet Targeting. Technisch werden User über Targeting anhand ihres Surfverhaltens und anhand weiterer Kriterien wie etwa dem Standort des Rechners kategorisiert. Angereichert mit soziodemografischen Daten können so vergleichsweise präzise Zielgruppen-Cluster erstellt werden. Im Idealfall könnte beispielsweise ein typischer VW-Kunde, der sich für einen Golf interessiert und sich aktuell nach einem Neuwagen umsieht, identifiziert und mit entsprechender Werbung und einer konkreten Händleradresse in seiner Nähe versorgt werden. So präzise muss es aber gar nicht sein. Werbungtreibenden ist bereits geholfen, wenn User aufgrund ihres Profils von Kampagnen ausgeschlossen werden. Genannt sei hier exemplarisch die komplette Range der Damenhygiene, für die sich Männer nun wirklich nicht interessieren.

Hinzu kommt die Aussteuerung der Anzahl der Werbekontakte über sogenanntes Retargeting. Sind User bei einem erneuten Besuch zu identifizieren, können Mediaagenturen steuern, wie oft ein User ein Motiv zu sehen bekommt. Im Idealfall bekäme beispielsweise kein User mehr als zehnmal Banner oder Spots einer bestimmten Kampagne zu sehen.

„In allen Medien ist die Effektivität von Werbung in den letzten Jahren deutlich zurückgegangen – das kann niemand bestreiten", sagt Jürgen Blomenkamp, CEO der GroupM[12]. Da die Zielvorgaben immer deutlicher verfehlt würden, sei die Forderung der Werbungtreibenden nach einem höheren Return on Investment auf ihre Kampagnen nur logisch. Mit dieser Argumentation erklärte er den Aufbau einer eigenen Targeting-Lösung, etwas, was bislang Thema der Vermarkter war. Agentur-Konkurrenten wie Plan.Net und Pilot 1/0 haben oder beschaffen sich ebenfalls Lösungen, die noch in diesem Jahr zum Einsatz kommen dürften.

3.6 Technologie macht Onlinewerbung enorm günstig

Targeting reduziert in der Tendenz die Menge an geschalteten Ad-Impressions im Markt – mit entsprechenden Konsequenzen für die Einnahmen der Online-Werbe- vermarkter: weniger Werbung, weniger

Geld. Zwar hat Targeting selbst einen Wert. Berechnet wird allerdings nur die Dienstleistung. Gängige Praxis ist derzeit, einen Aufpreis von einigen Prozentpunkten – genannt sei hier eine Größenordnung von 10 % für jedes Zielgruppenkriterium – zu berechnen. Der Effizienzgewinn kann jedoch nicht in dem Maße in Rechnung gestellt werden, wie er sich in klassischen Medien auswirkt.

Konkret heißt das in der Theorie: Onlinewerbung kann hinsichtlich der Effektivität ein Vielfaches günstiger als klassische Werbung sein. Eine TV- oder Print-Kampagne sorgt innerhalb einer engeren Zielgruppe – etwa potenzielle Käufer eines Produktes sind zwischen 30 und 49 Jahren mit überdurchschnittlichem Einkommen und verfügen über einen Studienabschluss – sehr schnell für hohe Tausend-KontaktPreise. Die Zielgruppen-TKPs wachsen meist auf 100 Euro und mehr an. Hierzu ein Rechenbeispiel: In der Zielgruppe 14- bis 49-Jährigen kosteten 1000 Kontakte im Januar durchschnittlich bei RTL, Sat.1 oder ProSieben brutto ohne Rabatte rund 15 Euro.[13] Unterstellt, nur jeder zehnte Zuschauer fällt in die Zielgruppe eines Werbungtreibenden, steigen die effektiven Zielgruppenpreise rechnerisch bereits auf 150 Euro. Online dagegen können Zielgruppen direkt angesprochen werden. Der Aufpreis für die Targeting-Dienstleistung mag einen TKP vielleicht verdoppeln, aber nicht vervielfachen. Übertragen auf die Bewegtbild-Werbung, die im Moment noch zu Preisen von über 20 Euro gehandelt wird, bedeutet das: Targeting schafft nur einen geringen Mehrwert. Die effektiven Preise im Vergleich zur klassischen Fernsehwerbung liegen um ein Vielfaches niedriger.

3.7 *Vermarkter gegen Agenturen und alle gegen Google*

Der Targeting-Aufpreis muss jedoch nicht unbedingt bei den Vermarktern bleiben. Mediaagenturen streben danach, die Zielgruppenfilter selbst zu betreiben. Medienunternehmen müssten auf diesen Teil der Wertschöpfung dann weitgehend verzichten. Agenturen würden billig unqualifizierte Reichweite einkaufen, selbst mit TargetingKriterien veredeln und dann an ihre Kunden weiterreichen. Solch ein Arbitrage-Modell verspricht hohe Margen, allerdings nur den Agenturen.

Seit Sommer 2008 weht daher in der Branche ein heftiger Wind – auch wenn Paul Mudter, Vorsitzender des Online-Vermarkterkreises, es sanfter ausdrückt: „Auf verschiedenen Ebenen werden hierzu Gespräche geführt." Offen ist beispielsweise, ob die Bestrebungen der Agenturen datenschutzrechtlich überhaupt zulässig sind. Zudem müssen die Werbevermarkter bis zu einem gewissen Maße mitspielen. Grundsätzlich zeigen sich die meisten Vermarkter kooperationsbereit – wenn auch nicht uneingeschränkt: „Inwieweit die Ansätze der Media-Agenturen einen Mehrwert bieten und datenschutzrechtlichen Bestimmungen unterliegen, prüfen wir", sagt Frank Bacher, Geschäftsführer vom Telekom-Vermarkter Interactive Media[14]. Als einen Ausweg wären Targeting-Allianzen der Vermarkter vorstellbar. „Das ergibt aus unserer Sicht Sinn, um Zielgruppenmerkmale in großen Reichweiten auszuspielen", sagt Tomorrow-Focus-Vermarktungsvorstand Christoph Schuh, „aber nur, wenn Partner zusammenkommen, die vergleichbare Inventarqualität und Pricings besitzen."[15] Seit Frühjahr 2009 hat sich an dieser Situation nichts Wesentliches geändert, auch wenn einzelne Vermarkter an einer Allianz stricken. Bis sich die verschiedenen Ansätze im Markt etablieren, dürfte jedoch noch viel Zeit vergehen – zumal das Feld zahlreiche Ansätze für gerichtliche, datenschutz- und kartellrechtliche Auseinandersetzungen bietet.

Bedrohlicher werden die Aussichten durch international agierende Unternehmen. Google dürfte beispielsweise alles daran setzen, seine Targeting-Möglichkeiten quer über alle Angebote auszuschöpfen. Im Moment besteht noch keine Verbindung zwischen der Such- und der Display-Vermarktung auf den Seiten Dritter. Allerdings gibt es Anzeichen, dass Google alles daran setzt, die Informationen aus der Suche auch im Display-Bereich zu nutzen. Dann wäre Google vermutlich in der Lage, immer am besten zu wissen, was ein Konsument gerade interessiert und was er womöglich gerne kaufen würde. Bevor es dazu kommt, dürften jedoch noch juristische Hürden zu nehmen sein.

3.8 Die Grosskonzerne investieren weiter in ihre Angebote

Egal, wer sich am Ende durchsetzt, für werbefinanzierte Inhalte bleiben die Konsequenzen dieselben: Die Werbepreise werden in keinem Fall steigen, sondern weiter sinken. Die gegenwärtigen Business-Modelle müssen hinsichtlich der Wirtschaftlichkeit überprüft werden. Kalkulationen mit durchschnittlichen Netto-TKPs von 20 Euro und mehr dürften in absehbarer Zeit nicht mehr aufgehen. Um das Problem zu verdeutlichen: Ein Clip, der 10.000 Mal abgerufen wird, erlöst bei voller Werbeauslastung 200 Euro. Selbst 100.000 Abrufe sorgen nur für 2.000 Euro. Schon diese Kalkulation zeigt, dass selbst vergleichsweise erfolgreiche Formate kaum eine eigene Web TV-Produktion rechtfertigen. Zumal 10.000 Abrufe bereits durchaus eine ambitionierte Größe darstellen, wie ein Blick auf die Abrufzahlen auf Videoportalen wie YouTube, MyVideo und sevenload zeigt.

Das Angebot an bewegten Inhalten wird trotzdem weiter kräftig wachsen. Google will beispielsweise sein Bewegtbildangebot auf YouTube ausweiten. Verhandlungen mit den Hollywoodstudios über Content laufen bereits. Über die Videosite könnten dann irgendwann nicht nur werberefinanzierte Produktionen, sondern auch Pay-Angebote laufen. Zudem dürften die US-Medienriesen mit ihren Filmstudios künftig auch den mehr oder weniger direkten Vertrieb ihrer Inhalte an Konsumenten weltweit ausbauen. In den USA besteht mit Hulu.com bereits eine solche werbefinanzierte Plattform. Das Joint-Venture von NBC Universal (GE), Fox Entertainment Group (News Corp.) und ABC Inc. (The Walt Disney Company) offeriert werberefinanzierte TV-Shows und Filme. Die Firma liefert in den USA auch Inhalte, unter anderem an AOL, MSN, MySpace, Facebook und Yahoo.

4 Strategischer Ausblick: Delinearisieren und Kooperieren

Kostenpflichtige Inhalte spielen zwar auch künftig eine Rolle – allerdings nur in Premium- und Nischenbereichen. „Ein signifikanter Teil der Web-Angebote bleibt sehr wahrscheinlich auch künftig kostenfrei", prognostizieren die Roland-Berger-Bera- ter.[14] Das bedeutet jedoch auch, dass die Bereitschaft, für Content zu bezahlen, weiter abnehmen wird. Gleichzeitig werde die Akzeptanz für Werbung steigen, zumal Werbung durch Targeting-Mechanismen relevanter werde – allerdings mit den genannten Folgen für die Umsätze. Ein Gleichgewicht zwischen Angebot und Nachfrage wird sich einstellen – langfristig wird niemand Content ohne Aussichten auf Profit bereitstellen. Andererseits ist die werbungtreibende Industrie auf Inhalte, sprich Werbeumfelder, angewiesen. Sie wird daher auch angemessene Preise zahlen.

Die Strategien lauten: Inhalte günstig produzieren oder beschaffen und darüber hinaus über möglichst viele Plattformen monetarisieren. ProSiebenSat.1-Vorstand Marcus Englert spricht von Delinearisieren.[16] Inhalte werden nicht mehr nur für das klassische Fernsehen verwendet, sondern über viele Kanäle verbreitet. Das fängt mit Pay-TV-Services als Video-on-Demand-Dienst an, geht über den Verkauf von DVDs, Produkten und Inhalten für das Handy und die Online-Plattform bis hin zu Spielen.

Anbieter, die hingegen originäre Programminhalte nur für das Web schaffen und vermarkten, werden es schwer haben. Basierend auf Videowerbung lassen sich kaum profitable Geschäftsmodelle entwickeln – außer solche Anbieter kooperieren. Und das müssen künftig selbst große Medienunternehmen. Es gilt, Inhalte über möglichst viele Plattformen zu monetarisieren. Dabei müssen nicht immer alle Plattformen im eigenen Besitz sein.

Es gilt die Devise: Inhalte so breit wie möglich zu verteilen, statt User dazu zu bewegen, auf ein bestimmtes Angebot zu gehen. Das empfiehlt Blogger und Medienprofessor Jeff Jarvis und nennt in seinem Buch „What would Google do?" eine Reihe von Beispielen, etwa, wie das TV-Network CBS die Pläne für ein zentrales Portal zugunsten einer Network-Strategie aufgab.[17] Der Massenmarkt sei tot, Nischen ausfüllen und besetzen, fasst Jarvis zusammen. TV-Reichweiten von mehreren Millionen Zuschauern sind nicht zu erwarten. Sie lassen sich von einzelnen Anbietern bestenfalls über eine Vielzahl von Kanälen erzielen. Google ermöglicht es schließlich allen Konsumenten, solche Nischen zu finden. Und am Ende entscheiden nur die Konsumenten, ob ein Angebot ein Erfolg wird oder nicht.

5 Autorenfragen

An welcher Stelle würden Sie gerne Ihren Lieblingsfilm stoppen und interaktiv eingreifen wollen?

Interactiver Film – In Waynes World war das variable Ende des Films – Happy End und Katastrophe. Als Kind hätte ich Winnetou nicht sterben lassen, später wäre in „Zurück in die Zukunft" Michael J. Fox ins Mittelalter gereist, und zuletzt hätte ich Till Schweiger in Keinohrhasen sicher kein Happy End gegönnt.

Welches Bewegtbildangebot im Netz empfehlen Sie gerne weiter und warum?

NFL.com – hier wird gezeigt, wie das (Sport-) Fernsehen der Zukunft aussehen kann – jeder Spieltag ausführlich und zeitnah in Zusammenfassungen und Analysen. Die Bildqualität schwankt zwar, aber annähernd HD-TV-Qualität ist dort auch teilweise schon jetzt zu haben.

Wer kontrolliert künftig die Fernbedienung – und wer entscheidet, was die Zuschauer sehen wollen?

Die Antwort lautet vermutlich: die Konsumenten selbst. Allerdings werden viele Anbieter versuchen, Einfluss zu nehmen. Die meisten werden mit proprietären und begrenzten Lösungen scheitern, darunter die etablierten Medienbrands, nicht nur Sender, auch Verlage, Hardware-Hersteller und Infrastrukturbetreiber. Andere werden Erfolg haben, sofern sie den Usern einen freien und uneingeschränkten, gleichzeitig aber sinnvoll strukturierten Überblick auf all das liefern, was das Web zu bieten hat.

6 *Quellenverzeichnis*

1 Englert, M., de Posch, G.: Zukunft Fernsehen – Content ist King Kong; in: Kaumanns, R.; Siegenheim, V.; Sjurts, I. (Hrsg.), S. 172.
2 Vgl. ARD/ZDF-Onlinestudien 2008 und 2009.
3 Vgl. ZAW-Jahrbuch: Werbung in Deutschland, 2009.
4 Vgl. Werben & Verkaufen: Boom der Video-Ads, 34/2009, Seite 59.
5 Vgl. ebd.
6 Vgl. Horizont: Der Höhenflug ist vorerst beendet, 15/2009, Seite 28.
7 Vgl.Werben & Verkaufen: Boom der Video-Ads, 34/2009, Seite 59.
8 Vgl. Ereignisbericht, Forschungsgemeinschaft Zukunft Digital: Burda Community Network (BCN); Tremor Media; Plan.Net Gruppe; Marktforschungsinstitut: Facit Digital: Erfolgsfaktoren von Online-video-Ads, Juni 2009.
9 Vgl. Recma Reports; Werben & Verkaufen: 3/2009; 33/2009.
10 Vgl. ZAW-Jahrbuch 2009.
11 Vgl. Werben & Verkaufen: Run auf neue Modelle im Targeting, 23/2009, S. 44.

12 Vgl. ZDF Werbefernsehen: Programme und Tarife, 3/2009.
13 Vgl. Werben & Verkaufen: Run auf neue Modelle im Targeting, 23/2009, S. 44.
14 Vgl. ebd.
15 Vgl. Berger, R. Strategy Consultants; in: Web TV insights and perspectives, 2008.
16 Vgl. Englert, M.; in: Auslaufmodell Fernsehen? – Perspektiven des TV in der digitalen Medienwelt, S. 167.
17 Vgl. Jarvis, J.: What Would Google Do? 2009, S. 63 ff.

Weiterführende Literatur und Links

Vgl. ARD/ZDF-Onlinestudien 2008 und 2009. Vgl. http:// www.ard-zdf-onlinestudie.de,

(letzter Abruf 03. 10. 2009).

Berger, R. Strategy Consultants: Sekundär-Studie; in: Web TV insights and perspectives, 2008.

Englert, M.; de Posch, G.: Auslaufmodell Fernsehen? – Perspektiven des TV in der digitalen Medienwelt; in: Kaumanns, R.; Siegenheim, V.; Sjurts, I. (Hrsg.), 2009.

Forschungsgemeinschaft Zukunft Digital: Burda Community Network (BCN), Tremor Media, Plan.Net Gruppe. Marktforschungsinstitut: Facit Digital; in: Erfolgsfaktoren von Online Video Ads, Ergebnisbericht Juni 2009.

Horizont: Der Höhenflug ist vorerst beendet, 15/2009, S. 28 .

Recma Reports: www.recma.com; Werben & Verkaufen: Zusätzliches Geschäft, 3/2009, S. 26.

Werben & Verkaufen: GroupM dominiert den deutschen Mediamarkt, 33/2009, S. 7.

Werben & Verkaufen: Run auf neue Modelle im Targeting, 23/2009, S. 44.

Werben & Verkaufen: Boom der Video-Ads, 34/2009, Seite 59.

ZAW-Jahrbuch: Werbung in Deutschland 2009.

Vgl. http://www.zaw.de/doc/Netto-Werbeeinnahmen_2008.pdf, (letzter Abruf 05. 10. 2009).

ZDF Werbefernsehen: Information Programme und Tarife 3/2009.

E AUTORENVERZEICHNIS

ACHIM BEISSWENGER

Achim Beißwenger ist Gründer und Veranstalter der Fachkonferenz Audiovisual Media Days. Nach seinem Studium der Werbewirtschaft startete er seine berufliche Laufbahn in Berlin, u.a. als Verkaufsleiter für den Nachrichtensender n-tv. Ende 1999 kam er zur Bavaria Film und von 2003 bis 2008 verantwortete Beißwenger als Mitglied der Geschäftsleitung den Ausbau der Bavaria Film Interactive zu einer der führenden Agenturen für audiovisuelle Markenkommunikation. Der gefragte Referent und Autor ist Lehrbeauftragter an der FH für angewandtes Management in Erding, Jurymitglied des WorldMediaFestivals sowie im Vorstand der Corporate TV & Video Association. www.welcome-home.world

CHRISTIAN BORSI

Christian Borsi ist Managing Partner bei der TVNEXT Solutions GmbH. Er verantwortet den Ausbau der preisgekrönten IPTV-Software TVNEXT im deutschsprachigen und internationalen Raum. Christian Borsi ist Diplom-Kaufmann, war Unternehmensberater und baute den Online-Kanal einer deutschen Privatbank auf. Nach verschiedenen Managementaufgaben für Universal Music war er zuletzt als Partner im Private Equity tätig. Dort war er mit General Management-Aufgaben und Vorstandstätigkeit in verschiedenen Beteiligungsunternehmen beschäftigt. TVNEXT ist im deutschsprachigen Raum Technologieführer für anspruchsvolle IPTV-Projekte, u.a. Audi tv, N24, WDWIP.tv.

THOMAS DE BUHR

Der diplomierte Wirtschaftswissenschaftler sammelte in den vergangenen 15 Jahren zahlreiche Erfahrungen als Media Manager des Mars Konzerns, als Verkaufsdirektor von IP Deutschland und ProSiebenSat.1 AG sowie als European Buying Direktor des Agenturnetzwerkes Initiative Media. Seit Februar 2009 leitet Thomas De Buhr als Head of Media Solutions die Vermarktung von YouTube und Display Sales der Google Germany GmbH.

RALF DROTLEFF

Ralf Drotleff ist Gründer und Gesellschafter der s12 GmbH in München und Madrid. Seit über 6 Jahren beschäftigt er sich mit strategischem Sound Branding und Musikmarketing für alle relevanten Brand Touchpoints einer Marke. Unter anderem berät und implementiert s12 Musik-Konzeptionen für Kunden wie Audi, Maybach, Cartier, Wolford, s.Oliver, mister.lady, Sony Playstation, P&G und T-Mobile. Zuvor war der Betriebswirt auf Agenturseite (Ideenhaus) für T-Mobile und auf Industrieseite (o2) für die Entwicklung von Musikmarketing und Mobile Music-Strategien verantwortlich. Seine Schwerpunkte sind Sound Branding und die Etablierung von Wertschöpfungspotenzialen für Marken in Zusammenarbeit mit der Musikindustrie (Musik Labels und Verlage) und die Konzeption und Umsetzung von integrierten Musikmarketing-Maßnahmen.

PROF. HARALD EICHSTELLER

Prof. Harald Eichsteller ist seit 2003 Professor für Internationales Medienmanagement sowie Studiendekan des Masterstudiengangs Elektronische Medien an der Hochschule der Medien (HdM), Stuttgart. Vor seinem Wechsel an die Hochschule war Harald Eichsteller in Medienunternehmen, Agenturen und der Industrie tätig, zuletzt als Geschäftsführer der Aral Online GmbH, wo er für die Onlineaktivitäten des Mineralölkonzerns weltweit verantwortlich war und dem Topmanagement-Team der Aral AG angehörte. Der studierte Betriebswirt ist seit 1996 als Experte für kundenorientierte Strategien und CRM gefragter Referent und Chairman von Kongressen. Der Autor zahlreicher Fachartikel und Bücher hat einen engen Kontakt zur Praxis durch Beratungen, gutachterliche Tätigkeiten sowie Beiratsmandate; seit 2007 ist er auch als Jurymitglied bei nationalen Awards vertreten. www.eichsteller.com

PROF. DR. GERNOLD P. FRANK

Gernold P. Frank ist Professor für BWL, insbesondere Personal und Organisation am FB Wirtschaftswissenschaften der Hochschule für Technik und Wirtschaft (HTW) in Berlin und Programmverantwortlicher Bachelor International Business. Von 19992002 übernimmt er Aufgaben im Bereich „Neue Medien in der Personalarbeit" bei der Dresdner Bank AG in Frankfurt am Main. In seinen laufenden Projekten beschäftigt er sich mit organisatorischen Konsequenzen bei der Einführung von eCommerce/eH R- Lösungen, den Erfolgsfaktoren bei der Einführung von eLearning sowie der Nutzung neuer Web 2.0-Technologien. Von 2005–2008 arbeitete er als zentraler Projektpartner im EU-Projekt „Interaktives TV für Information und Schulung bei kleinen und mittleren Unternehmen". Zudem hält er vielfältige Vorträge und ist Autor zahlreicher Veröffentlichungen.

JOACHIM GRAF

Joachim Graf arbeitet seit 1991 als Verleger, Zukunftsforscher, Consultant, KeynoteSprecher, Dozent sowie Buch- und Studienautor in München. Im HighText Verlag bietet er Wissensdienste und Trendscouting rund um die Themengebiete Interaktive Medien und Medienkonvergenz an. Außerdem betreibt der HighText Verlag iBusiness.de, ein Trend- und Wissensportal für Medienkonvergenz sowie den Presseversandservice press1. Zudem übernimmt Graf Lehraufträge und Vorlesungen, unter anderem an der FH Offenburg, der FHM Bielefeld, der Macromedia-Akademie und der Universität Innsbruck.

PROF. WOLFGANG HENSELER

Prof. Wolfgang Henseler ist Managing Creative Director bei Sensory Minds, einem Designstudio für Neue Medien und innovative Technologien mit Sitz in Offenbach sowie Professor für Digitale Medien, Usability und Kundenbeziehungsmanagement (CRM) an der Hochschule Pforzheim – Fakultät für Gestaltung. Er ist Experte für kunden- und nutzerorientierte Internetlösungen sowie User Experience Spezialist. Seit über 15 Jahren arbeitet und forscht Professor Henseler in den Bereichen User-Centered Interface-Design und Usability. Er ist Herausgeber der i-com – Fachzeitschrift für interaktive und kooperative Medien im Oldenbourg Verlag sowie Mitglied in verschiedenen Gremien und Jurys, u.a. der Gesellschaft für Informatik (GI) Bereich „Software Ergonomie und Usability".

FRANK HEROLD

Frank Herold, geboren 1970 in Mindelheim, studierte nach dem Abitur von 1990 bis 1996 Rechtswissenschaften an der Universität München. Von 1996 bis 1997 absolvierte er ein Studium an der Bayerischen Akademie für Werbung und Marketing. Der Diplom-Kommunikationswirt startete seine berufliche Laufbahn 1997 bei Plan.Net media in München. Von 2001 bis 2002 war er Stategic Sales Planner bei der MSN Microsoft GmbH in Unterschleißheim. Bis 2007 arbeitete Frank Herold bei der Tomorrow Focus AG in München und Hamburg, zuletzt als Channel Manager im Geschäftsbereich Portal. In der Zeit von 2007 bis 2009 leitete Frank Herold die Abteilung Interactive Solutions bei IP Deutschland, seit 2009 ist er Verkaufsdirektor Interactive.

ALEXANDRA HEŸN

Alexandra Heyn ist Partnerin bei HK Krüger Rechtsanwälte. Sie studierte von 1996 bis 2001 Rechtswissenschaften an der Universität Passau. Während des Referendariats war sie für verschiedene internationale Anwaltskanzleien tätig und spezialisierte sich auf Urheber- und Medienrecht. Von 2003 bis 2008 war sie bei der internationalen Sozietät Lovells in der Praxisgruppe IP/Medien/Technologie tätig. 2008 stieg sie als Partnerin bei HK Krüger Rechtsanwälte ein. Ein Schwerpunkt ihrer Tätigkeit liegt in der Beratung im Bereich der Neuen Medien.

DR. MICHAEL HUH

Dr. Michael Huh ist seit 2001 Head of Audiovisual Communications bei der Daimler AG. Er verantwortet die Einbindung der Bewegtbildmedien TV und Internet in die weltweite Konzernkommunikation der Daimler AG. Mit seinem journalistischen und kommunikationswissenschaftlichen Background etablierte er bereits in den 1990er-Jahren Corporate TV in der externen und internen Unternehmenskommunikation der BASF AG und der SAP AG.

PROF. THOMAS MICKELEIT

Thomas Mickeleit, Jahrgang 1958, ist Direktor für Presse- und Öffentlichkeitsarbeit der Microsoft Deutschland GmbH in Unterschleißheim bei München. Er verantwortet in dieser Funktion die Unternehmens- und Produktkommunikation des weltweit führenden Anbieters von Standardsoftware. Der Rechtswissenschaftler leitete – nach Stationen bei der Berliner Krone AG und Grundig – die Kommunikation von IBM Deutschland und zuletzt, innerhalb der Konzernkommunikation, die Unternehmenskommunikation von Volkswagen. Er ist Honorarprofessor für Corporate Media und Interne Kommunikation an der University (FH) for Management und Communications (UMC) in Potsdam.

MARC MIELAU

Als Head of Digital Media der BMW Group ist Marc Mielau für die Marken- und Produktkommunikation in digitalen Kanälen verantwortlich. Mit seinem Industrial Design Studium an der Hochschule der Künste in Berlin begann er seine Karriere. Nach seinem Studium war er von 1993–1997 als Geschäftsführer der Agentur e27 in Berlin tätig. Danach arbeitete er bei der DaimlerChrysler Bank als Project Manager Marketing Communications und bei MetaDesign als Director Brand Consulting im Bereich Strategic Marketing. Seit 2002 ist Marc Mielau bei der BMW Group und stieg vom Brand Manager über Innovation Manager bis hin zu seiner jetzigen Position als Head of Digital Media auf. Außerdem fungiert er seit Oktober 2008 als Dozent für Designmanagement an der Muthesius Kunsthochschule Kiel.

LEIF PELLIKAN

Leif Pellikan ist Redakteur für Medien- und Internetthemen. Als Redakteur bei der Fachzeitschrift W&V – Werben und Verkaufen schreibt er seit 2000 über klassische Medien und Internet. Dabei liegt sein Schwerpunkt seit jeher auf den Schnittstellen der Medienkonvergenz. Im Internet bewegt sich der Münchner bereits seit 1994, damals als Mitarbeiter des Medienlabors München, das sich mit dem neuen Medium aus künstlerischer und gesellschaftspolitischer Sicht befasste. Während dieser Zeit studierte der 37-Jährige BWL in München.

AXEL SCHMIEGELOW

Axel Schmiegelow, Jahrgang 1972, verantwortet als Mitgründer und CEO von seven- load die Entwicklung des Geschäftsmodells, die strategische Unternehmensführung, das Business Development, die Unternehmenskommunikation und die Internationalisierung. Die Seed-Finanzierung seiner Beteiligungsgesellschaft dw capital legte den Grundstein für das erfolgreiche Geschäftsmodell von sevenload, einem der international führenden Social Media Networks für Web TV, Videos und Fotos. Als Gründer und CEO der denkwerk Gruppe besitzt Axel über 15 Jahre Erfahrung als Berater und gilt als anerkannter Experte für Marketing, Medien und Unternehmensgründungen. Neben sevenload zählen zu seinem Beteiligungsportfolio unter anderem Qype, oneview, iTravel, Armed Angels, itellity und popula.

NICOLE SCHULZE

Nicole Schulze, geboren 1977 in Weimar, studierte nach dem Abitur Medien- und Kulturwissenschaften an der Goethe-Universität Frankfurt am Main. Ihre berufliche Laufbahn startete sie 2005 bei Optimedia in der klassischen Mediaplanung und beriet dort nationale und internationale Kunden. 2007 wechselte sie zu Zed Digital in die Online-Planung. Seit 2008 ist Nicole Schulze im Bereich Interactive bei IP Deutschland Produktmanagerin und betreut das Thema Bewegtbild plattformübergreifend.

DR. STEFAN TWERASER

Bereits während des Studiums der Betriebswirtschaftslehre an der Wirtschaftsuniversität Wien war Stefan Tweraser bei Bacher Systems als Marketing Manager tätig. Nach seiner Promotion stieg er als Management Consultant bei McKinsey & Company in Wien ein, arbeitete primär in Marketing- und Vertriebsprojekten für Telekom-, Handels- und Konsumgüterunternehmen und wurde bei McKinsey & Company zum Partner gewählt. Danach war er bei Telekom Austria AG als Bereichsleiter Retail Marketing tätig und verantwortete dort Produktmanagement, Marktkommunikation und die Internetaktivitäten. Seit Mai 2008 leitet er als Country Director (Sales) den Direktvertrieb der Google Germany GmbH.

CHRISTOPH URBAN

Der 1973 in Augsburg geborene Diplom-Wirtschaftsingenieur absolvierte sein Studium an der Hochschule für Medien in Stuttgart. Christoph Urban arbeitete 1998 zunächst als Assistenz des Marketing Geschäftsführers bei der Nestle Deutschland AG, Maggi GmbH in Frankfurt. Ende 2000 wechselte er zum Musiksender MTV. Nach diversen Stationen im Marketing verantwortete er bis 2007 als Head of Digital Business der Viacom Senderfamilie (MTV, VIVA, Nick, Comedy Central) alle Aktivitäten im Mobile- und Onlinebereich. Seit Juli 2007 ist er bei MySpace Germany als Director Marketing and Content für die Marketingaktivitäten und Contentkooperationen des weltweit führenden Social Networks im deutschsprachigen Raum zuständig. Außerdem ist Urban seit Dezember 2009 Dozent für Internationales Marketing an der HTW in Berlin.

ROBERT WAGNER

Robert Wagner ist Vice President Marketing and Content im Bereich Products and Innovation Berlin bei der Deutschen Telekom AG. Er studierte Wirtschaftsgeografie an der LMU München und begann seine Karriere als Volontär bei der PR-Agentur Häberlein & Mauerer GmbH. Robert Wagner wurde Gesellschafter und Geschäftsführer der PR-Agentur DS GmbH. Anschließend war er bei der KDH + P GmbH ebenfalls als Gesellschafter und Geschäftsführer tätig. Robert Wagner verantwortete den Aufbau der Product Visonaires GmbH als Innovationslab bei der Siemens AG in Berlin. Heute leitet er das Webserien-Portal 3min.de, für dessen Aufbau er als Drittmarke der Deutschen Telekom AG ebenfalls verantwortlich war.

NICOLAS WESTERMANN

Nicolas Westermann ist Product Manager bei der TVNEXT Solutions GmbH. Der studierte Medienwirtschaftler ist Experte rund um das Thema Bewegtbildinhalte und digitale Zielgruppenansprache der Zukunft. Nach Stationen in der Fernsehwirtschaft beriet er seit 2006 bei der Berliner Agentur exozet Kunden wie N24, Bild, T-Online, Tchibo oder das ZDF im Einsatz von IPTV. Seit 2008 verantwortet er das Product Management bei TVNEXT Solutions und betreut darüber hinaus Kunden, Agenturen und Technologiepartner.

NINA WIECH

Nina Wiech ist diplomierte Wirtschaftsingenieurin (FH) der Medienwirtschaft und absolvierte ihr Studium an der Hochschule der Medien in Stuttgart. Anschließend war sie bei Bavaria Film Interactive in der Abteilung Marketing und Vertrieb tätig und führte zudem für ihre Diplomarbeit eine umfangreiche Untersuchung zur Bekanntheit und Nutzung von Corporate Videoangeboten im Internet durch. Momentan arbeitet sie freiberuflich als Producerin und hat sich auf Unternehmensfilme sowie Web TV spezialisiert. Des Weiteren ist sie für die Konferenz Audiovisual Media Days im Marketing und Sales tätig und unterstützt zudem inhaltlich und konzeptionell. Darüber hinaus sammelte sie vielfältige Erfahrungen im Bereich der Film – und Videoproduktion und TV-Vermarktung bei SevenOne Media (ProSiebenSat.1 Media AG) sowie während ihrer Ausbildung zur Mediengestalterin Bild und Ton bei der Kirch Gruppe.